________________ 님의 소중한 미래를 위해
이 책을 드립니다.

지옥 같은 경제위기에서 살아남기

다가올 **현실**, 대비해야 할 **미래**

지옥 같은 경제위기에서 살아남기

김화백 · 캔들피그 지음

메이트북스

메이트북스 우리는 책이 독자를 위한 것임을 잊지 않는다.
우리는 독자의 꿈을 사랑하고,
그 꿈이 실현될 수 있는 도구를 세상에 내놓는다.

지옥 같은 경제위기에서 살아남기

초판 1쇄 발행 2023년 5월 2일 | **지은이** 김화백 · 캔들피그
펴낸곳 (주)원앤원콘텐츠그룹 | **펴낸이** 강현규 · 정영훈
책임편집 박은지 | **편집** 안정연 · 남수정 | **디자인** 최선희
마케팅 김형진 · 이선미 · 정채훈 | **경영지원** 최향숙
등록번호 제301-2006-001호 | **등록일자** 2013년 5월 24일
주소 04607 서울시 중구 다산로 139 랜더스빌딩 5층 | **전화** (02)2234-7117
팩스 (02)2234-1086 | **홈페이지** matebooks.co.kr | **이메일** khg0109@hanmail.net
값 19,800원 | ISBN 979-11-6002-398-5 03320

위기에 처할 때까지 기다리지 말고
위기 계획을 세워라.

• 필 맥그로(심리학자이자 인생 전략가) •

기대평

우리나라 경제 상황뿐 아니라 세계적인 경제 흐름을 알기 쉽고, 일반인 언어로 말씀해주셔서 늘 챙겨보는 채널입니다. 깊이 있는 경제 지식이 없었던 저에게 큰 도움이 되었습니다. 정말 요즘 같은 고금리, 고물가, 고환율의 지옥 같은 경제위기에서 빠져나갈 수 있는 작은 힌트라도 발견할 수 있지 않을까 기대합니다. 늘 치우치지 않는 시각과 조언을 해주시는 캔들피그와 김화백님의 책을 응원합니다.

**택

시장을 보는 냉철한 눈을 가지게 해준 좋은 지식채널이라서 신뢰가 갑니다. 항상 겸손하게 꾸준히 팩트를 바탕으로 경제를 분석하고, 그 결과 닥쳐올 경제위기를 말씀해주신 덕분에 경제를 보는 올바른 관점을 가질 수 있게 되었습니다. 사회초년생들이 필히 시청해야 하는 채널이라고 생각합니다. 책 출간 축하드립니다. 늘 건승하세요.

Winte****y

경제, 투자 하나도 모르고 살던 주부입니다. 어려운 용어도 많고 알아야 할 게 너무 많아서 이해가 될까 말까 한 국내외 경제를 귀에 쏙쏙 들어오게 이해가 정말 쉽게 되도록 매일 아침 영상을 올려주셔서 하루도 거르지 않고 챙겨 듣고 있어요. 저같이 아무것도 모르는 주부도 듣다 보면 정말 많이 도움이 되어요. 그 내용들을 책으로 접할 수 있게 되어 정말 기대됩니다.

le**아

40대 중반 직장인입니다. 요즘처럼 정보가 많은 시대는 없었던 것 같습니다. 회사의 팀장으로서, 가족의 가장으로서 수많은 정보와 현상을 접하면서 항상 고민이 되었던 부분은 어떤 것이 진실이고, 어떤 것이 문제의 원인, 즉 본질인가였습니다. 이런 지적 호기심을 캔들스토리TV에서 많은 부분을 해결해주셨고, 이번에 출간할 책을 통해 더욱 정리된 내용을 접할 수 있으리라 믿어 의심치 않습니다. 항상 건승하세요.

Si***n LEE

책 출간 진심으로 축하드립니다. 지난 4년간 출퇴근과 함께하며 많은 공부되었습니다. 정보의 홍수 속에서 꼭 필요한 핵심지식을 정리해 알려주시고, 복잡한 경제 흐름의 인과관계를 쉽게 설명해주셔서 경제 초보자가 중심을 잡고 실력을 쌓을 수 있도록 많은 도움을 받았습니다. 앞으로도 많은 시간 함께했으면 합니다. 항상 응원합니다.

seu****n lee

캔들스토리TV의 현실적인 경제 관점 덕분에 모두들 집을 안 사면 벼락거지된다는 시절에 소신을 갖고 불안하고 걱정스런 마음을 다스리며 영끌을 피할 수 있었습니다. 정말 감사합니다. 평소 역사에도 관심이 많은데 경제와 연결된 다양한 분야의 상식과 배경을 알기 쉽게 전달해주셔서 그동안 많은 것을 배울 수 있었습니다. 출간이 되면 많은 분들이 현명한 선택을 내리는 데 도움을 줄 수 있을 것 같습니다. 늘 응원합니다.

지**함

전공이 경제 영역하고는 거리가 멀어도 아주 먼 경제의 문외한입니다만, 언제부터인가, 아마도 2년 가까이 되었음직한 어느 시점부터 캔들스토리TV 채널을 만나고 나서부터 경제에 흥미와 관심을 가지고 가장 대중적인 차원과 수준에서 경제 지식들을 살펴보기 시작했습니다. 그런 결정적인 계기를 제공해주신 캔들스토리TV에 진심으로 감사의 말씀을 전하고 싶습니다. 출간하신 책에 대한 기대가 크며 반드시 탐독하겠습니다.

그***행

늘 바빠서 아침 밥상머리 경제교육으로 온 가족이 듣고 있습니다. 몇 년을 듣다 보니 흐름을 이해하고 경제위기에 대응하는 데 많은 도움을 받았습니다. 사실 경제에 전혀 관심이 없고 경제용어도 어려워서 엄두가 나지 않았는데 세계경제 역사와 현안을 읽는 데 혜안을 가지게 되는 계기가 되었습니다. 작년, 재작년 매스컴에서 투자와 투기를 부추기는 분위기였습니다. 결국 두 분의 예측과 생각이 맞아서 저희는 안전하게 가정경제를 지키게 되었습니다. 두 분께 감사드리고 출판을 진심으로 축하드립니다.

**옥

정부와 금융기관, 건설사, 언론들의 이해관계 속에 숨어 있는 왜곡된 진실을 알아듣기 쉽게 설명해주셔서 늘 빠짐없이 들어온 애청자입니다. 캔들스토리TV는 캔들피그와 김화백님이 친근한 말투로 경제의 역사와 현재 문제를 쉽게 설명해주기 때문에 본질을 간파할 수 있는 등대 같은 채널입니다. 이렇게 책을 통해 언제든 찾아볼 수 있게 되어 출간 소식이 무척 반가웠습니다. 책 출간 축하드립니다.

거**꿈

우선 도서 출간을 진심으로 축하드립니다! 이제는 우리가 마주해야 할 진실이 앞으로 다가오고 있습니다. 사람들이 외면하는 불편한 진실을 굉장히 쉽고 이해가 잘 되게끔 설명해주는 몇 안 되는 유튜브 채널이라고 생각합니다. 저는 경제는 그냥 경제일 뿐이지 그 이상 그 이하도 아니라고 생각했는데, 경제는 사회, 정치, 전쟁 모든 것과 연관성이 있고 대부분 문제의 시작이 경제라는 것을 캔들스토리TV 영상을 보면서 느끼게 되었습니다. 앞으로도 항상 응원하겠습니다.

유*

캔들스토리TV는 기본적인 경제이론에 부합하면서도 한국경제뿐만 아니라 국제경제와 세계정세에 대해서 설득력 있게 이야기를 평소에 해주셔서 흥미 있게 보았습니다. 특히 금융 및 투자에 치우친 재테크 중심의 내용이 아니라 무역 및 실물경제까지 포괄해서 균형 있게 경제를 분석하는 것이 좋았습니다. 출간 축하드립니다. The****e Kim

뒤늦게 경제공부하느라 경제 유튜브를 많이 보게 되었는데, 단연코 캔들스토리TV가 가장 통찰력 있게 전달해주신다고 확신합니다. 주식이나 부동산 뉴스 뒤에 감추어진 진실을 모른 채 호도되었는데 캔들스토리TV에 오면 '아아 이게 맞다. 정부와 언론이나 국제뉴스가 누군가의 이득을 위해 개미들을 선동하는 거였구나'라고 이해하게 된 일이 자주 있었거든요. 언제나 발 빠른 정보를 전달해주셔서 감사합니다. 책 무조건 대박날 겁니다. 읽고 많이 배우겠습니다. s**m

책 출간을 진심으로 축하드립니다. 어려운 시기에 경제 상황 대처법뿐만이 아닌 직장이나 사회생활 전반에 대한 말씀도 많이 해주셨죠. 여러 가지 사기 유형 및 이런 시기에 더욱 직장생활에 충실해야 한다는 말씀을 기억합니다. 또한 언론과 기사에 휘둘리지 않고 내용을 한 꺼풀 걷어내어 진실을 걸러 듣는 습관도 갖게 되었습니다. 초심 잃지 마시고 저와 같은 경제무지인에게 큰 힘이 되어주시기 바랍니다. 진심으로 감사합니다. **열

99년생 남자입니다. 지성을 가진 이후 한 번도 우리나라 경제가 크게 좋아졌다고 느낀 적이 없는데 직장이든 지인이든 어느 순간 주식, 코인, 부동산에 다들 광신도마냥 빠져들더군요. 안 그래도 정리된 책이 출간되면 좋겠다고 생각했는데, 제목도 '살아남기'라는 부분이 마음에 쏙 듭니다. 캔들스토리TV 시청하면서 기초지식부터 마음가짐까지 다방면으로 정말 많이 배울 수 있었습니다. 감사합니다.

**호

출퇴근 시간에 재미있게 함께했던 캔들스토리TV는 어느새 4년이 넘는 긴 시간을 지나며 저의 일상이 되었습니다. 무조건 주식을 사서 홀딩하던 예전 초보의 시각을 벗어나게 되었고, 경제와 세상이 어떻게 굴러가고 있는지 눈을 뜨게 해주었습니다. 책이 나온다니 어떤 내용이 담겨 있을지 아침에 새 영상을 기다리듯, 섬네일을 보고 내용을 상상해보며 클릭하듯 기대가 됩니다.

**르

인간의 끊임없는 탐욕으로 인해 결국 종착지에 다다른 느낌입니다. 앞으로의 세계가, 또는 우리나라가 어떠한 모습으로 전개될지 심히 두렵습니다. 최대한 이해하기 쉽게 현실을 알려주려는 캔들스토리TV를 애청하는 사람으로서 대부분의 중상층 이하 서민들의 '살아남기'가 아닐까 합니다. 모쪼록 앞으로 펼쳐질 폭풍우 속의 등대와 같은 길잡이로서의 도서가 되길 기대합니다.

바오밥 ***보

프롤로그

경제위기에 맞서는 우리에게 참고서가 되어줄 책!

철저하게 현실적인 책!

이 책은 '위기는 기회'라는 말을 정면으로 반박한다. 물론 분명 가진 자들에게 위기는 기회일 수 있다. 그러나 중산층을 포함한 대부분의 일반인에게 '위기는 위기일 뿐'이고 버텨내고 살아남아야 할 절체절명의 순간이다. 기회를 찾는 것은 살아남은 뒤, 즉 나중 문제다.

경제위기가 닥치면 부동산을 헐값에 사들인다거나, 혹은 과도하게 저평가된 주식을 대량 매수해 나중에 시세차익을 통해 큰 수익을 거

두려고 계획하는 사람들이 많다. 실제 여러 영화 속에서도 어렵지 않게 볼 수 있다. 모두가 경제위기로 패닉에 빠져있을 때 여유 있는 모습으로 마치 쇼핑하듯, 폭락한 자산을 매입하는 자기 모습을 쉽게 상상한다. 지금, 이 순간에도 목돈을 쥐고 그런 장면을 기대하며 기다리는 이들이 많다. 과연 그럴까?

우리가 아는 경제위기 상황을 떠올려보자. 나이가 40대 이상이라면 과거 IMF 외환위기 시절을 떠올려보면 쉬울 수도 있다.

'대마불사(大馬不死)'라는 말이 무색하게 대기업들이 무너지고, 안전하다고 믿었던 은행들이 갑작스럽게 위기에 몰린다. 직장을 잃은 사람들이 순식간에 급증하고, 사업을 하던 사람들은 금융권으로부터 추가 대출(혹은 대출 연장) 불가 통보를 받거나 거래처의 부도로 대금을 받지 못해 망하는 경우가 속출한다. 실업과 폐업으로 소득이 끊어지는 사람이 늘어나고, 친척이나 지인 간에 돈 문제로 서로 아쉬운 소리를 해야 하는 일이 빈번해진다.

직장을 다니고 있는 이들도 구조조정 바람이 수시로 불어대니 만약을 대비해 지출을 줄인다. 시중에 돈은 마르고, 뉴스에서는 안타까운 소식들이 줄을 잇는다. 당장 목돈이 필요한 사람들로 인해 중고차와 부동산 매물은 시장에서 도저히 소화가 불가능할 정도로 차고 넘치고, 누가 먼저랄 것도 없이 이 암울한 시장을 먼저 탈출하기 위해 서로 앞다투어 '급매'라고 써 붙인다.

이것은 경제위기의 일부 상황을 이야기한 것뿐이다. 현금 여력도 충분치 않은 중산층 이하 일반인들이 이런 위기 상황에서 계획처럼 폭락하는 자산을 사들인다는 것은 결코 생각처럼 쉬운 일이 아니다.

15억 하는 아파트가 7억까지 반 이상 떨어진다고 해서 이들이 쉽게 자산 매입에 나설 수 있을까? 사실은 그만한 현금을 보유하지 못할 가능성이 더 높다. 부족한 현금은 은행 대출을 받아 마련해야 하지만, 돈을 빌려줄 은행은 절대 호구가 아니다. 지독한 경제위기로 인해 금융권도 사정이 여의찮아, 폭락하고 있는 부동산을 담보로 충분한 대출을 해주기 어렵다. 설령 은행이 대출을 해준다고 하더라도 돈이 말라가는 시기에 예기치 못한 어떤 일이 벌어질지도 모르기 때문에, 섣불리 대출로 있는 돈 없는 돈을 다 끌어오는 행동은 쉽게 하지 못한다.

그래서 현금 여력이 충분치 않은 중산층 이하 일반인들은 목돈이 있으면 대부분은 쥐고 있는 선택을 할 수밖에 없다. 당장 생계의 문제가 매우 불안정한 상황에서 손에 쥐고 있는 목돈은 마지막 안전장치이지 투자금으로 생각할 여유가 없기 때문이다.

하지만 이와는 반대로 현찰 여력이 충분하고 경제위기와 관계없이 생계가 매우 안정적인 부유층의 경우엔 사정이 완전히 다르다. 그들에게 경제위기는 기회이자 자산 바겐세일 기간이다.

그러나 경제위기를 단순히 자산을 싸게 매입할 기회라고만 일차원적으로 생각해서는 안 된다. 자산가격이 폭락하는 이유에는 이 기간에 금융권의 대출이 축소되고, 실직으로 사람들의 소득이 줄어들며, 부진한 실적으로 인해 사업이 망하는 상황이 모두 포함되어 있기 때문이다. 당신이 부유층이 아닌 이상 '위기는 기회'가 아니라 '위기는 살아남아야 할 기간'일 뿐이다.

이번 위기와 침체는 꽤 오래갈 것이다. 코앞에 다가온 경제위기는 과거에 경험한 IMF 외환위기나 2008년 금융위기와는 매우 다르다. 위기의 원인과 지금 이 위기를 둘러싸고 있는 국제·경제·정치적 환경이 과거와는 너무 달라 명확한 해결책이 없으며, 빠른 회복을 기대하는 것 또한 어렵다(그 이유는 이 책의 각 장에서 독자들이 상식적인 수준에서 이해할 수 있게끔 쉽게 다뤘다).

다만 우리가 위기의 기간에서 살아남기 위해 알고 있어야 할 것은 '시간이 지남에 따라 위기의 특성이 달라진다'라는 것이다. 우리가 위기의 특성이 빠르게 변해간다는 사실을 알아야, 그 변화 과정에 적응할 수 있고, 그래야 당황하지 않고 차분한 대응을 체계적으로 해나갈 수 있다.

위기는 다음과 같은 흐름을 가진다. 우선 경제위기의 초반 상황이다. 이때는 '위기의 조짐'에 해당하는 사태들이 벌어지고 정부는 수습에 나선다. 산업 전반에 자금문제와 구조조정 분위기가 돌다가 곧 무너질 위기에 처한 기업들이 등장한다. 정부는 전체 경제에 충격이 전이되는 것을 막기 위해 중앙은행과 공조해 신용(대출)을 늘리며, 필요할 경우 막대한 정부 재원까지 투입해 시간을 버는 선택을 한다. 물론 정부의 이런 조치가 본질적인 해결책이 되는 것은 아니며, 단순히 돈을 더 빌려주고 보증을 서 주는 형태로 당장 위기에 처한 기업들이 '연명'할 수 있도록 시간을 잠시 더 벌어주는 수단밖에 되지 못한다. 이 시기에 대중들은 무언가 경제에 문제가 있다는 것을 알고 있지만, 그렇다고 해서 이들이 일상에 큰 변화나 피부로 다가오는 위기감은 전혀 감지하지 못하는 상태다.

시간을 버는 것이 한계에 달하면 금융권을 시작으로 경제위기가 고개를 든다. 위기의 조짐들은 이후 경제·산업·사회 곳곳에서 균열을 일으킨다. 그러다 특정시점에 이르면 금융권에서 위기론이 불거지며 심각한 목소리가 새어 나오기 시작한다. 모든 경제주체(가계, 기업, 정부)가 품고 있는 위기는 금융권에서 제공한 돈이라는 매개체를 통해서 복합적으로 뒤엉켜 얽히고설킨 관계이기 때문에 기업, 부동산, 가계, 자영업자 등 어디에서 촉발된 위기인지는 전혀 중요하지 않다. 대신 어디 단 한 군데에서라도 사태를 수습하지 못해 위기가 터져 나오게 되었을 땐, 이들 경제주체들에게 돈을 빌려주거나 투자해준 금융권의 피해로 반드시 이어지게 된다.

이제 결코 누구도 원하지 않는, 바람직하지 않은 방향으로 위기가 전개된다. 누적된 피해는 손을 쓰기 힘들 정도로 금융권의 위기를 키우고, 부실을 확대함에 따라 금융시장 전체로 충격이 전이된다. 이 시점에 접어들면 그동안 거론되지 않던 금융권 내 비리, 횡령, 알선수재 등의 사건들이 마치 약속이나 한 듯 터져 오는 특징이 있다. 언제나 그렇듯 해결할 수 없는 사건이 터지면 문제 수습보다 책임질 사람과 지탄받을 대상을 먼저 찾기 때문이다.

여기서 중요한 것은 이런 기사들이 쏟아질 때는 이미 위기가 수습 불능상황에 돌입했다는 점이다. 전반적인 경제 체제를 지탱하고 있던 금융시장에 전달된 충격으로 인해 자산시장이 붕괴하고 떨어진 자산가격에 실망한 투자자들은 시장을 떠난다. 통제할 수 없을 정도로 이어지는 충격에 기업과 가계 역시도 붕괴를 피해 갈 수 없다. 갑작스럽게 마주한 파멸로 인해 마치 쓰나미에 쓸려가듯 무너지는 사람들의 수가 기하급수적으로 늘어나며, 감당하기 버거운 암울한 현실에 시장과 사회 분위기는 아비규환으로 변한다.

그렇게 경제 구성원 모두 패닉에 빠지고, 정부는 정신없이 움직이기만 할 뿐, 제대로 된 진단과 정확한 처방 없이, 오히려 문제를 더 악화시키는 선택만 해서 우리를 실망시킬 뿐이다. 모두가 방심한 사이에 위기가 우리 삶 속에 들이닥친 것이다. 사회 전반적인 구조조정이 이루어지는 중대한 시기로 사실상 이 기간이 금융위기가 몰아치는 폭풍우의 '클라이맥스'이다.

아무리 사나운 위기라 할지라도 그 여파가 영원히 지속될 수는 없다. 폭풍우의 클라이맥스를 지나, 여기서 시간이 더 흐르면 무너지는 기업과 가계의 수는 눈에 띄게 현저히 줄어들기 시작한다. 마치 격렬한 '폭풍의 시간'을 지난 시점과 같다. 여전히 비는 오고 바람은 불지만 더 이상 눈에 띌 만한 새로운 큰 피해는 잘 나타나지 않는다. 이제 정부가 나서서 뒷정리를 하고 본격적으로 재정비에 나선다. 금융시장을 안정시키고 침체된 실물경제를 회복하며 사회 안전망을 구축하기 위해, 이때부터 정부의 구제금융 계획 및 제도개혁 등 경제시스템을 재건하는 일들이 본격적으로 추진된다. 여기서 중요한 점은 새롭게 구축되는 질서는 경제위기에서 무너진 자들이 아닌 살아남은 자들이 합의한 질서라는 것이다.

결국 우리에게 가장 중요한 것은 언제가 될지도 알 수 없는 회복의 순간이 아니라 폭풍우의 클라이맥스를 어떻게 견뎌내느냐는 것이다. 이 시기를 버텨내면 계속 살아남을 수 있기 때문이다.

우리 책에서는 이 클라이맥스를 '격변기'라고 표현한다. 왜냐하면 폭풍우 이후에 도래할 사회·경제시스템은 지금과는 확연히 다른 모습과 새로운 질서로 자리 잡을 것이기 때문이다. '격변기'를 통해 사회에 짧은 시간 동안 큰 변화가 일어난다는 것은 구성원들에게 적응할 시간을 안 주고 구조조정을 해버린다는 의미다. 경제위기를 통한 변화는 항상 그런 성격을 가지고 있었다.

우리는 이 격변기를 3년으로 예상한다. 이 기간에 반드시 살아남아야 하고, 그 부분에 미약하게나마 도움이 되고자 이 책을 썼다.

이 책을 읽는 법

아래 그래프는 대공황 시기의 다우지수 그래프다.

[1929년 주가 대폭락 후 3년간 다우존스]

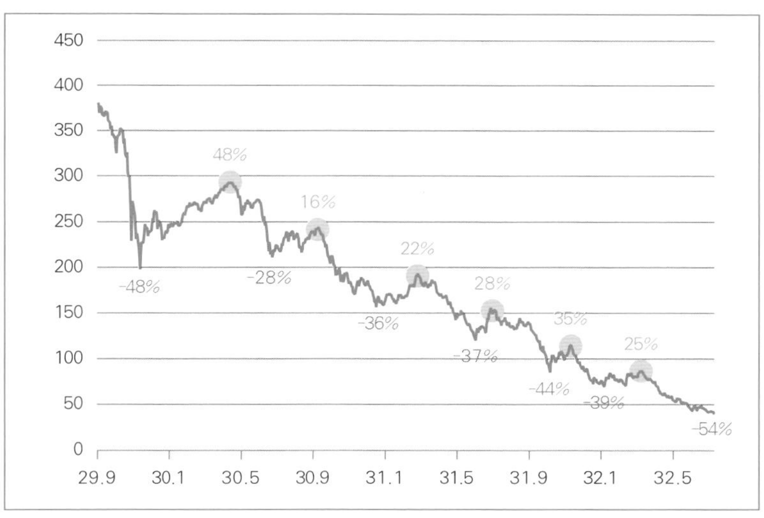

자료: macrotrends.net

1933년 뉴딜정책이 시작되고 본격적인 상황 수습이 시작되기 전인 1929~1932년의 3년간은 대공황 시절 중 가장 힘들고, 혼란스러웠던 기간이다. 엄청난 수의 기업들이 무너지고 일자리를 찾아 헤매는 실직자와 배급품을 수령하기 위해 길게 늘어선 사람들 그리고 렌트비를 못 내 집에서 쫓겨난 사람들이 거리에 뒤엉켜 있던 최악의 경제 상황 중에도 투자시장은 쉽게 식지 않았다.

대공황이 시작되기 전까지 뜨거웠던 투자 열기는 투자자들의 미련과 집착으로 변해 투자시장에 머물러 있었다. 사소한 정책 하나, 지표 하나에도 큰 의미를 부여해 마치 경제가 금방이라도 살아날 것처럼 "지금이 기회다"라고 외치는 중개인들은 투자자들이 투자시장을 떠날 수 없게 계속 유혹했다. 코너에 몰린 사람들은 절실했고, 그것을 희망으로 받아들였다.

그 결과 대공황 중 최악의 3년임에도 주식시장에 여러 번의 큰 반등이 있었고 앞의 다우존스 차트에서 보다시피 모두 파국을 맞았다.

앞으로 전개될 상황도 이와 비슷할 것이다. '이제 좋아질 것이다' '살아나고 있다' 등의 티끌만 한 호재에도 투자시장과 투자정보는 당신을 자극하고 상황의 본질을 볼 수 없게 눈과 귀를 가릴 것이다. 그러나 이 책을 읽으면서 지금의 이 위기가 왜 왔는지, 성격이 무엇인지 알게 되면 상황이 개선되고 있는지 아니면 더 나빠지는지 스스로 판단이 가능해지고 광고전단 같은 꿀 발린 소리는 자연스럽게 걸러낼 수 있을 것이다.

이 책은 공감가는 이야기를 쉽게 풀어냈지만 '경제위기'라는 주제를 다루는 만큼 읽기 전부터 독자들에게 부담이 될 수도 있다. 그런 이유로 1장에서는 가벼운 형식으로 경제위기에 관한 이야기를 해볼 것이다.

본격적인 이야기는 2장부터 시작된다. 위기에 맞서기 위해서는 경제를 바라보는 흔들리지 않는 기준과 안목을 가지는 것이 매우 중요하다. 이 책의 2, 3, 4장은 그것을 갖추기 위해 쓰였다. 위기에 대응하는 단단한 지적 체계를 갖추게 될 것이고, 이것이야말로 위기에 대응하기 위한 시작이 될 것이다.

그다음은 현실적인 이야기가 필요하다. 우리가 직면할 환경, 겪을 일들, 감정 변화 등이다. 3년이라고 말하는 그 격변기가 짧지만은 않을 것이다. 이 책의 5, 6장에서는 우리가 나눠야 할 현실적인 이야기들을 다룬다.

마지막 7장은 투자에 관한 이야기다. 지금 겪는 위기는 평생 투자를 하는 과정에서 만난 큰 폭풍우일 뿐, 우리는 어느 시점이 지난 후에는 다시 본격적인 투자를 해야 한다. 하지만 안정된 시장에서 하는 투자 방법과 무너진 시장에서의 투자 방법에는 분명한 차이가 있다. 이 부분은 공감하는 독자들이 많으리라 판단된다.

이 책은 지적 호기심을 채워주는 목적으로 만든 것이 아니다. 경제위기에 맞서는 우리에게 참고서와 같은 역할을 하기 위해 만들었다. 그래서 특별한 경제 지식이 없어도 이해할 수 있도록 작성했다. 우리의 자녀도 위기대응의 동반자가 되어야 하며, 서로 같은 현실을 인식하고, 위기를 공유할 필요가 있다.

이번 경제위기가 어떤 안일한 연유로 발생하게 되었는지, 문제점들이 급격하게 악화되며 위기가 전개되는 과정은 어떤지, 잘못된 일들이 쌓여 결국에 터져버린 위기가 우리 삶에 미친 파장은 얼마나 고통스러운지, 그리고 그렇게 드러난 위기에 대응해나가는 우리의 모습과 태도 등 위기의 모든 측면에 관해 우리의 자녀와 끊임없이 소통하고 나누어야 한다. 그래야 자녀도 경제위기로 겪는 고통이 부모의 무능력 때문이 아니라는 것을 알게 되고 그 속에서 자신의 역할을 스스로 찾을 수 있다. 그래서 가능하다면 이 책을 당신의 자녀와 같이 읽기를 바라는 마음도 크다. 경제위기는 가장이나 부모들만이 감당할 몫이 아니다.

지옥 같은 경제위기에서
살아남기

차례

미룰 만큼 미룬 숙제, 이제 때가 되었다

지금 당장 우리에게 필요한 처방전

지금 드러나는 모든 경제 지표들이 '30년 만에 처음' '40년 만에 처음'이라고 하면서 굉장히 심각한 수준으로 발표되고 있다. 현재 우리 눈앞에 다가온 위기는 단순히 경기사이클상으로 반복되고 있는 수준의 침체가 아닌, 전체 경제시스템의 체질 변화에서 시작된 혼돈이 침체와 위기로 나타나고 있는 과정이다. 우리는 이걸 빨리 캐치해서 인식할 필요가 있다. 지금은 기회를 찾아 무엇인가를 예단할 상황이 아니다. 일단은 지금의 이 변화 과정을 버티고, 적응할 준비를 해야 한다. '기회와 도전'은 혼돈의 시간을 버티고 안정을 찾은 후에, 그때 가서야 도모할 수 있는 문제다.

1장

자만과 비겁함이 가져온 경제위기

2065년 후손들이 바라본 현재의 1·2차 세계금융위기

수습할 수 없을 만큼 많은 화폐를 남발하다

이 책의 서막은 미래의 후손들에게 현재 벌어지는 경제상황이 어떻게 비춰질까하는 의문에서 시작한다. 우리에게 너무나도 익숙한 소비와 투자 행태, 그리고 직면한 금융 불안과 위기를 대하는 모습을 미래에는 어떤 역사로 기록해 놓았을까?

우리가 원하는 것은 아니지만 2020년대 중반에 세계적으로 큰 경제위기가 발생했고 40년의 시간이 흘렀다고 가정하자. 약 40년이라는 시간은 사건이 수습되고 새로운 경제질서가 자리 잡는데 충분한 기간이기도 하다.

이야기는 2065년 어느 대학교의 강의실에서 시작한다. 경제학을 전공하는 새내기 기철이는 교수님으로부터 1·2차 세계금융위기에 대해 알아보고 느낀 점을 제출하라는 과제를 받았다. 기철이는 집으로 돌아와 개인형 인공지능 챗봇 '짱구'와 1·2차 세계금융위기에 관해 대화를 시작했다.

기철: 짱구야! 1·2차 세계금융위기가 뭐야?

AI 짱구: 세계금융위기는 2008년 1차, 2020년대 중반 2차, 이렇게 두 번에 걸쳐서 일어난 역사적인 금융위기입니다. 2008년 1차 세계금융위기는 부적격자들에게 과도한 부동산담보대출을 해준 것이 부실의 원인이 되어 발생했으며, 시중의 화폐량을 늘리는 양적완화를 통해 경기침체 문제를 해결했습니다. 2020년대 중반에 발생한 2차 세계금융위기는 1차 금융위기와는 비교가 안 될 정도로 충격이 매우 컸습니다. 과도한 화폐 남발이 원인이 되었고, 많은 금융사와 기업들이 파산하고 개인들이 무너지는 안타까운 결과로 이어졌습니다.

기철: 그런데 두 번의 금융위기는 원인이 다른데 왜 1차 금융위기, 2차 금융위기라고 불러? 서로 어떤 관계가 있는 거야?

AI 짱구: 그것은 1차 금융위기를 해결하는 과정에서 초래한 문제들이 2차 금융위기가 발생하는 데 큰 영향을 주었기 때문입니다.

기철: 어떤 문제들이 2차 금융위기에 영향을 줬어?

AI 짱구: 양적완화는 시중에 돈이 늘어나게 해 인플레이션을 불러일으키지만, 2008년 1차 금융위기를 해결했던 시기에는 대규모 양적완화에도 불구하고 여러 이유로 심각한 인플레이션이 발생하지 않았습니다. 그러나 1차 금융위기의 해결 방법이었던 양적완화는 2가지 문제를 만들었습니다.

첫째, 대규모 양적완화를 함에도 인플레이션이 쉽게 일어나지 않는다는 것을 각국 정부와 중앙은행은 직접 경험으로 확인하게 되었습니다. 이것은 그들이 인플레이션에 무뎌지는 계기를 제공했고, 양적완화라는 통화정책을 펼치는 데 자신감을 가지게 했습니다.

둘째, 양적완화는 빈부격차를 심화했습니다. 시중에 돈이 많아지자 자산가격이 상승했고, 이에 따라 자산을 보유한 자들의 자본소득이 크게 늘었습니다. 이들의 소득이 늘자 국가 전체적으로는 경제가 살아나는 것처럼 보였습니다. 하지만 근로소득자의 소득은 크게 개선되지 않았으며, 자산을 가지지 못한 서민 계층과 자산을 가진 계층의 양극화가 심해졌습니다. 이 현상은 많은 사람이 자산 획득에 집착하고 투자에 과몰입하는 사회적인 분위기를 형성하는 원인이 되었습니다.

다시 말해 1차 금융위기를 해결하면서 생겨난 양적완화에 대한 자신감 그리고 투자 과몰입 현상이 2020년대 중반에 발생한 2차 금융위기에 영향을 줍니다.

기철: 그럼 2차 금융위기는 어떻게 시작돼?

AI 짱구: 2020년 '코로나19'라는 전염병의 세계적 확산으로 인해 갑작스러운 경기침체가 발생하게 됩니다. 이전부터 전 세계적으로 경기가 좋지 않았고 전염병의 특성상 강제적인 실업과 조업 차질을 가져왔기 때문에 경기침체의 폭은 매우 컸습니다. 미국정부와 연준을 비롯한 세계 각국은 어설프게 양적완화를 하면 오히려 더 깊은 침체를 가져올 수 있다는 판단하에 완벽한 경기 회복세가 나타날 때까지 양적완화를 지속적으로 강하게 진행했습니다. 수습할 수 없을 만큼 많은 화폐를 남발하면서도 그들은 인플레이션 걱정을 하지 않는 자신감 있는 모습이었습니다.

기철: 도대체 얼마나 많은 돈을 풀었기에 남발이라는 표현을 쓰는 거야?

AI짱구: 화면의 그래프를 봐주세요.

[미 연준 대차대조표]

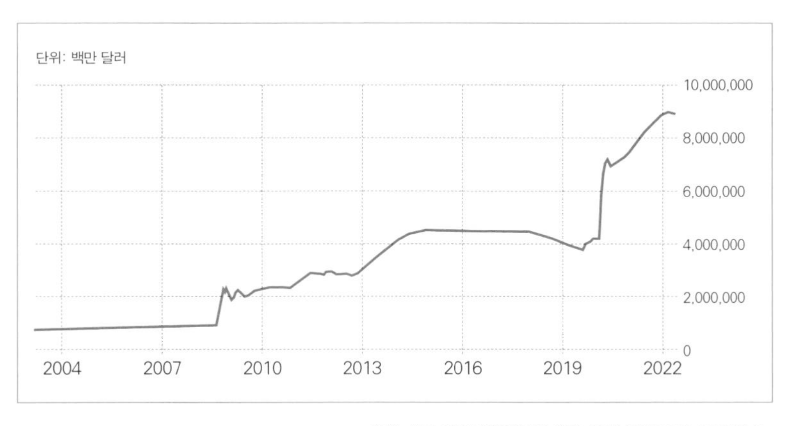

자료: TRANDINGECONOMICS.COM I FEDERAL RESERVE

기철: 이렇게나 돈을 풀었는데 인플레이션이 안 생겼어?

AI 짱구: 아닙니다. 2020년 3월 양적완화를 시작한 지 수개월 만에 물가 상승률은 1%대에서 5%대로 급상승합니다. 하지만 미 연준에서는 '일시적인 인플레이션'이라며 세간의 우려를 일축하고 양적완화를 이어갔습니다. 게다가 연준은 시중에 푼 돈을 회수하는 긴축은 2023년까지 하지 않을 것이라고 못 박아버리듯이 이야기했습니다. 사상 유례없는 규모의 돈 잔치에 자산시장은 급등했고, 투자 열기는 금세 투기 광풍으로 변질되어갔습니다. 이 시기에 특이한 점은 그 시대를 살던 사람들은 욕망보다는 두려움 때문에 투자에 몰입하는 경향이 컸다는 것입니다.

기철: 이해가 안 가. 욕망이 아니라 두려움 때문에 투자를 해? 누가 강요한 것도 아닌데?

AI 짱구: 누가 강요한 것은 아니지만 당시에는 투자하지 않으면 남들과 비교해 상대적으로 빈곤해진다는 강박관념이 매우 컸습니다. 실제로 과거 사람들은 주식이나 부동산 같은 자산가치의 상승으로 계층 이동을 하는 경우가 많았는데, 그 이유는 근로나 사업으로 돈을 버는 것보다 자산가격이 오르는 속도가 더 빨랐기 때문입니다. 또한 일정한 조건만 만족한다면 일해서 돈을 버는 것보다 자산을 통한 이익에 세금도 훨씬 적게 부과되었습니다. 그런 이유로 많은 이들이 투자에 몰입했고, 특히 자산가격이 급등하는 시기에는 투자하지 않는 것에 대한 두려움까지 있었습니다.

2020년부터 2년간 진행된 대규모 양적완화로 모든 자산가격은 급등하고 있었고, 대중들 사이에서는 부자가 되겠다는 욕망과 이번 기회를 놓쳤다가는 경제적 낙오자가 될지도 모른다는 두려움까지 더해져 투자 열풍은 투기 광풍으로 변해갔습니다. 그 당시에는 자산 대부분을 투자에 쏟아붓고 연금을 해약하거나 큰 대출까지 받아가며 투자하는 경우가 흔했습니다.

기철이가 살고 있는 2065년의 경제·금융 제도는 2차 세계금융위기 이전과는 완전히 다르다. 자산을 사고팔아 발생하는 이익과 자본소득에는 매우 높은 세금을 부과하고 있고, 제도적으로 투기를 방지하는 규제·장치들이 많아 근로소득이나 사업소득 없이 오로지 투자만으로 빠른 시간에 큰돈을 벌기에 어려운 구조다. 이런 경제환경은 2020년대 중반 뼈아픈 경제위기를 겪고 난 이후 '부채 증가 → 자산버블 → 거품 붕괴 → 경제위기'로 이어지는 패턴을 다시는 반복하지 않기 위한 사회적인 반성을 바탕으로 만들어졌다.

2차 세계금융위기 이후의 장기 침체 국면

기철: 연준의 말대로 인플레이션은 일시적이었어? 자산가치는 계속 올랐어?

AI 짱구: 과도한 화폐 남발로 인한 인플레이션은 일시적인 것이 아니었습니다. 한때 '일시적인 인플레이션'이라 자신 있게 말했던 연준은 꼬리를 내렸고, 물가상승률이 8%에 달하자 "2023년까지 금리 인상은 없다"던 말도 번복했습니다. 연준은 2022년 긴축을 시작했지만, 물가는 잡히지 않았고 이에 더욱 강한 금리 인상을 진행했습니다. 금리 인상과 함께 자산가격은 지속적인 대세 하락 상황에 접어들었지만, 투자자들의 기대와 미련은 비이성적인 행동으로 드러났습니다.

당시의 뉴스 기사를 분석해보면 분위기가 확인됩니다. 매월 발표되는 고용률이 예상보다 높게 나오면 경기가 좋아지는 신호로 여겨 주가가 상승했고, 고용률이 예상보다 낮게 나오면 경기가 좋지 않다는 의미로 여겨 연준의 금리 인상 속도가 늦춰질 거라는 기대감에 주가가 상승하기도 했습니다. 심지어 대형 은행이 파산하는 일이 벌어지는 상황에서도 침체를 우려한 연준이 금리 인상을 멈출 것이라며 호재라고 말하는 경우도 있었습니다.

기철: 그래도 경제위기의 징조들은 있었을 거 아니야? 정부에서도 이걸 모르지는 않았을 텐데…

AI 짱구: 금리 인상을 하면서 노골적인 경제위기의 신호들은 많았습니다. 기업들의 재고가 사상 최대수준으로 쌓이고, 소비침체가 눈에 띄게 드러났습니다. 대표적인 기업들의 대규모 구조조정이 시작되었고, 세계적으로 부동산가격도 하락했습니다. 앞서 말했듯이 은행이 파산하는 일도 시작되었지요. 하지만 투자에 몰입한 대중들은 이 상황을 대수롭지 않게 여겼고, 각국의 정부들도 현재 위기 상황에 대해서는 말을 아끼며 낙관적인 전망 위주로 정보를 전달했습니다.

기철: 그때나 지금이나 관료들은 비겁하구나. 그럼, 본격적인 경제위기는 언제부터야?

AI 짱구: 이것은 세계적으로 비슷한 시기와 형태로 나타납니다. 부동산에 대출이나 투자를 많이 했던 금융사들에게 먼저 문제가 발생하고, 그 영향은 곧 경제 전반에 전이됩니다. 다수의 기업이 연쇄적으로 무너지고 실업률은 증가했으며, 일반인들도 피부로 느낄 만큼 침체가 드러나기 시작합니다. 반면에 침체로 인해 물가상승률이 큰 폭으로 떨어졌는데, 연준을 비롯한 세계 중앙은행들은 이것을 명분 삼아 금리 인상을 중단합니다.

그러나 이것이 시작이었습니다. 금리 인상을 중단하자 설마 했던 물가상승세는 걷잡을 수 없이 다시 빨라졌고, 침체는 더욱 깊어졌습니다. 패닉에 빠진 연준은 다시 급하게 금리 인상에 나섰고 곧 세계적으로 금융, 부동산·주식시장 등 광범위한 분야에서 동시다발적으로 쇼크가 발생했습니다.

뒤이어 시차를 두고 신흥국에서는 외환위기가 발생하고 부채 규모가 과도했던 국가에서는 부채위기가 터지며 금융시스템의 마비로 이어졌습니다. 결국 1930년대 대공황 이후 전 세계적으로 가장 광범위한 경제위기가 2020년대 중반에 발생하게 됩니다.

본격적인 금융위기 이전에 작은 위기들이 터지는 것을 막느라 이미 너무 많은 돈을 써버린 정부의 경우에는 구제금융을 할 여력이 없어 국가전략 산업을 이끄는 기업들을 해외자본에 헐값에 넘기기도 했습니다. 그뿐만 아니라 국민들의 비상 생계 지원조차 불가능할 정도로 곳간이 비어버린 국가도 드러났습니다.

2차 세계금융위기를 시작으로 전 세계는 장기 침체 국면에 들어갔습니다. 특히 그 시기는 미국과 중국의 냉전이 더욱 격화되던 때라 경제뿐만 아니라 안보에서도 불안이 컸던 혼란의 시대였습니다.

기철이는 AI 짱구와 대화하며 본인이 배우고 있는 현재의 경제제도와 환경이 1·2차 세계금융위기를 겪으면서 개선되고 보완되었다는 것을 깨달았다. 중·고등학교 시절에 2차 세계금융위기를 배울 때는 투자시장의 과도한 탐욕과 도덕적 해이, 그리고 가계, 기업, 정부가 감당할 수 없을 만큼 부채를 키운 것이 원인이라 들었다. 그때 기철이는 왜 그들이 그런 어리석은 행동을 했는지 이해할 수 없었지만 이제는 조금 이해가 되었다. 할아버지 세대의 사람들도 지금 본인들처럼 열심히 살았지만 당시의 제도와 환경에서는 자산가치 상승이 아니고서는 현실을 극복하기가 어려웠다는 것을 말이다. 하지만 그들이 좀 더 나은 삶을 위해 취한 선택들이 거품, 부채, 금융 부실 등의 문제를 지속적으로 양산해 냈다. 그리고 마지막 희망이었던 자산

붕괴를 피하기 위한 해결책만 찾다 위기를 막기 위한 골든타임을 놓쳤다. 기철이는 할아버지 세대가 경제위기를 초래했던 이유가 어리석었다기보다는 오히려 절실했다는 생각이 들었다. 그리고 알 수 없는 연민의 감정도 느꼈다. 오늘따라 여든 넘은 할아버지가 생각난다. 이번 주말에는 할아버지 댁에 들러 그 시절의 생생한 이야기를 들어보고 과제 조사를 마무리할 생각이다.

이제, 서둘러 준비에 나설 시간!

시장이 예상하지 못해서 발생한 경제위기는 없다

영화 〈베테랑〉에 "문제 삼지 않으면 문제가 되지 않는다"라는 대사가 나온다. 지금 해결해야 할 문제임에도 불구하고 미루고 덮고 외면하면 당장은 문제가 되지 않는다는 의미로 쓰인 대사다. 다만 이럴 경우 문제를 해결한 상황이 아니므로, 문제는 방치 속에 계속해서 쌓이게 된다.

이러다 결국엔 무슨 일이 생기는가. 견디다 못한 문제가 곪아서 극에 달했을 때, 가장 취약한 부분부터 먼저 터져 나오게 된다. 마치 균열이 생긴 댐의 모습과 같다. 처음에는 균열 부분부터 조짐이 보이다가, 나중에는 연쇄적인 충격으로 전이되고, 최후에는 피할 수 없는 대규모 경제위기로 들이닥치게 되는 것이다.

위기의 징후들이 너무나도 확연하게 드러나고 있다. 문제로 삼지 않으려고 해도 문제 삼지 않을 수 없는 현실이다. 물론 아직도 많은 사람들은 이런 현상을 두고 단순한 비관론 정도로 인식해서 받아들이고 있다.

그들의 주장은 이렇다. 현재 경제 상황이 낙관적이고 긍정적이라고 할 수는 없지만, 그렇다고 비관론자들이 말하는 그런 경제위기를 속단하기에는 너무 이르다는 것이다. 그리고 '이미 노출된 악재는 악재가 아니다'라는 주장도 덧붙인다. 알려진 악재에는 정부가 미리 대응할 것이고, 시장은 그 특성상 이런 악재들을 미리 감안해서 움직인다고 믿고 있기 때문이다. 모두가 예상치 못했던 갑작스러운 충격이 전해지지 않는 이상, 지금의 문제들은 어느 정도 컨트롤될 것이고, 경제위기로까지 번지지 않을 것이라는 게 그들의 생각이다.

물론 그들의 말이 모두 틀린 것은 아니다. 다만 과거의 경제위기를 되짚어보면 금방 깨달을 수 있는 재미있는 사실이 있다. 시장은 매번 이미 드러난 악재로 인해서 경제위기를 맞았고, 또 침체에 빠졌다는 사실이다. 마찬가지로 기존에 우리가 아는 모든 경제위기 중에 시장이 예상하지 못해서 발생한 경제위기는 없다.

지속적인 경고와 끊임없는 문제 제기에도 불구하고 과잉 공급과 무리한 투자를 방치한 것이 대공황을 불러왔고, 방만한 재정운영과

언 발에 오줌 누기식 통화정책이 1980년대 스태그플레이션을 심화시켰다. 우리에겐 악몽처럼 남아 있는 1997년의 IMF 외환위기 역시 마찬가지다. 당시 자신감이 충만한 기업과 금융권은 외환부채를 과도하게 늘리고 있었다. 시장은 이를 우려하고 있었지만 무시당했고, 그렇게 방치한 결과 외환위기가 발생하게 되었다. 또한 금융기관의 도덕적 해이가 극에 달해 터진 2008년의 글로벌 금융위기마저도, 사회 각 분야의 유력인사들과 전문가들이 각종 언론매체를 통해 끊임없이 문제를 제기하고 난 뒤에 터진 사건이다.

수많은 경고가 있었음에도 시장 분위기에 눌려 무시되고 관심받지 못했을 뿐이지, 원인도 경고도 없이 갑자기 터진 경제위기는 없다. 우리가 회피하고 있었을 뿐이다.

이번에 다가올 위기는 완전히 다르다

앞으로 겪어야 할 경제위기는 근본적인 성격 자체가 완전히 다른 위기다. 일반적으로 과거에 경험했던 대부분의 경제위기를 보면, 무리한 유동성 공급·축소, 과잉 투자, 무절제한 과소비, 부채 문제, 물가, 금리, 환율 등의 경제적인 문제들로 인해서 위기가 터져 나오는 경우가 많다.

사실 이런 경우의 위기는 비교적 인과관계가 뚜렷한 문제이기 때문에 해결 방안을 명확하게 제시할 수 있다. 물론 경제위기를 수습하는 과정에서 필연적으로 강력한 구조조정 과정을 거치게 된다. 이때 사회 구성원들이 구조조정의 고통을 어느 수준까지 감내하겠다는 사회적인 합의 문제가 따르기는 하지만, 어쨌든 경제위기를 수습하기 위한 극복 방안 자체를 제시하는 데는 큰 문제가 없다.

하지만 이번에 다가올 위기는 완전히 다르다. 경제 분야 하나에만 국한된 단편적인 문제로 생겨난 위기가 아니다. 국내외 정치, 경제, 사회, 지정학적 국제관계, 기후 등 복합적으로 터져 나온 문제가 동시에 일괄적으로 한계치를 벗어나게 되면서 발생하게 된 경제위기다.

지금 위기는 입체적인 문제로 발생한 위기라, 단편적인 처방전은 효과가 없다. 통화정책과 재정정책 같은 단순히 경제적 수단만으로는 극복할 수 없는 경제위기다. 쉽게 회복을 목표로 할 수 있는 경제위기가 아니라는 말이다.

여태 겪어보지 못했던 많은 일들이 지금 우리 주위에서 펼쳐지고 있다. 그리고 지금까지 일어난 일들은 앞으로 일어날 일의 예고편에 불과한 수준이다. 이 2가지를 반드시 기억해야 한다.

터질 일은 시기의 문제일 뿐 어쨌든 터진다

작은 사건이 시발점이 되어 큰 화를 부른다

필자가 중·고등학교에 다니던 시절엔 학교마다 이런 선생님이 꼭 한 분씩 계셨다. 수업에 들어와서 수업 시간 내내 학생들과 소통 없이 칠판에 계속 필기만 하다가 수업이 끝나면 그냥 나가버리는 선생님이 있었다. 보통 어느 정도 연세가 드신 분이 대개 그랬는데, 선생님은 학생들의 수업 태도를 크게 지적하는 일이 없었고, 학생들도 졸지 않고 조용히만 있으면 특별히 혼날 일이 없었다.

그래서 이런 선생님의 수업 시간만 되면 어떤 학생은 몰래 만화책을 보기도 했고, 옆에 있는 짝궁이랑 볼펜으로 오목을 두기도 하며 시간을 보냈다. 간혹 다음 시간의 숙제를 안 한 친구가 있으면 그 시간에 숙제를 하면서 사실상 거의 자유 시간이나 다름없는 시간을 보냈다. 선생님도 별도로 짬을 내서 학생들이 필기를 잘 따라오는지 검사하지 않았고, 아이들도 나중에 시험 기간이나 필요할 때 친구 노트를 빌려 쓰면 되었기 때문에 그 선생님의 수업 시간에 그렇게 집중하지 않았다.

그런데 어쩌다 한 번씩 간혹 이런 일이 생겼다. 같은 반에 있던 한 친구가 수업 시간에 만화책을 몰래 보다가 그 선생님께 걸려버린 것이다. 선생님은 평소에 조용한 성격이었지만, 뭔가 하나 제대로 걸려서 한번 화를 내기 시작하면 갑자기 다른 사람으로 돌변하는 성향을 가진 분이었다. 그런 선생님이 자신의 수업 시간에 만화책을 몰래 보는 학생을 발견하자, 갑자기 칠판에 쓰고 있던 필기를 멈추고 말했다. 그 학생에게 공책을 가지고 교탁 앞으로 나오라는 것이었다. 필기 내용을 검사하겠다는 의도였는데, 당연히 만화책을 보고 있던 학생이 필기를 제대로 했을 리는 없었고, 선생님의 화는 이제 반 전체를 향하게 되었다.

처음 만화책을 보다 걸린 친구가 선생님께 매를 맞는 동안, 나머지 반 아이들은 갑자기 다들 밀린 필기를 한다며 부랴부랴 분주하게 움직이기 시작했는데, 선생님은 그런 학생들을 보며 "지금 전부 연필 놓고, 손은 머리 위로 올리고, 책상 위에 공책만 펼치고 가만히 앉아 있어"라고 말했다. 그렇게 반 전체의 필기 검사 시간이 시작된 것이다.

처음 검사는 1분단 첫째 줄부터, 그리고 둘째 줄, 그렇게 한 명씩 한 명씩 필기 검사를 받으면서 넘어가고 있었는데, 당시 반장을 포함해 반에서 공부를 좀 한다던 친구들 몇 명만 빼고는 대부분의 학생들이 아예 필기를 시작조차 하지 않았고, 그것이 그대로 걸렸다. 선생님은 "이것들이 도대체 수업 시간에 무슨 짓을 하길래 제대로 필기를 한 녀석이 한 놈도 없냐?"고 하면서 화가 머리끝까지 올라가게 되었는데, 이때부터 사태는 더욱 심각하게 흘러가기 시작한다. 이제 필기 검사는 물론이고, 여기에 책가방과 책상 서랍까지 모두 샅샅이 뒤지면서 불시에 소지품 검사까지 하게 된 것이다.

그런데 그렇게 소지품 검사를 하게 되자, 갑자기 숨겨둔 다른 만화책들이 나왔고, 뒤이어 잡지가 나오더니, 나중엔 담배까지 발각되는 일이 벌어졌다. 선생님은 반 학생들 전체를 복도로 내보낸 뒤에 반장과 부반장을 데리고 대대적인 소지품 검사에 들어갔다. 당시 소지품 검사에서 걸린 물건을 보면 만화책은 기본이고 잡지, 오락기, 아령, 담배, 오토바이 헬멧에 성인용 비디오테이프까지 말도 안 되는 물건들이 많았고, 지금 와서 생각해보더라도 진짜 저런 걸 학교에 왜 들고 왔지 싶은 물건들까지 있었다.

이상한 물건이 하나하나 들킬 때마다 선생님은 그 소지품 주인을 교실로 불러 몽둥이로 매질을 했고, 학급 전체가 서 있던 복도에는 매를 맞는 소리가 울려 퍼지면서 학생들은 공포와 압박감에 짓눌려

웅성거리기 시작했다. 이런 소란스러운 분위기에 옆 반에서 수업하던 다른 선생님들까지도 무슨 일인지 궁금해 수업을 멈추고 잠시 들를 정도였다.

그러다 결국 이 사건이 시발점이 되어서 다음 조회 시간 때 학년 전체가 긴급 소지품 검사를 받는 일로 확대된 적이 있다. 직접 보지는 못했지만 다른 반 학생이 들고 온 소지품 중에 본드 같은 학교에 절대 있어서는 안 될 물건들까지 나와서 정학 처분을 당했다는 소문까지 번졌다.

앞으로도 괜찮을 것이라는 생각은 위험하다

이 사건을 돌이켜보면, 사실 처음 시작은 대개 사소하게 시작된 일이다. 수업 시간에 만화책을 보며 딴짓하던 한 학생이 선생님께 걸리면서 시작된 문제가 결국 트리거(방아쇠)로 작용해서 그동안 학급 전체에 쌓여 있던 숨겨둔 모순과 문제점들을 순식간에 다 드러나게 만든 것이다. 여기서 필자가 굳이 과거의 어두운 학창 시절 경험을 꺼내 든 이유는 세상 밖으로 문제가 터져 나오는 과정 자체가 앞서 소개한 학교 안에서 문제가 발각되는 사례와 크게 다르지 않기 때문이다.

수많은 문제와 모순들이 계속 쌓이고 누적되면서 광범위하게 퍼졌는데도 불구하고, 지금껏 아무 문제가 없는 것처럼 잘 돌아간다고 해서, 앞으로도 계속 괜찮을 것이라는 생각은 굉장히 무모하고 잘못된 판단이다. 현재 심각할 정도로 쌓인 문제가 많고, 그 모순들이 하나둘 눈에 띄면서 거슬리기 시작했다면, 앞으로 무엇이 트리거가 될지, 언제 터질지는 아무도 확신할 수 없지만, 중요한 점은 결국 터질 일은 시기의 문제일 뿐 어쨌든 터진다는 사실이다.

지금 우리 경제를 무겁게 짓누르고 있는 과도한 부채 부담, 비효율적으로 규모만 부풀려진 각종 사업, 이미 사라졌어야 할 기업이 아직도 버젓이 존재하는 좀비 기업 문제, 이제는 맞지도 않는 환경임에도 지난 수년간 저금리에 기반해서 무분별하게 벌려왔던 투자, 그리고 그 속에 뿌리박힌 각종 부정행위와 부조리들이 무엇을 계기로 어떻게 터져 나올지는 아무도 알 수가 없다. 특히 지금처럼 돈이 마르기 시작하는 시기라면, 무엇이 이유가 되었든 경제위기의 결정적인 뇌관으로 작동할 수 있다.

최근 들어 '이례적'이라는 말을 자주 접하게 된다. 그런데 '이례적인 상황'이 지속되고 반복된다면, 그것은 이제 더 이상 이례적인 일이 아님을 받아들여야 한다. 변화의 흐름이 시작된 것이라고 인식해야 한다.

지옥 같은 경제위기에서
살아남기

1장 핵심 포인트

수많은 경고가 있었음에도 시장 분위기에 눌려 무시되고 관심받지 못했을 뿐이지, 원인도 경고도 없이 갑자기 터진 경제위기는 없다. 우리가 회피하고 있었을 뿐이다.

이번에 다가올 위기는 완전히 다르다. 경제 분야 하나에만 국한된 단편적인 문제로 생겨난 위기가 아니다. 국내외 정치, 경제, 사회, 지정학적 국제관계, 기후 등 복합적으로 터져 나온 문제가 동시에 일괄적으로 한계치를 벗어나게 되면서 발생하게 된 경제위기다.

코앞에 다가온 위기를 버텨내기 위해서 우리는 세계가 왜, 무엇이 달라졌는지와 그 변화의 본질을 아는 것이 매우 중요하다. 이 위기는 세계질서가 흔들리면서 시작되었고 '회복을 기대'할 것이냐 '변화에 적응'할 것이냐에 따라 위기의 대응 방법은 너무도 다르다. 세계화 시대가 몰락해가고 미·중 신냉전체제가 시작되었다고 모두가 익숙하다는 듯이 말한다. 하지만 낙관론과 회복에 대한 기대 수준을 보면 아직도 세계화 전성기 시절의 사고방식에서 벗어나지 못했다. 안타깝지만 그 시절은 갔고, 다시는 돌아오지 못한다. 2장에서는 직면한 위기를 이해하는 핵심 중 하나인 세계질서의 변화에 대해 알아볼 것이다.

2장

국제:
세계는 좋았던 때로 다시 돌아갈 수 없다

정신 차려보니 너무 변해버린 세계

세계를 친근하게 '지구촌'이라 불렀던 시절

'지구촌'이라는 단어를 들어본 적이 있을 것이다. 친숙하게 들리는 이 말은 1990년대 초 소련이 붕괴하고 얼마 지나지 않아 쓰이기 시작했다. 자유진영과 공산진영 간의 정치·경제적 대립과 단절이 끝나고 세계가 '적'이 없는 사회가 된 이후부터 나름의 평화가 찾아오자 세계는 하나가 될 기회를 마주했다.

다만 이 기회를 살리기 위해서는 서로 간의 자유로운 무역 교류의 확대가 무엇보다 중요했는데 자유·공산진영 간 오랜 시간 단절을 겪었던 터라 서로가 너무 달랐다. 개별국가가 가진 차이를 모두 감안해가며 무역상대국마다 다른 룰을 적용하면서 교역을 확대하는 건 분명한 한계가 있었고, 효율도 떨어졌다.

세계무역에 참여하는 국가들이 공통으로 따르는 새로운 무역의 '룰'이 필요했다. 때마침 그동안 자유진영 간 통용되던 무역규범도 허점이 많아 한계가 지적되던 상황이라 세계적인 무역규범을 재정립하기에는 적절한 시기였다.

결국 1995년 세계는 국제기구(WTO: 세계무역기구)를 출범시켜 이를 중심에 두고 합의를 통해 서로가 따르는 공통의 룰을 정했다. 이 무역규범은 각 국가의 자율적 준수 수준을 넘어 강제력도 있었으며, 상품무역에 국한된 룰이 아닌 지적재산권, 노동 등 서비스무역에 이르는 넓은 분야를 포함했다.

이렇게 세계무역 질서가 표준화되자 제품은 물론이고 자본과 기술, 노동 등 광범위한 교류가 시작되었고 인류 역사상 상징적일 만큼 무역량이 급증하게 되었다. 이렇게 자유무역의 황금기가 1990년대 중반부터 시작되자 우리는 이를 '세계화'라 불렀다.

벽이 허물어진 세계는 제품과 서비스, 기술과 노동, 문화 등이 국경을 초월해 자유롭게 넘나들었고, 국가 간 교류의 양과 범위는 폭발적으로 늘어났다. 세계는 자연스럽게 서로 상호의존하는 구조가 되었고, 이를 두고 세계를 한마을에 비유해 친근하게 '지구촌'이라 불렀다.

정말 이 모든 것이 우연한 악재의 연속일까?

그런데 세계가 하나가 된 지 약 20년째 되어가던 무렵(2020년대), 어느 순간부터 이상한 일들이 벌어지기 시작했다. 중국을 세계무대로 진출시키는 데 앞장서고 중국을 최고의 비즈니스 파트너로 여겼던 미국이, 이제는 중국과 적대적 관계를 형성하고 중국을 고립시키는 동맹 구도를 강화하고 있다.

'미·중 신냉전체제'라는 말이 이제는 익숙해질 정도로 흔하게 쓰인다. 또한 21세기에 절대 일어날 수 없다고 생각했던 대규모 침략 전쟁이 우크라이나에서 발생했다. 여기서 그치지 않고 중국-대만, 한국-북한의 안보 문제가 여태껏 본 수준과는 판이하게 달라진 데다 동유럽권, 중동지역 등 세계 도처의 지정학적 위기는 갈수록 깊어지고 있다. 여기서 끝이 아니다. 갑자기 글로벌 공급망 균열이라는 낯선 말까지도 등장하더니, 물가마저 주체할 수 없이 급등하고 있다.

불과 20년 전에 나왔던 '평화의 시대' '지구촌' '자유무역의 황금기'라는 말이 무색할 만한 일들이 마치 약속이나 한 듯 동시에 터지고 있다. 정말 이 모든 것이 우연한 악재의 연속일까? 우연이라 하기엔 세계질서 변화와 여러 사건들이 너무 밀접한 관련이 있다. 당장 지금 세계에서 벌어지고 있는 일들을 지나가는 개별 악재로 치부하고 넘어가기에도 찝찝하다.

그래서 지금부터 세계질서가 왜 변화하고 왜 이런 상황까지 흘러왔는지를 알아볼 것이다. 2장을 다 읽을 때쯤이면 세계가 예전처럼 좋았던 때로 돌아가기 힘들다는 걸 일정 부분 공감하게 될 것이다. 또한 위기에 대응하는 마음가짐이 과거처럼 돌아가는 '회복'이 아니라 새로운 변화에 대한 '적응'이 되어야 한다는 것도 이해가 될 것이다.

이제부터 우리는 이 거대한 세계질서의 변화가 시작된 본질이 무엇인지, 그로 인해 지금 세계에 어떤 위기가 펼쳐지고 있는지, 차근차근 짚어보겠다. 휘발성 정보에 휘둘리지 않는 탄탄한 거시적 안목을 넓히고, 마주하게 된 경제위기를 이해하는 뼈대가 되는 이야기니만큼 이 장의 내용이 상당히 중요함을 미리 알려드린다.

안 좋은 일은 가장 힘들 때 겹쳐서 터진다

'선진국'과 '그 국민들'에 집중해야 하는 이유

세계질서의 변화를 이해하기 위해서는 우선 선진국 대중들의 삶의 변화 과정을 알아볼 필요가 있다. 갑자기 선진국 국민들의 삶과 세계질서의 변화가 관계있다고 하니 의아할 수도 있을 것이다. 하지만 그 이유는 생각보다 간단하다. 먼저 우리가 집중해야 할 단어는 '선진국'과 '그 국민들'이다.

한 국가의 사회질서에 큰 변화가 일어날 때는 매우 높은 확률로 그 나라 '국민들' 대다수가 어려운 경제 상황에 처해 있는 경우가 많다. 그 불만이 극에 달했을 때 극단적인 경우는 혁명이나 전쟁을 통해 체제가 변하는 경우도 있고, 민주주의 국가에서는 기존 흐름과는 너무도 다른 선거 결과를 통해 변화하기도 한다.

많고 많은 나라 중에서도 '선진국'의 변화가 중요한 건, 안타깝지만 그들이 세계질서를 주도하고 세계 전체에 직접적으로 주는 영향이 크기 때문이다. 특히 지금처럼 각 국가들이 상호의존적으로 많이 엮여 있는 상황에서는 그 영향이 더 클 수밖에 없다. 그런 면에서 본다면 세계질서를 주도하는 역할을 하는 국가가 미국이고, 미국정치권의 태도 변화를 이끄는 주체가 미국 국민들이므로 그들의 삶을 이해하는 게 중요하다.

경제위기와 세계변화를 이야기하면서 인플레이션도, 침체도, 부채도 아닌 '선진국 국민들의 삶'이라는 낯선 접근이 어색할 수도 있을 것이다. 하지만 이 거대한 변화 과정에서 발생하는 위기는 숫자와 지표로 전부 이해할 수 없다. 왜냐하면 경제는 다양한 욕구를 가진 개인·집단의 이해관계가 시스템화된 것이기 때문이다.

경제적 황금기였던 미국의 1950~1960년대

이야기의 시작은 미국 서민 대중들에게 경제적 황금기였던 1950~1960년대로 거슬러 올라간다. 이 시기 미국을 배경으로 한 영화들을 보면 전형적인 중산층의 모습이 잘 드러나 있다.

[1960년대 스테이션 왜건 사진]

자료: favcars.com

푸른 잔디가 깔린 2층짜리 목조주택과 마치 약속이나 한 듯, 대다수의 가정에는 왜건 승용차가 주차되어 있다. 그들의 저녁 식사 자리엔 언제나 온 가족이 모여 있고, 주말이면 가족 모두가 익숙하다는 듯이 왜건 짐칸에 캠핑용품을 싣고 여행을 떠난다. 이 모습은 당시 미국을 단 한 번도 가지 않은 사람조차도 잘 아는 미국 가정의 흔한 풍경이다.

그 시절 너무도 일반적이었던 잔디밭 딸린 2층 주택과 왜건 승용차는 상징하는 바가 있었다. 잔디밭 딸린 2층짜리 주택은 그들의 경제적 안정을 상징할 뿐만 아니라, 관리에 손이 많이 가는 집을 스스로 유지·보수할 시간적 여유도 있었다는 걸 의미한다. 또한 많은 짐을 싣고 온 가족이 함께 타기에 유리한 왜건이 인기 차종이었다는 건 그들의 가족관계 또한 원만했다는 것을 말해준다. 실제로 당시 미국의 이혼율은 매우 낮았다.

그런데 여기서 흥미로운 사실이 있는데, 그 시절 이런 중산층의 삶을 유지하던 상당수가 고학력자나 전문직 종사자가 아니라는 것이다. 평균적인 학력을 소유한 노동자나 공장 근로자들이 중산층의 상당수를 차지하고 있었다는 것이 흥미로운 부분이다.

2차 세계대전 승리의 배경이 미국의 생산력이라고 할 정도로 당시 미국은 세계 최고의 제조업 경쟁력을 가지고 있었다. 전쟁 이후로 유럽을 비롯해 세계경제가 급격하게 회복·성장하는 과정에서 소비와 투자 수요가 폭증하고 있었고, 세계경제 성장의 수혜를 미국이 누릴 수 있었다.

미국의 경쟁력이 생산이었던 만큼 많은 노동력이 필요했다. 더불어 그 시기는 호황과 함께 근로자의 권익과 소득도 빠르게 향상되던 시기였다.

그 시절 미국은 일자리의 양적·질적 풍요로움이 있었기 때문에 고학력자가 아닌 서민 근로자 계층도 중산층 반열에 어렵지 않게 오를 수 있었다. 그런 이유로 그 시기는 일반 노동자 계층도 미국 사회의 넓고 탄탄한 중산층으로 자리 잡을 수 있었다. 그렇게 1950~1960년대는 미국의 황금기이자 서민 대중들의 황금기였다.

침체가 장기화된 미국의 1970~1980년대

하지만 그런 황금기 이면에서는 다른 경제적 문제점이 점점 커지고 있었다. 우선 경쟁자의 급부상이었는데, 공업 강국이자 2차 세계대전의 패전국이었던 독일(서독)과 일본이 빠르게 경제를 성장시키며 미국이 차지하고 있던 시장점유율을 공격적으로 잠식해나갔다. 반면에 미국은 근로자들의 권익 향상으로 인해 인건비가 가파르게 오르고 있었고, 파업도 상당히 잦았다. 이에 따라 기업들은 만성적인 고비용 구조가 굳어지고 비효율이 증가하고 있었다.

본격적인 문제는 물가에서 시작되었다. 냉전시절 많은 국방예산과 베트남전쟁 자금을 조달하느라 많은 돈이 필요했던 미국정부는 달러를 마구 찍어댔고 물가상승은 점점 심각해지고 있었다.

거기에 더해 1971년 미국이 금태환 중지를 선언하면서 달러의 가치가 또 한 번 하락하는 문제를 안게 된다. 그 이전까지는 금 1온스당 35달러로 금과 달러의 가치가 연동되어 있었기 때문에 달러를 가진 나라들이 미국에 금으로 바꿔달라고 요구했을 땐 미국이 금을 내어주게 되어 있었다. 바로 그것이 '금태환제'다.

하지만 미국이 많은 달러를 찍어내고 달러 가치의 하락이 보이자 이를 우려한 여러 나라들이 동시에 금을 내어달라고 미국에 요구하게 된다. 감당이 안 된 미국은 결국 금과 달러 가치가 연동되는 금태환 중지를 선언해버린다.

그 이후 달러의 가치가 떨어지는 건 불 보듯 뻔한 일이었다. 달러 가치 하락으로 수입 물가가 급등하게 되었고, 원자재가격 상승은 기업들에 큰 압박으로 다가왔다. 게다가 오른 물가로 인해 임금 상승 부담까지 깊어졌고, 노동자들의 임금 인상 시위는 더 잦아졌다.

독일과 일본의 산업이 미국을 맹추격하는 와중에 미국의 기업들은 생산원가가 올랐다고 해서 제품가격 인상을 쉽게 할 수도 없었다. 물가상승과 비효율에 직면한 다수의 기업은 비용감축을 선택했다. 이때부터 안정적인 일자리에 종사하던 많은 근로자가 해고되기 시작했다. 2층짜리 주택과 왜건 승용차를 소유한 그 노동자들에게 닥친 현실이었다.

물가는 물가대로 오르고 실업이 증가해 경기도 침체되는 일이 동시에 벌어졌다. 그런데 엎친 데 덮친 격으로 1970년대 두 번에 걸쳐 그 유명한 '오일쇼크'까지 터져버린다. 천정부지로 치솟는 유가로 인해 물가는 감당할 수 없이 올라갔고, 이를 버티지 못한 기업들이 무너지면서 실업률도 급증하게 된다. 당연히 실업이 증가하니 소득과 소비가 감소해 침체도 더 깊어졌다.

침체 상황을 극복하기 위해 정부가 돈을 풀면 물가가 금방 올라버리고 금리를 올려도 물가는 쉽게 잡히지 않았다. 고물가, 고금리, 고실업과 침체가 장기화되자 기업들과 함께 중산층을 이루던 많은 근로자가 무너졌다. 이렇게 미국경제의 혼란기 동안 압도적이었던 미국제조업 경쟁력이 감소하고 독일과 일본에 산업의 많은 자리를 내

주는 일로 이어진다.

일례로 자동차산업은 제조업의 상징과도 같다. 미국이 가졌던 자동차산업의 주도권은 이 시기를 거치며 일본에 빠르게 넘어간다. 물론 미국 자동차산업의 쇠퇴는 업계 종사자들의 실직으로 이어졌고, 한때 이들의 반일 감정이 극으로 치닫기도 했다.

안 좋은 일은 가장 힘들 때 겹쳐서 터진다고 했다. 1950~1960년대 경제적 황금기를 보내던 미국은 1970년대 들어서 1980년대 중반에 이르기까지 고물가, 침체, 고비용과 비효율의 덫에 갇혀 괴로운 시간을 보냈다.

골디락스 경제가 숨겨온 섬뜩한 진실

WTO를 중심에 두고 하나가 된 듯한 세계

2차 세계대전 이후 20년가량 황금기를 누렸던 미국은 1970~1980년대를 거치면서 제조산업 경쟁력이 쇠퇴했다. 이와 더불어 그동안 많은 수를 차지했던 노동자 계층의 중산층도 빠르게 몰락하고 있었다.

그렇게 시간이 얼마 흐르지 않아 세계는 반세기 만에 '냉전 종식'이라는 큰 변화를 마주하게 된다. 부정적인 변화는 아니었다. 소련의 붕괴와 함께 1990년대 문턱에 들어서면서 세계에 새로운 시장과 기회가 펼쳐지게 된다. 당시 공산진영에 속해 있던 아시아·동유럽

지역은 낙후되어 있었고, 그들의 인건비는 매우 낮았다. 이들의 저임금 인력을 활용할 수 있다면 이는 생산비용을 획기적으로 낮출 수 있는 환경이 갖춰지는 것이다.

두 번의 오일쇼크로 인한 고물가를 겪은 세계는 물가상승에 매우 민감했는데, 인건비가 저렴한 저개발국의 시장참여는 물가상승 억제력을 가질 수 있었고 기업들에게는 기존과는 다른 차원의 이익 증대를 가능하게 했다. 또한 저개발국의 입장에서도 해외기업들의 생산기지가 자국으로 옮겨온다면 국민소득 증가와 경제성장의 동력이 될 수 있었다.

그야말로 'win-win'이었고, 세계적인 성장과 시장 확대의 기회도 의미했다. 다만 이를 현실화하기 위해서는 기업들이 개별국가의 규제 걱정 없이 자유롭게 무역할 수 있도록 서로가 가진 무역장벽을 걷어낼 필요가 있었고, 모두가 따르는 일관된 공통의 룰이 필요했다.

자본이 국내를 빠져나가 해외에 투자되는 걸 막아서는 안 되며, 반대로 해외자본이 국내에 공장을 짓거나 자산을 소유하는 행위를 제약해서도 안 된다. 상품무역뿐만 아니라 금융, 관광, 운수, 교육, 건설 등 범위가 넓은 서비스무역도 정부의 간섭과 규제를 최소한으로 줄여 기업들이 최대한 자유롭게 거래할 수 있도록 범세계적 차원의 합의(절차와 제도)가 필요했다.

개발도상국과 선진국들은 실익을 고려했을 때 양쪽 다 이익이 더 많았기 때문에 이런 합의는 생각보다 빠르게 진행되었다. 그리고 이 합의는 1995년 WTO(세계무역기구)의 출범으로 결실을 보았다.

곧 세계는 WTO를 중심에 두고 마치 하나의 국가처럼 상품과 서비스의 자유로운 교류가 가능해졌다. '세계화'라는 국제질서가 매우 빠른 속도로 자리 잡았고, 이런 환경이 조성되자 선진국과 개발도상국이 하나가 되어 세계는 마치 하나의 '팀'처럼 움직였다.

하나의 상품이 만들어지기까지 국가를 초월해 가장 효율적인 분업이 이루어졌다. 자본조달을 잘하는 금융사, 빠른 설계개발 역량을 갖춘 기업, 낮은 원가로 제품을 만들 수 있는 생산기지, 효율적인 물류망을 가진 유통사 등 질 좋은 제품을 효율적으로 만들어낼 수 있는 기업과 국가들이 어울려 네트워크를 형성했다.

우리는 그것을 '글로벌 공급망'이라 불렀다. 자유로운 무역과 분업으로 만들어진 제품이 또다시 장벽 없는 세계시장에 자유롭게 팔려나갔다. 무역량은 사상 유례없이 급증했고, 세계는 성장했다.

당시 저임금 국가의 시장참여가 제품 생산원가를 낮게 유지하는 압력으로 작용했기 때문에 성장에 필연적으로 따르는 가파른 물가상승도 없었다. 물가상승세가 높지 않으니 저금리를 유지할 수 있는 환경이 되었다. 이런 낮은 이자율은 더 큰 사업과 더 많은 투자를 가능하게 만들었다. 선진국과 개발도상국이 같이 고성장하며, 동시에 저물가·저금리를 유지하는 이상적인 경제였고, 그것을 '골디락스(Goldilocks) 경제'라 했다. 그리고 당시의 우리는 이 황금기가 지속될 것이라는 착각에 빠져 있었다.

미국 서민들의 삶이 심각하게 삐걱거리다

한편 1990년대 중반부터 새롭게 시작된 황금기 이면에 다른 문제가 심각해지고 있었다. 세계화에 앞장섰던 선진국, 특히 미국 내부에서 문제가 나타나기 시작했다. 세계화 시대에 들어 미국은 '효율'이라는 가치를 중심으로 산업구조를 완전히 변모시켜나갔다. 거대한 금융자본, 최첨단의 기술력, 더불어 뛰어난 디자인과 마케팅 등 고부가가치 역량을 가진 미국에게 '생산'이라는 과정은 매우 비효율적인 것으로 여겨졌다.

생산설비를 갖추기 위해선 엄청난 자본이 필요하고 이를 유지하기 위한 고정비용 역시 매우 많이 들었다. 결정적으로 다수의 인력에 의존하는 생산의 특징상 인건비 부담뿐만 아니라 파업과 같은 변수도 컸다.

결정적으로 이런 리스크를 부담하지만 수익성이 낮은 공정이 바로 '생산'이었다. 이미 1970년대에 크게 홍역을 앓아본 미국은 더 이상 생산·제조에 대한 미련은 없었다. 그래서 그들은 생산기지를 저임금 국가로 옮기거나 생산을 외부에 주문하는 형태로 체질을 완전히 바꾸기 시작했다. 국내에는 전문성이 필요한 직종, 고부가가치 산업만을 남기고 성장시켰다. 바로 여기서부터 본격적인 문제가 생겼다. 앞서 중요하게 들여다봐야 한다고 말했던 '대중들의 삶'이 빠르게 삐걱거렸다. 여기서 말하는 대중은 고학력자나 상류계층이 아니다. 평균 학력 혹은 그 이하의 국민 대부분을 차지하는 이른바 서민들을 말한다.

미국이 세계화 시대에 들어 효율이라는 가치를 중심으로 산업을 변화시키는 동안, 미국 내 서민들을 위한 양질의 일자리는 완전히 자취를 감추기 시작했다. 대기업 생산직 일자리처럼 과거 미국의 폭넓은 중산층을 만들었던 양질의 일자리는 모조리 해외의 개발도상국으로 떠나버렸고, 오로지 미국 내 남은 양질의 일자리는 금융과 IT 업종 등 고학력자·전문직 종사자에게 열려 있는 고부가가치 일자리만 남게 되었다.

평균 학력의 계층들이 얻을 수 있는 좋은 일자리는 더 이상 없었다. 그나마 국내에 남은 제조기업들마저도 신흥국들과의 가격 경쟁력에 밀리면서, 지속해 쇠퇴하는 결과로 이어지는 답답한 현실이었다.

그렇게 미국의 대다수를 차지하는 평균 수준의 서민들이 일자리를 통해서 중산층이 될 기회는 사라져갔다. 오로지 그들이 선택할 수 있는 일자리는 고용이 불안정하거나 경력이 무의미한 '임금 낮고 열악한 일자리'뿐이었다.

거기서 끝이 아니다. 세계화를 통해 노동력의 자유로운 왕래가 가능해지면서 저임금 국가의 이주노동자가 미국 내로 크게 유입되어 그나마 남은 국내 일자리마저도 이들과 나눠야만 했다. 세계시장을 무대로 역량을 펼칠 수 있는 고학력자 계층과 규모 있는 기업들에게 세계화는 엄청난 기회를 선사했지만, 국내에 국한된 노동과 경제 활동을 하는 선진국 대부분의 서민들에게 세계화는 그저 기존에 누렸었던 좋은 일자리와 기회를 알지 못하는 외국인 누군가에게 내어주는 것뿐이었다. 그들의 삶은 지속해 추락하고 있었고, 대중의 불만과 분노는 알게 모르게 커지고 있었다.

거스를 수 없었던 대세, 균열의 시작

미국 국민들의 불만에 대응하지 못한 정치권

2000년대로 들어서자 국가와 기업 그리고 소수의 계층이 세계화의 이익을 누리는 동안 미국의 서민 대중들은 자신도 모르는 사이 빠르게 세계화의 낙오자가 되어가고 있었다. 양질의 일자리가 해외로 떠나가며 그들이 가질 수 있었던 기회도 함께 떠났고, 그 공백을 메운 질 낮은 저임금, 단기일자리는 그들의 삶을 코너로 몰았다.

곧 미국 대중들이 가진 문제와 불만은 2008년 세계금융위기가 터지자 집단적·표면적으로 드러났다. 대량 실업 위기로 당장 자신들의 생계가 위태해지는 판국에 이주노동자에 대한 배려가 웬 말이며,

'리더국가' '세계의 경찰' 같은 타이틀 따위가 그들에게 얼마나 중요하겠는가.

그들은 이주노동자에 대한 반감을 스스럼없이 드러냈고, 남의 나라 안보에 자신들의 세금이 상당 부분 쓰이는 것에도 적극적으로 불만을 표출했다. 미국 국민들은 대외 국방비를 줄여 자국민들의 사회보장을 늘려주길 원했다. 사실 그들의 요구와 불만은 단순했다. 일자리가 개선되고 지켜지길 원했고, 그들이 낸 세금이 자신들의 삶에 직접적으로 더 쓰이기를 바랐던 것이다.

하지만 정치권에서는 그 요구를 들어주는 게 쉬운 일만은 아니었다. 그 이면에는 '세계화'라는 질서와 이해관계가 이미 깊게 자리 잡고 있었기 때문이다. 그들에게 양질의 일자리를 확대하고 지켜주기 위해서는 이미 저임금 국가로 나가버린 많은 기업이 돌아와야 하는데 현실적으로 어려웠다. 국내 이주노동자에 대한 규제 역시도 이미 국제적 합의가 끝난 세계화에 역행하는 일이라 선뜻 나설 수 없었다. 게다가 이주노동자는 미국 내 기업주, 점주들에게는 가성비 높은 노동력이기도 했기 때문에 국민과 기업 간 이해관계 대립의 문제도 있었다.

그나마 국내에 머물러 있는 산업과 일자리를 보호하는 것도 간단한 일은 아니었다. 신흥국과의 가격경쟁력에 밀려 쇠퇴하고 있는 자국 산업과 일자리를 보호하기 위해서는 수입 규제나 관세 인상밖에는 도리가 없는데, 이는 적극적인 보호무역에 해당하므로 자유무역을 지향하는 세계무역규범을 크게 거스르는 일이었다.

그뿐만 아니라 대외안보에 지출하는 국방비를 줄여 사회보장을 강화하는 것 역시도 그 당시 상황에서는 쉽지 않은 일이었다. 대외 국방비를 줄인다는 건, 표면적으로나마 유지하고 있는 세계의 경찰이자 중재자 역할을 줄이고, 국제사회에서 미국이 가진 지위와 영향력을 일정 부분 포기한다는 것을 의미했다. 특히 아프간과 이라크, 연이어 시리아 내전까지, 이미 중동에 군사적으로 너무 깊숙이 개입해버린 미국은 엄청난 국방비를 지출하고 있었기 때문에 중동정세에서 발을 빼기가 더욱 어려웠다.

일자리 개선과 사회보장 강화 같은 국민들의 단순한 주장은 미국정부에 탈세계화를 요구하는 것과 같은 이치였고, 세계화로 인한 이익을 누리는 기업과 엘리트와 상류계층의 이익을 외면할 수 없는 미국 정치권 입장에서는 형식적인 수준의 대응만 했을 뿐 민심을 적극적으로 반영하지 못했다. 아니, 정치권 역시도 세계화의 수혜자 계층이었으니 반영하지 않았다는 표현이 맞을지도 모르겠다.

국민들의 불만에 대응하지 못하고 정치권이 머뭇거리는 동안 2008년 세계금융위기는 대규모 '양적완화'라는 미봉책으로만 덮은 채 넘어갔다. 성난 민심에 급한 불은 끌 수 있었지만 이 과정에서 너무 많은 돈을 풀었고, 그 결과 자산가격의 상승을 불러와 자산을 보유한 자와 그러지 못한 자의 양극화는 더 심해졌다.

미국정부의 세계화 지향은 여전했고, 이주노동자 문제는 범위가 넓어졌다. 2008년 세계금융위기 이후 경제·정치적 어려움에 부닥친 중남미 출신의 불법 이민자 급증 문제에 난민 문제까지 겹쳐 더욱 심각성을 더해갔다. 저임금 국가 노동자들의 잠식 비중이 큰 업계 위주로 내국인들의 임금이 정체되는 현상도 갈수록 뚜렷해졌다.

게다가 이 시기에 들어서는 중국이 본격적으로 문제되기 시작한다. 중국은 2000년대 초반만 하더라도 세계의 외주 생산기지 역할을 하고 있었고, 미국의 서민 일자리를 흡수하는 수준의 문제를 양산했다.

하지만 2010년대 들어서는 미국 산업의 경쟁국으로서 본격적인 타격을 주기 시작한 것이다. 세계의 공장 역할을 하는 동안 경쟁력을 갖춘 중국은 자신들의 브랜드가 달린 그들의 제품으로 시장을 위협적으로 잠식하기 시작했다.

중국은 2010년 일본을 제치고 세계 2위 경제 규모로 올라서더니 2010년대 중반에는 고부가가치 첨단산업 분야에서조차 가격경쟁력을 무기로 시장 잠식의 포문을 열었다. 미국 내 산업에 피해와 일자리 문제를 일으킴은 물론 미국의 차세대 기술 패권에도 위협을 주기 시작했다. 세계경제와 국제기구에서 중국의 영향력은 지속적으로 커져서 이제 더 이상 미국 서민 대중들의 일자리만의 문제라고 할 수 없었다.

세계화의 시간이 지속될수록 정치권도 세계화를 내려놓아야 할 시기가 임박했다는 것을 느끼고 있었고, 삶이 코너로 몰린 대중들의 탈세계화, 자국우선주의 요구는 더욱 뜨거워졌다. 물론 이들이 이런 단어를 직접적으로 외쳤던 건 아니지만 그들은 정부가 자국민들을 위해 좀 더 이기적으로 행동하길 원했다.

'미국을 다시 위대하게'라는 트럼프의 구호

한편 이런 민심의 변화와 요구를 정치권이 완전히 외면했던 건 아니다. 세계금융위기 이후 여러 정치인이 탈세계화, 자국우선주의라는 목소리를 냈었으나 그들에게 정치 패러다임을 뒤흔들 수 있는 만큼의 파급력은 없었다.

그러던 중 2016년에 유명한 사업가이자 방송인인 도널드 트럼프가 대선후보로 등장한다. 그는 당시 기성 정치인이라면 꺼내기 어려운 공약을 대중에게 매우 직설적인 화법으로 뿜어냈다. 미국의 일자리를 지키기 위해 높은 관세 인상 조치 등 보호무역의 강화를 주장했고, 특히 중국의 불공정 무역에 대해서는 매우 단호했다. 또한 동맹국이라 할지라도 미군 주둔에 대한 적절한 비용 부담과 의무를 다하지 않는다면 언제든지 철군시킬 수 있다는 의사를 내비쳤다. 때때로 '안보 무임승차'라는 말로 동맹국을 불편하게 만들 정도로 그의 의지는 확고했다.

또한 트럼프는 불법 이민자에 대해서는 매우 강경한 태도를 보였는데 일례로 불법 이민자 방지를 위해 국경을 따라 거대한 장벽까지 건설하겠다고 공약을 내걸었다. 이 말은 인기를 위한 무책임한 공약 남발이 아닌가 의심이 될 정도였다.

'미국을 다시 위대하게(Make America Great Again)'라는 슬로건을 기치로 내건 그의 자국우선주의(America First) 공약과 그의 직설적인 언사에 대중들은 매료되었다. 대중들은 그동안 마음속에 있던 응어리를 제거해주는 듯한 카타르시스를 느꼈고 트럼프에게 열광했다.

그러나 대다수의 언론과 정·재계에서는 그의 엔터테이너 기질을 높게 평가하면서도 선거 결과와 관련해서는 선을 그었다. 공직 경험이 없는 데다 어디로 튈지 모르는 트럼프보다는 상대 대선후보인 힐러리 클린턴의 당선을 점쳤고, 여론조사도 같은 결과를 보였다.

하지만 그 전망은 보란 듯이 뒤집히고 미국 정계와 세계는 충격에 빠졌다. 그는 공화당 내 주류 정치인들을 밀어내고 대통령 후보로 올라서더니 이내 어렵다고 여겨졌던 대통령 자리마저 차지하게 되었다.

관료 경험이 전무한 정치 신인을 일약 대통령 자리에 올라서도록 자국우선주의, 탈세계화가 당시 얼마나 강력한 민심이 되어 들끓고 있었는지 확인시켜줬다. 이는 정치권이 계속 세계화를 고수하다간 국내 정치가 힘들어진다는 의미를 내포했다. 특히 '녹슨 지대'라 불리는, 미국 중북부 5대호 연안 공업지역인 러스트벨트(Rust Belt: 쇠락한 산업단지)에서 트럼프를 지지한 일이 이를 증명했다.

[2016년 미국 대선의 지역별 승리지도]

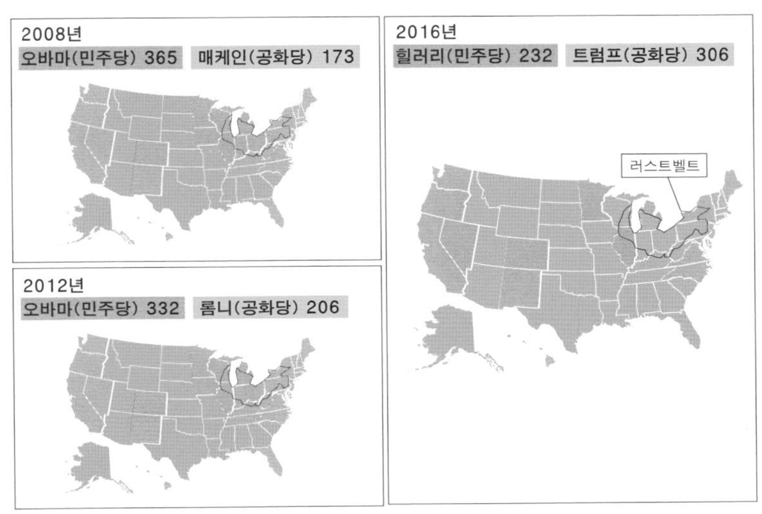

자료: commons.wikimedia.org

이곳은 미국제조업의 상징 같은 지역이었다. 한때 잔디밭 딸린 주택과 왜건으로 상징되는 노동자 중산층을 대거 만들어냈고, 활기와 풍요로움이 넘치던 지역으로 팩토리벨트(Factory Belt)라 불리었다. 호황기에 이 지역은 미국 전체 고용의 약 40%를 차지할 정도로 번성했지만 지금은 미국제조업 쇠퇴와 세계화로 인한 피해를 직격탄으로 맞아 몰락한 상징적인 지역으로 변했다.

러스트벨트는 공업지역이었던 만큼 노동조합이 강했고, 이에 호의적인 미국 민주당 강세 지역이었다. 하지만 자국우선주의, 보호무역강화, 탈세계화를 들고 나온 트럼프는 공화당의 대선주자임에도 러스트벨트 지역을 석권했는데, 그 결과는 미국 정계에 매우 큰 의미가 있다.

예전 미국의 심장과도 같았던 이 지역이 얼마나 쇠락했는지는 힙합 가수 에미넴의 무명 시절을 모티브로 한 영화 〈8마일〉에서도 잘 드러난다. 러스트벨트의 대표도시 중 하나였던 디트로이트가 영화의 배경인데, 이곳은 제조업 붕괴와 함께 도시 전체가 슬럼화되었다. 이 영화에서 주인공은 이동식 트레일러에 거주하며, 알코올중독에 빠진 어머니를 대신해 일용직 공장노동으로 가장 노릇을 하고 있다. 한때 이곳의 상징과도 같았던 2층짜리 주택도, 단란한 가정도, 안정적인 일자리마저도 이 영화에서는 전혀 등장하지 않는다. 과거 디트로이트의 모습을 아는 사람이라면 이는 매우 대조적으로 보이고 허탈감마저 들게 한다.

이런 러스트벨트 지역에 '미국을 다시 위대하게'라는 트럼프의 구호는 마치 수십 년간 버려진 녹슨 왜건 자동차의 우렁찬 시동 소리처럼 들려왔다. 결국 그들은 이 후보를 대통령으로 앉히는 데 결정적인 역할을 했다. 즉 2016년 미국 대선은 지금껏 유지했던 세계화라는 패러다임을 뒤로하고 정치진영을 초월해 탈세계화, 자국우선주의로 방향 전환을 해야 할 때임을 확실히 각인시켜주는 계기로 작용했고, 미국의 태도 변화에 상징적인 변곡점이 되었다.

돌아선 미국,
"내 일 아닌 당신네 사정!"

트럼프 취임 이후의 자국우선주의, 탈세계화

트럼프의 취임 이후 미국은 매우 빠르게 변해갔다. 예상보다 더 급진적이고 돌발적인 그의 자국우선주의 행보는 이미 세계화에 익숙해져 있던 국제사회를 당황케 했다. 미국정부가 지난 수십 년간 유지해오던 외교정책과 관례 그리고 국제기구 안에서 미국의 역할도 이제 지속된다는 보장이 없었다.

또한 그에게 미국이 가진 힘은 세계를 위해서가 아닌 오로지 자국의 이익만을 위해 쓰는 것이었다. 무역상대국으로 인해 자국 산업에 피해가 된다면 국제적으로 합의된 무역규범보다 자국의 법을 더 앞세웠고, 상대국 수입품에 세금을 올리는 관세전쟁도 마다하지 않았다. 이는 미국이 견제하던 중국뿐 아니라 EU, 한국, 일본과 같은 우방국도 예외는 아니었다. 패권국 미국이 무역장벽을 올리기 시작하면서 영원할 줄만 알았던 자유무역과 세계화에 균열이 가기 시작했다.

세계무역기구(WTO)를 중심으로 구축된 세계질서는 그 국제기구를 주도한 패권국의 변심에 무기력해져갔다. 군사동맹 관계도 예외는 아니었다. 미군 철수·감축을 간접적으로 표현하며 대폭적인 방위비 인상안을 제시했다. 이 과정에서 미국은 동맹국들이 자국 안보에 많은 부분을 미국에 의지하면서도 정작 비용 부담에는 소극적인 것에 대해 불편함을 드러냈고, 트럼프의 사적인 표현이지만 '안보 무임승차'라는 말은 동맹국들의 역할을 비하하는 것처럼 들려 서운한 감정을 가지게 했다.

동맹국들은 미국의 '방위비 분담금 인상 요구'는 합당하다고 받아들였지만, 그 인상의 폭이 과도하고 비즈니스 석상의 협상과 같은 외교 진행방식에 불만이 있었다. 더불어 미군의 주둔은 동맹국의 안보뿐만 아니라 미국의 군사전략 차원에서도 필요성을 무시할 수 없는데 동맹국들의 역할은 격하하고 미국이 동맹국을 지켜준다는 식으로 너무 일방적인 주장만 한다고 보았다.

결과적으로 타협은 되었지만 미국과 동맹국 간의 협의 과정은 종전에 보아왔던 여유 있는 미국의 모습과는 아주 달랐다. 또한 협상 과정에서 동맹국 간에 실랑이하는 모습은 군사동맹체의 결속력이 예전만 못하다는 분위기를 강하게 풍겼고, 실제 상황이 벌어졌을 때 미국은 동맹국들을 위해 피해를 감수할 용의가 있는지 의구심을 갖게 했다.

미국은 국제무대에서 양자 간의 관계뿐 아니라 다자간의 관계에서도 '탈세계화' 색채를 더해갔다. 미국의 역할이 크거나 혹은 미국이 주도했던 협의체, 국제적 합의라 할지라도 현재 시점에서 미국에 유익하지 않다면 탈퇴도 불사했다. 또한 미국이 가진 엄청난 소비시장을 무기 삼아 외국기업들을 향해 "미국에서 물건을 팔고 싶다면 미국에 공장을 짓고 일자리를 창출하라"고 엄포를 놓으며 양질의 제조업 일자리를 끌어들였다.

밀입국자를 막기 위한 엄청난 길이의 국경장벽을 세운다는 공약도 대통령선거 당시에는 불가능하다 여겼지만, 트럼프는 실제 행동으로 옮겼다.

트럼프의 자국우선주의, 탈세계화 성향의 거침없는 행동에 미국 대중은 더욱 열광했다. 그동안 세계화에 기반한 미국의 정치·외교 패러다임은 어떤 달콤한 말로도 이제 더 이상 국민들에게 먹혀들기 어려워졌음을 의미했다. 미국의 정치 판도를 순식간에 탈세계화, 자국우선주의로 바꿔버린 것이다.

하지만 트럼프 대통령의 행동은 너무 과격하고 돌발적이었다. 트러블메이커라는 별명을 가질 정도로 문제가 잦았고 동맹국들과의 네트워크와 신뢰를 등한시한 세련되지 못한 일차원적인 자국우선주의 정책으로 인해 동맹국들과의 관계를 소원하게 만들기도 했다. 정치적 우호국들 또한 그런 미국의 태도 변화를 보며 '자국의 이익이라는 명분으로 쉽게 등을 돌릴 수 있는 나라' '쌓아온 관계와 합의를 쉽게 파기하는 국가' 등 미국에 대한 신뢰에 의심을 품고 불안감을 키웠다.

임기를 채울수록 트럼프의 국정 능력에 불신감을 키우는 국민들도 늘어갔다. 끝내 그는 연임에 실패했다. 그러나 정권이 교체되었음에도 대중들의 탈세계화, 자국우선주의 지향은 바뀌지 않았다.

미국의 변화는 일시적인 것도 우연도 아니다

정권을 넘겨받은 바이든 대통령도 자국우선주의 흐름을 그대로 이어갔다. 바이든은 과거 세계화에 앞장선 인물이라 국제사회는 이전의 미국으로 돌아가지 않을까 하는 혹시나 하는 기대도 있었지만, 그 역시도 대세가 된 정치 패러다임을 거스르지 않았다. 이전 정권에서 탈퇴한 국제협력체나 합의에는 복귀하는 모습을 보였으나 이는 필요에 의해 진행한 행동일 뿐 세계화로의 회귀를 의미한 건 아니었다.

중국을 견제하기 위해서는 동맹과 우호국들의 협조가 필수적이었고 이를 위해 미국은 자신들이 여전히 동맹을 소중하게 생각하는 국가, 믿을 수 있는 나라임을 증명해야만 했다. 이미 발생한 우방국들의 불안감을 불식시키고 미국에 대한 신뢰 회복을 위한 노력을 한 것일 뿐이다.

즉 미국의 태도 변화가 트럼프라는 인물이 대통령이 되면서 시작된 우연이 아님을 알아야 한다. 물론 트럼프라는 인물이 미국의 탈세계화, 자국우선주의로의 전향 시점을 앞당겼다는 점은 절대 부인할 수 없다. 하지만 미국의 이런 변화가 오로지 '트럼프'라는 한 인물로 인해 시작되었다고 볼 수는 없다.

트럼프가 없었다면 미국의 태도 변화는 더 시간이 지난 이후의 일이 되었을 수는 있겠지만 그가 등장하지 않았더라도 미국인들의 탈세계화와 자국우선주의 요구는 이미 무르익어 있었고, 정치권도 그 필요성을 알고 있었다. 갈수록 강해지는 국민들의 불만과 자국민을 우선하라는 요구에 대해 정치권은 이에 상응하는 행동을 할 수밖에 없었을 것이며, 그 요구를 좀 더 적극적으로 받아주는 대선후보에게 대통령의 자리가 주어졌을 것이다. 그 민심을 가장 잘 캐치하고 활용한 사람이 트럼프였을 뿐이다.

트럼프는 급진적이고 독단적이었지만 이 성향은 미국이 탈세계화로 방향키를 돌리고 크고, 어려운 결정을 단호하게 강행하는 부분에서는 강점으로 작용했다. 이에 따라 기존 세계질서는 혼란스러웠지만 미국은 매우 짧은 시간에 탈세계화, 자국우선주의로 변모해갔다.

2021년 1월에 취임한 미국 대통령 바이든은 트럼프와 같은 과감한 결정은 없었으나 자국우선주의 정책을 시행착오를 거듭하며 다듬어가는 중이다. 바이든 이후 미국의 차기 대통령이 누가 되더라도 그 역시 자기만의 특색을 살린 자국우선주의 전략을 추진할 가능성은 매우 높다.

다시 강조하건대, 미국의 달라진 모습은 일시적인 것도 아니며 우연도 아니다. 1990년대 이후 본격화된 세계화 시대가 더 이상 자신들에게 유익하지 않다는 것을 오랜 시간을 거치며 깨달은 미국 국민들이 만든 필연적인 변화다.

'세계화'의 명줄을 끊어버린 코로나19 팬데믹

글로벌 공급망의 태생적 리스크

속도가 붙고 있던 미국의 탈세계화, 자국우선주의 흐름에 코로나19 팬데믹은 촉매제 역할을 했다. 우리는 코로나19 팬데믹이 왜 탈세계화를 가속화했는지 좀 더 구체적으로 알 필요가 있다. 왜냐하면 현재 세계화 체제가 가진 취약점이 이 시기에 너무도 뼈아프게 증명되었고, 현재 일어나고 있는 변화를 이해하는 데 이때 일어난 일들이 많은 힌트를 주기 때문이다.

코로나19 팬데믹은 어떻게 세계화의 명줄을 끊어버렸을까? 바로 세계화의 상징과도 같은 '글로벌 공급망'의 한계를 증명해줬기 때문이다. 1990년대 본격적인 세계화가 시작된 이후로 세계는 마치 하나의 국가처럼 상품과 서비스의 자유로운 교류가 가능해졌다.

덕분에 세계가 하나의 팀처럼 분업하기 유리한 환경이 조성되었다. 하나의 제품이 만들어지기까지 선진국의 기술력과 자금조달력, 개발도상국의 저렴한 생산비용 등 각자 가진 강점을 무기로 효율적인 분업시스템을 갖추었다. 이에 따라 더 좋은 제품이 더 빨리, 더 저렴하게 만들어질 수 있는 효율적인 공급망이 만들어졌는데 우리는 이것을 '글로벌 공급망'이라 불렀다.

하지만 이러한 글로벌 공급망을 안정적으로 유지하기 위해서는 다음과 같은 2가지 조건이 수반되어야 했다. 첫째, 글로벌 공급망 안에서 역할을 담당하는 나라들은 상호협력적이어야 한다. 둘째, 각 국가는 기복 없이 안정적인 생산 활동을 할 수 있는 환경을 갖추고 있어야 한다.

흔히 조직을 구성할 때 기획, 연구개발, 조달, 생산 등 역할이 전문화되어 있는 분업구조를 채택하는 경우가 일반적이다. 분업은 효율 측면에서 상당한 강점을 가지고 있기 때문이다. 다만 분업이 잘 이루어지기 위해서는 각 부서 간의 원만한 관계와 협력이 필수적이다. 그리고 한 부서라도 문제가 발생하면 전체 시스템이 충격을 받는 것이 효율성 이면에 분업이 가진 큰 단점이다.

우리는 부서 이기주의나 부서 간 갈등이 회사 차원의 생산성에 얼마나 피해를 주는지, 그리고 한 부서라도 제 역할을 못 하면 유관부서의 업무까지 막대한 피해를 본다는 것을 경험으로 알고 있다. 일반적인 조직이든, 글로벌 공급망이든 분업체계를 가지고 있다면 '상호협력'과 각 구성원의 '안정'이 필수적이다.

팬데믹 이전부터 세계는 '상호협력'보다는 국가 간 갈등이 점차 심화되고 있었다. 미국과 중국이라는 가장 영향력이 큰 두 국가가 서로를 적대시하며 세계를 편 가르기 하고 있었으며, 이들과 엮여 있는 국가들도 정치적·경제적 유불리를 계산해가며 그 둘 사이에서 우왕좌왕했다. 더불어 미국을 중심으로 국내 산업과 일자리를 지키기 위해 보호무역을 강화하며 자국우선주의 행보에 열을 올리는 것은 회사 관점에서 본다면 가장 영향력이 큰 팀의 부서 이기주의 모습과 흡사하다.

국가 간 갈등이 커지고 자국우선주의가 싹트는 이런 상황에서 세계의 분업화를 상징하는 글로벌 공급망이 얼마나 원활하게 돌아갈 수 있겠는가. 한때 전성기를 누리던 세계화는 한계를 보였고, 글로벌 공급망은 빠르게 경직되어가고 있었다.

세계는 '상호협력'과 '안정'이라는 분업의 2가지 필수 조건 중에서 '상호협력'이 이미 무너지고 있었다. 코로나19 팬데믹은 미·중 무역전쟁과 자국우선주의 보호무역으로 균열이 생기고 있던 글로벌 공급망에 카운터 펀치를 날려버렸다. 한 부서에만 문제가 생겨도 전체 시스템이 영향을 받는 것이 분업구조다. 그러나 코로나19 팬데믹은 세계의 분업구조에 한 국가가 아닌 여러 국가들이 제 기능을 못하도록 동시다발적으로 마비시켜버렸다. 사상 초유의 사태 앞에 글로벌 공급망이 무기력하게 끊어져버린 것이다.

전 세계적인 코로나19 확진자 급증과 격리·봉쇄로 원자재를 비롯한 중간재 무역에 비상 상황이 펼쳐졌다. 광산이 휴업하고, 제조공장들은 생산라인을 잠정 폐쇄하기도 했다. 그나마 가동 중인 곳은 '거리두기' 방역 의무를 따르느라 생산효율이 급감했다. 이마저도 확진자 발생으로 언제 생산이 잠정 중단될지 아무도 알 수 없는 상황에서 기업들은 살얼음판을 걷듯이 생산 활동을 진행했다. 공장에서 제품이 출고되었다고 해서 적기에 공급된다는 보장도 없었다. 생산시설처럼 육상물류와 항만 기능 역시도 코로나19 팬데믹의 영향으로 제 역할을 하지 못하고 있었기 때문이다.

코로나19라는 녀석은 글로벌 공급망의 여기저기를 들쑤시며 네트워크를 교란했다. 이런 변수들이 누적되어 만든 여파는 처참했다. 고작 몇 달러짜리 부품들의 입고 차질로 인해 완성차 생산라인이 가동중단까지 해야 하는 사태를 발생시켰고 큰 손실을 입혔다. 이런 피해는 상품무역에서 그치지 않았는데, 일례로 해외 생산공장에 긴급한 기술지원을 하러 가는 본사 엔지니어들이 해당 국가의 방역 조치로 인해 입국이 제한되어 조업 차질을 빚기도 했다.

해외뿐만 아니라 국내에서 발생하는 문제도 적지 않았다. 자국 내 전염병 유입을 줄이기 위해 정부가 외국인의 취업비자 발급을 중단했는데, 주요 선진국들은 국내 산업의 외국인 근로자 의존도가 높아

노동시장의 심각한 인력 공백이 발생하기도 했다.

코로나19 팬데믹은 글로벌 공급망이 변수에 얼마나 취약한지 알려주었다. 또한 글로벌 공급망에 전적으로 의존했다간 어떤 결과를 초래할 수 있는지 짧은 기간에 극명하게 알려주었다.

팬데믹을 거치는 동안 세계화를 뒤로하다

그동안 세계화는 '효율 극대화'라는 기치 아래 생산비용을 줄일 수 있다면 생산공정을 더 잘게 쪼개고, 세계의 분업구조를 더욱 세분화했다. 이 말은 단 한 개의 중간재라도 생산공정에 참여하는 국가와 기업이 더 늘고 국경을 넘나드는 물류 이동이 더 잦아진다는 의미가 내포되어 있다.

중간재란 최종 소비자가 아닌 생산자가 생산과정에서 사용하는 물건이다. '부품'이라 표현하면 더 와닿을 수 있을 텐데 철강재, 반도체, 기타 전자부품들처럼 기업이 제품을 만들기 위해 필요한 부품이나 자재 같은 물건들을 중간재라고 한다. 세계가 분업하는 핵심적인 이유는 이 중간재의 생산원가를 낮추는 것이다. 그래야만 기업의 이익을 도모하고 합리적인 가격으로 최종 소비자에게 완제품을 제공할 수 있기 때문이다.

하지만 중간재의 소비자는 주로 기업이라 가격 못지않게 적기 공급이 매우 중요하다. 기업의 생산 일정에 따라 필요한 타이밍에 정확히 공급되어야 하는데, 너무 일찍 입고되어도, 너무 늦게 공급되어도 문제가 된다. 필요한 시기에 정확히 공급받을 수 없다면 기업들은 미리 구입해둬야 한다. 이는 불필요한 재고비용의 증가와 기업의 자금계획에 방해가 된다. 반대로 공급이 지연되면 생산 차질로 인한 손실이 발생한다.

이렇게 중간재의 적기 공급은 가격만큼이나 중요하다. 하지만 생산과정에 참여하는 국가가 늘고 국경 간 물류 이동이 증가하는 것은 개별국가에 의한 변수에 취약해지고 적기 공급 측면에서 리스크가 매우 높음에도 불구하고 글로벌 공급망에서 적기 공급은 당연한 듯 여겨졌다. 오히려 세계는 분업구조를 더 세분화하고 비용절감을 하는 데 노력을 기울였다.

그도 그럴 것이 냉전 이후 세계는 과거에 비해 매우 평화로웠다. 또한 국제기구를 중심으로 한 세계무역 질서에 미국을 비롯한 세계 각국이 호의적으로 따랐으며, 당시 미국은 그들이 가진 힘을 활용해 국제 해상무역로의 안전보장과 세계 도처의 분쟁을 중재하는 데도 적극적으로 임하는 등 세계의 경찰 역할에 충실했다. 그러한 이유로 글로벌 공급망이 태생적인 리스크가 있음에도 국제정세와 무역에 변수가 적어 이에 대해 가볍게 여겼다.

하지만 팬데믹이 예상외로 장기화되자, 각국 정부와 기업들은 저렴한 것보다 안전한 것을 추구하는 선택을 하기 시작했다. 이제는 A

부품을 '얼마나 싸게 제공할 수 있는가'보다 '필요한 날짜에 확실히 제공할 수 있는가'가 더 중요해졌다.

가장 안정적인 것은 '국내 자체 공급망'이었다. 그것이 어렵다면 인접한 국가, 그마저도 여의치 않다면 정치·사회적으로 안정적인 국가의 제품을 선택해 변수를 줄였다. 세계는 팬데믹 기간에 '효율'보다 '안정'이 중요해지면서 기존의 글로벌 공급망 의존도를 줄이고, 국내·인근지역 중심의 공급망 비중을 빠르게 늘려갔다. 그 과정에서 정치·경제·군사적으로 관계가 가까운 국가끼리 상호의존도를 높이며 공급망을 구축하는 모습도 나타났다. 그렇게 세계는 팬데믹을 거치는 동안 세계화를 뒤로하고 새로운 변화에 적응했다.

각자도생의 시대,
좋았던 때는 잊고 적응하라

팬데믹으로 세계는 각자도생의 길을 선택하다

줄어들던 세계화의 불씨에 코로나19 팬데믹은 때마침 쏟아붓는 폭우와 같았다. 그 녀석은 세계화 경제시스템의 기반인 '글로벌 공급망'의 한계를 증명하고 위축시키는 것으로 만족하지 않았다. 사회를 혼란으로 빠뜨려 국민들의 불만을 키우고 세계 각 정부가 국내 살림을 챙기는 것조차 벅차게 만들었다. 이에 따라 국가 간 대외관계는 소홀해지고 세계는 빠르게 각자도생으로 흘러가면서 곧 세계 질서의 공백이 드러나기 시작했다.

경제 문제와 전염병 위기를 동시에 맞닥뜨린 각국 정부는 딜레마에서 헤어나오지 못하고 있었다. 봉쇄와 격리로 전염병 확산을 막으려니 방역정책이 경기침체를 심화했다. 반대로 방역기준을 완화해 경제를 챙기자니 전염병이 곧장 걷잡을 수 없이 확산되었다.

팬데믹 이전부터 좋지 않았던 경제 상황에 더해 방역정책으로 인한 경기악화가 심화되었고, 개인의 자유까지 제한받자 국민들의 불만은 극에 달했다. 특히 인권이나 개인의 자유를 중요하게 생각하는 서구 선진국들은 자유와 방역정책이 충돌하는 정도가 더욱 심했다.

미국을 비롯한 각국 정부는 방역과 경제라는 두 마리 토끼를 잡아야 하는 어려운 과제를 쥔 채, 성난 민심의 눈치까지 살펴야 하는 난감한 처지라 국내 상황을 챙기기에도 빠듯했다. 백신 접종자의 감염과 재감염이 빈번해 백신의 효용성에 대해서도 가타부타 논란이 있는 상황이었다.

전염병이 사라지지 않는 이상 본질적인 해결책은 없었고, 정부들은 일시적이더라도 국민의 불만을 누그러뜨릴 수 있는 일들을 펼쳐야만 했다. 그중 대표적인 것이 바로 자국우선주의(혹은 자국이기주의) 강화였다. 이는 당장 방역물자·치료시설 부족, 경기악화에 한정된 자원과 역량으로 대응하는 정부들의 어쩔 수 없는 선택이기도 했으며, 정부가 자국민을 더 챙기는 모습은 민심 관리 차원에서도 필수적이었다.

세계가 선진국들을 중심으로 이런 분위기로 흘러가다 보니 팬데믹에 대한 주요국들의 대응은 세계화의 전성기 시절과 너무 달랐다.

큰 위기가 발생할 때마다 국제기구나 국제협의체를 통해 범세계적으로 대응하던 과거의 모습은 온데간데없는, 그야말로 모두가 각자 살기 바쁜 시국이었다.

중국에서 코로나19의 최초 발병이 확인되었고 원인 국가로 지목받았지만, 중국은 이를 부정했다. 미국은 그런 중국과 협력은 고사하고 대립의 강도를 더해갔다. 이 두 국가가 갈등하는 와중에 전염병에 대한 세계적 대응은 의미가 없었다.

또한 공동의 대응 체계를 갖추기 위해서는 최소한 방향성이라도 확실히 정해져야 하지만, 각 국가는 내부적으로도 방역과 경제 중 무엇을 우선시할 것인지 정하지 못하며 오락가락하고 있었고, 국민들의 불만 수습에 쩔쩔매고 있었다.

이런 처지에 놓인 각국 정부가 양보와 타협이 필요한 국제적 합의에 나설 여력은 없었다. 그저 국내 상황과 민심을 봐가며 대응할 뿐이었다. 팬데믹의 장기화에 따라 미국을 비롯한 유럽, 우리나라까지 포함해 큰 선거를 치른 상당수 국가에서 정권교체가 일어났다는 것을 떠올려본다면 세계 모든 국가가 팬데믹 시기에 자국민의 불만에 대한 대응조차 빠듯했음을 짐작할 수 있다.

이 시기에 국제정상회의와 같은 정례적 대외 활동도 코로나19를 명분 삼아 취소·연기했고, 화상회의로 형식만 갖추는 수준이라 의미 있는 성과를 도출하지도 못했다. 세계는 그렇게 각자도생의 길을 선택했고, 팬데믹이 장기화되면서 이런 모습은 점점 굳어져갔다.

세계의 경찰이자 중재자 역할을 그만둔 미국

그동안 세계는 상호의존도가 높아 국가 간 분쟁 등 변수가 발생하면 모두에게 영향을 미치는 구조였기 때문에 남의 일인 양 방치하지 않았다. 국제사회가 나서서 중재하는 노력을 할 수밖에 없었고, 한편으로 국제사회와 국제기구의 이러한 행동이 세계화 질서가 안정적으로 유지될 수 있게 해주는 원동력이기도 했다. 그리고 그 중심에는 '미국'이라는 나라가 있었다.

세계화를 주도하고 신성장 동력으로 삼았던 미국은 이것을 유지하고 지키기 위해 그들이 가진 막강한 군사력과 영향력을 활용했다. '글로벌 공급망'이라는 세계의 분업구조가 원활하게 작동하기 위해서는 무역의 안정성이 중요하다. 미국은 국제 해상무역로의 안전을 보장하는 '세계의 경찰'로서 세계 자유무역의 안정에 기여했고, 국가 간 갈등에 입김 강한 '중재자'로서 역할을 했다.

또한 미국은 세계화 질서에 피해를 주거나 혼란을 초래하는 세력이나 국가를 제재하기도 했으며, 합의된 글로벌 스탠더드를 무시하고 자국 내 투자된 해외자본이나 해외기업에 제약을 가하는 권위주의 정부에 대해서는 힘의 논리로 대응하며(혹은 억압하며) 세계질서에 안정을 도모했었다.

하지만 2010년대 후반부터 미국은 이제 더 이상 그 역할을 하지 않는 '탈세계화'를 선택했다. 세계화가 진행될수록 미국 내 양질의 일자리는 심각하게 감소했고, 국내 산업은 쇠퇴했기 때문이다. 높은 수준의 대외 국방비 지출을 지속적으로 부담하면서까지 세계 안보에 관여하기엔 미국은 여유도, 실리도 없었다. 또한 미국 패권 질서에 끊임없이 도전장을 내미는 중국을 견제하기 위해서는 세계화 질서가 아닌 중국을 배제한 새로운 국제질서 확립이 필요했다. 그런 이유로 미국은 탈세계화, 자국우선주의 행보를 보인 것이다.

미국은 자국에 실리가 없는 외국의 일에 관심을 끄기 시작했고, 군사·경제적 개입도 줄여 나갔다. 기존 대테러 전쟁 중심의 세계화 시대 군사전략도 2018년 대폭 변경해 미국에 실질적 위협이 되는 중국과 러시아로 군사적 역량을 집중하는 형태로 바꿨다. 그야말로 세계의 안정에서 미국의 안정으로 전략 자체를 완전히 수정한 것이다.

패권국 미국의 탈세계화, 자국우선주의 행보는 순식간에 세계질서의 큰 공백을 만들었다. 미국이 국제질서와 안보에 미온적으로 대응하자 유럽 동맹들도 질서 회복을 위해 굳이 먼저 나서지 않았고, 금세 이 분위기는 세계적으로 번졌다. 팬데믹이 세계를 각자도생으로 몰아넣자 세계질서를 주도하는 미국·유럽 서구사회의 결속력마저 약해졌다.

세계가 제 살기 바쁜 이때를 기다린 것처럼 중국과 러시아는 미뤄왔던 일을 실행으로 옮겼다. 특히 중국은 세계화 질서 속에서 덮어두고 있던 권위주의 국가의 습성을 노골적으로 드러내기 시작했고, 탈세계화를 진행하는 미국의 공백을 적극적으로 활용하며 영향력을 펼쳐나갔다. 한편 세계의 경찰 역할에서 손을 떼고 그 역량을 공식적으로 중국 견제에 집중하기로 한 미국은 중국과의 대립 수위를 빠르게 높여갔다.

코로나19가 국제사회 분위기를 더 얼어붙게 만든 지 불과 2~3년 동안 세계화 시대에 볼 수 없었던 엄청난 일들이 약속이나 한 듯이 계속 나타나기 시작했다.

1997년, 중국은 영국에게 홍콩을 반환받을 당시 2047년까지 홍콩의 자치권을 높은 수준으로 보장해주기로 했었다. 중국에 소속되긴 하나 국방·외교를 제외하고는 홍콩을 별개의 국가처럼 독립성을 인정해준다는 것이다. 하지만 2020년, 가장 혼란스러웠던 코로나19 팬데믹 초기에 그 약속은 깨졌다.

이때 중국은 자치권을 가진 홍콩의 시민이라도 중국체제에 부정적인 사람들에 대해서는 중국정부가 처벌할 수 있도록 '홍콩 국가보안법'이라는 법을 제정해버린다. 이는 홍콩 정치인과 언론인에게도 해당하는 내용이라 중국정부의 입맛에 맞는 인사들만 남길 수 있어 사실상 홍콩은 중국정부의 통제하에 들어가게 되는 것이다. 중국은 그동안 국제사회 반발을 우려해 적극적으로 실행에 옮기지 못했던 일들을 단 몇 주 만에 처리해버리면서 아시아의 대표 자본주의 금융 허브인 홍콩을 손안에 넣게 된다.

다음 해 2021년, 미국은 20년간 이어 오던 아프간전쟁에서 전면 철수한다. 2001년 9·11테러로 분노가 극에 달한 미국이 '테러와의 전쟁'을 시작했을 때 테러의 주범인 오사마 빈 라덴을 아프간의 탈레반 정권이 보호했다. 그러자 미국은 탈레반 및 유관 세력들을 축출하고 토벌하기 위해 아프간전쟁을 시작했다. 하지만 아프간의 험준한 지형과 게릴라전, 아프간 정부군의 무능과 비리 등 여러 악조건이 맞물리면서 아프간전쟁은 끝을 알 수 없이 장기화되었고, 미국은 많은 전쟁 비용과 지속적인 병력 손실에 지쳐갔다.

당장이라도 조속히 전쟁을 중단하고 아프간에서 빠져나오고 싶었지만 쉽지 않았다. 2001년, 전쟁의 시작과 함께 탈레반 정권이 밀려나고 아프간에 친미 정부가 수립되었다. 그리고 20년이라는 긴 기간 동안 미군 점령 지역의 많은 아프간 국민들은 미군과 함께했다. 하지만 탈레반에게 이들은 배신자나 다름이 없었다. 탈레반을 토벌하지 못한 채 미군이 철수했을 경우, 탈레반이 재집권한다면 어떤 일이 벌어질지 불 보듯이 뻔했다.

그들이 시작한 전쟁을 끝내지 못하고 철수했을 때 '끝맺지도 못할 일을 벌여 아프간 상황만 더 꼬아놓았다'는 국제사회 비난과 미국이라는 국가에 대한 신뢰 하락을 감수하기가 부담스러웠기 때문에 20년간 미국은 철군하지 못했다. 즉 세계화가 원활하게 돌아가던 기간에는 국제사회 여론과 비난에 대한 '눈치'라는 게 크게 작용했던 것이다.

하지만 모두가 국외 사정을 들여다볼 여력 없이 각자도생하고 있던 코로나19 팬데믹 시기에는 달랐다. 이 기간 중국이 홍콩을 손아 귀에 집어넣는 미뤄온 과업을 진행했듯이, 미국도 의미 있는 마무리 없이 아프간에서 단호하게 철군했다. 탈레반과 미국이 평화협정을 했다고는 하나 미군 철수에 상응하는 탈레반의 군사적 의무도 명확하지 않았고, 오로지 미군과 동맹국의 철수 기한만 명확했다.

미군 철수일이 임박해 탈레반은 대공세를 하며 수도를 점령했고, 공포에 빠진 아프간의 시민들은 여권도 없이 아프간에서 탈출하기 위해 공항으로 몰려 마비가 될 정도로 대혼란에 빠졌다. 더 이상 미국은 이들과 엮이지 않으려 했고 철수하기에 급급했다.

그리고 바이든 대통령은 공식 석상에서 국익에 기여하지 않는 전쟁을 거부한다는 발언까지 이어가며 너무 변해버린 미국의 모습을 다시 한번 확인시켜주었다. 그의 말은 마치 '세계의 경찰이자 중재자' 역할을 그만두는 미국의 공식적인 은퇴사처럼 들렸다.

팬데믹 이후 더욱 혼란스러워진 국제정세

길어지는 코로나19 팬데믹에 세계는 전염병에 점점 둔감해지고 있었다. 하지만 국제정세는 코로나19 이전으로 회복하는 것이 아니라 오히려 돌아올 수 없는 방향으로 더욱 멀어졌다. 국제사회에서 '세계의 경찰' '힘 있는 중재자'로서 미국의 역할이 줄어들자 각 국가 간에 크고 작은 이해관계 대립이 수면 위로 떠오르는 일들이 늘어갔고, 국제사회의 결속력은 약해졌다. 중국은 권위주의적 정치를 강화하며 국내외적으로 영향력을 키우고 있는 한편, 미국이 안보 역량을 중국 견제에 집중하면서 미·중 대립 구도는 더욱 격해져갔다.

특히 2022년 연초부터 국제정세는 더욱 혼란스러워졌다. 러시아가 우크라이나 수도까지 공습하는 대규모 침략전쟁을 일으킨 것이다. 러시아와 긴 국경을 마주하고 있는 우크라이나는 한때 친러시아 성향이었으나 북미·유럽의 집단안보체제인 'NATO(북대서양 조약기구)' 가입에 적극적일 만큼 친서구권·반러시아 국가다. 또한 천연가스의 유럽 수출은 러시아 경제의 큰 부분을 차지하고 있는데, 유럽으로 향하는 육상 가스수송관의 2/3가량이 우크라이나를 거쳐 지나가기 때문에 러시아에게 우크라이나는 지정학적으로 매우 중요하다. 러시아 입장에서는 우크라이나가 반드시 친러시아 국가여야 한다. 하지만 반대로 우크라이나가 반러시아 성향에 서구권 군사동맹 가입 의지까지 내비치니 러시아 측면에서 우크라이나는 내내 눈엣가시였다.

러시아도 미국과 중국처럼 코로나19 팬데믹 기간을 놓치지 않았다. 미국과 유럽을 중심으로 한 서구권의 결속력이 낮아져 있고 우크라이나 침공 시 서구권 국가들이 적극적으로 개입하지 않을 것이라는 판단하에 러시아는 대규모 침공을 감행해 세계경제와 안보질서에 큰 혼란을 가했다.

거기에 더해 2022년을 기점으로 미·중 간 대립은 더 이상 관계

회복에 대한 기대조차 할 수 없는 국면으로 접어든다. 지금까지 두 나라의 대립은 관세 분쟁의 개념을 크게 벗어나지 않았지만, 이 시기부터 이전의 대립과 견제가 사소하게 느껴질 만큼 미국은 장기적인 계획을 가지고 다방면으로 중국을 집중적으로 견제했다.

가장 두드러진 부분은 기술 제재였다. 첨단기술에서 주도권을 가지지 못한 나라는 절대 패권국이 될 수 없다. 이것은 과거 역사만 잠깐 살펴봐도 확인된다. 1차 산업혁명 시기에는 기계화 혁명 기술을 이끈 영국이 패권국이었고, 대량생산기술과 정보화기술로 대표되는 2·3차 산업혁명 시기에 핵심 기술을 이끌었던 국가는 바로 패권국 미국이었다.

첨단기술을 리드한다는 것은 곧 산업 주도권을 쥔다는 의미인 동시에 패권국의 필수 조건이다. 미국이 첨단기술 분야에서 중국을 제재하는 것은 중국의 패권 도전의지를 꺾기 위한 필수 과업 중 하나였다. 이를 위해 미국이 선택한 무기는 4차 산업혁명 기술의 근간이 되는 '반도체'였다.

미국은 반도체 강국인 한국, 일본, 대만을 규합한 'Chip 4'라는 기술동맹을 추진했다. 미국은 반도체 설계 분야에서 독보적인 국가이고 대만과 한국은 반도체 제작에서 세계 1, 2위를 차지하는 국가다. 그리고 일본은 반도체 소재 시장에서 압도적인 점유율을 가지고 있다. 미국은 권위주의 국가 중국을 배제하고 우방국끼리 안정적인 반도체 공급망을 구축하는 큰 판을 짜기 시작했다. 미국은 '기술 경쟁을 하려거든 스스로 기술을 개발하라'는 암묵적인 신호를 중국에 보낸 것이다.

뒤이어 나온 미국의 반도체 정책은 더 노골적이었는데, 미국의 첨단반도체 기술과 반도체 생산 장비의 중국 수출을 통제하는 것이었다. 인공지능, 슈퍼컴퓨터 등에 사용되는 첨단반도체가 사실상 미국의 기술과 장비를 거치지 않을 수 없다는 점을 감안하면, 이 조치는 중국 첨단산업에 전반적으로 매우 타격이 되는 일이었다.

동시에 미국은 기존 중국이 주도한 '역내 포괄적 경제 동반자 협정(RCEP)'을 견제할 '인도-태평양 경제 프레임워크(IPEF)'라는 중국이 배제된 경제협력체를 출범시켰다. 이는 미국의 중국 견제가 장기적이고 포괄적임을 다시 한번 확인시켰고, 미국 서열 3위라고 할 수 있는 하원의장이 대만에 전격 방문하면서 중국이 가장 예민하게 반응하는 대만 문제를 건드렸다. 이어 바이든 대통령은 "중국이 대만을 침공하면 방어할 것"이라고 방송이나 공개 석상에서 반복해서 말했고, 일부 의원들은 대만을 독립국가로 인정해야 하며 대만과 FTA(자유무역협정)체결을 해야 한다고 말하는 수준에 이르렀다.

코로나19 팬데믹 기간 세계화 시대에서 웬만해서 쉽게 일어나지 않는 많은 일들이 압축적으로 벌어졌다. 중국이 명확한 자치권이 있는 국제금융도시를 한순간에 장악해버리는 일이 있는가 하면, 미국은 대만을 사실상 독립국가로 인정하는 행동을 하며 중국을 크게 자극하고 있다.

또한 미국의 대통령이 동맹국과 우호국들이 보고 있는 걸 알면서도 "국익에 도움이 되지 않는 남의 나라 일에 개입하지 않겠다"는 말을 스스럼없이 하고 있고, 21세기에 절대 일어날 수 없다고 생각했던 대규모 침략전쟁이 일어났다. 1990년대 본격적인 세계화 시대 이후 거의 보지 못했던 사건들이 불과 2~3년 만에 마치 약속이나 한 듯 터져 나왔다.

'변화'에 적응하려는 '겸손'이 필요할 때다

우리는 경제위기에서 살아남고자 한다

지금까지 1960년대부터 현재까지 국제사회(미국 중심)가 변화하며 흘러온 과정을 이야기했다. 이는 속 편하게 현대사 공부나 하자고 꺼낸 말들이 아니다.

우리는 본능적으로 변화를 싫어한다. 그러나 이것이 긍정적인 변화라면 인간은 매우 쉽게 받아들이며 변화라는 말보다 발전, 혁신 등의 말로 표현하는 경우가 많다. 하지만 원하지 않는 부정적 변화라면 그 징조가 지속해서 나타나더라도 '일시적' 혹은 '우연'이라며 애써 변화를 외면한다. 당장 내가 변화로 인해 얻을 피해가 있으니 인정하기가 쉽지 않고 인정을 못 하니 적응할 준비도 안 되는 것이다. 그래서 2장의 내용을 통해 우리는 쉽게 받아들일 수 있는 과거의 변화를 제삼자 입장으로 같이 챙겨보면서 사회에 큰 변화를 가져오는 메커니즘을 확인한 것이다.

사회가 가진 문제가 극으로 치달았을 때 세상이 변했고 그렇게 변한 세상이 또다시 한계에 치달았을 때, 기존 사회에서는 쉽게 볼 수 없었던 변화의 징조들이 더 자주, 강하게 나타나고 결국에는 변한다. 이는 과거부터 차근차근 되짚어보다 보면 자연스럽게 알게 되는 사실이며, 비로소 깊은 한숨을 내쉬며 현재 일어나는 일들이 변화의 징조임을 인정하게 된다.

우리는 경제위기에서 버티고 살아남고자 한다. 코앞에 다가온 경제위기가 매우 큰 '변화'의 속성을 지니고 있다는 점을 감안한다면, 우리가 첫 번째로 해야 할 것은 변화에 대한 '인정'이다.

우리는 이제 조금은 알고 있다. 지금 눈앞에서 터지고 있는 일들이 우연한 악재의 연속이 아니라 세계화 시대가 저물어가는 과정에서 필연적으로 발생하는 사건이라는 것을 말이다. 그리고 비슷한 일들이 앞으로 더 자주, 더 크게 발생할 가능성이 높다는 것도 쉽게 짐작할 수 있다.

평화롭고 안정된 세계화 시대 동안 누렸던 경제·안보·외교적 혜택 중 일부는 앞으로 포기해야 할 수도 있다. 미국과 중국이 냉전 구도를 강화하는 과정에서 여러 국가들은 '어느 편에 설 것인가'라는 질문에 답하기까지 많은 회유와 압박에 놓일 것이다. 물론 이조차도 그들에게 '이익이 되는 나라' 레벨에 속하는 정도는 되어야 겪는 일일 것이다.

과거의 경험과 지식으로 현재를 해석하지 마라

필자를 포함해 지금 이 책을 읽고 있는 대부분의 독자는 인생의 대부분을 1990년대 이후 본격화된 세계화 시대와 함께했을 것이다. 우리가 배워온 경제·투자 관련 지식이나 정보들은 세계화 시대의 것들임을 알아야 한다.

과거의 경제위기를 극복한 과정도 세계화 시대라는 조건으로 가능한 방법이었고, 경제·투자 관련 지식정보들 역시 세계의 안정이 유지되고 글로벌 공급망이 효율적으로 작동하면서 저물가·저금리 환경이 지속되는 그 시대 상황에 기반해 체계화된 것들이다. 이제 우리가 알고 있는 이런 경험이나 지식이 변화된 앞으로의 사회에 잘 맞지 않는 낡은 것이 될 수 있다는 것을 반드시 기억하고 인정해야만 위기를 버텨낼 수 있는 가장 기본적인 준비를 할 수 있다.

세계의 정치·경제·사회환경이 지금까지 겪어온 것과는 판이하게 달라지고 있는 만큼 우리는 과거 세계화 시대의 경험과 지식으로 현재를 해석해서는 안 되며, 또한 현재 상황에 대해 자만해서도 안 된다.

과거로 돌아가는 '회복'을 기대하고 단정 짓는 '자신감'보다는 '변화'에 적응하려는 '겸손'이 필요할 때다. 버티는 기간이 변화에 적응하는 기간이며, 언제나 큰 변화는 적응하지 못하는 자를 낙오시키는 구조조정의 성격을 가졌다는 것을 잊지 말자.

2장 핵심 포인트

세계는 팬데믹 기간에 '효율'보다 '안정'이 중요해지면서 기존의 글로벌 공급망 의존도를 줄이고, 국내·인근지역 중심의 공급망 비중을 빠르게 늘려갔다. 그 과정에서 정치·경제·군사적으로 관계가 가까운 국가끼리 상호의존도를 높이며 공급망을 구축하는 모습도 나타났다. 그렇게 세계는 팬데믹을 거치는 동안 세계화를 뒤로하고 새로운 변화에 적응했다.

세계의 정치·경제·사회환경이 지금까지 겪어온 것과는 판이 하게 달라지고 있는 만큼 우리는 과거 세계화 시대의 경험과 지식으로 현재를 해석해서는 안 되며, 또한 현재 상황에 대해 자만해서도 안 된다.

경제는 다양한 욕구를 가진 개인·집단의 이해관계가 시스템화된 것이다. 자본주의 효율과 발전의 바탕에는 각자 자기의 위치에서 최고가 되기 위해 노력하는 개인과 기업이 있었다. 그들이 경제시스템의 주체로서 시스템에 적극적으로 참여했기 때문에 원활하게 사회가 작동한 것이다. 하지만 금융이 변질되고 자산 양극화가 심화되면서 자본주의 경제 구성원들이 노력과 경쟁을 기피해 경제가 정상적으로 작동하지 못하고 있다. 국가 간의 이해관계 변화도 국제경제시스템의 변화를 가져왔다. 미국과 중국이 서로 최고의 무역파트너였던 시절은 세계화 경제시스템이 작동했고, 미국과 중국이 적대적 관계로 돌아서자 국제경제질서는 블록화되었다.

3장

경제: 엔진이 고장난 경제, 대수술의 시간이 왔다

국제경제질서 붕괴가 가져온 나비효과와 후회

무역을 중심으로 한 '세계경제환경'의 변화

앞서 '국제질서의 변화'와 관련된 이야기를 했다. 내용이 무겁기는 했으나 지금부터 이어나갈 '세계경제환경 변화'를 이해하는 데 있어 2장의 내용은 배경지식 역할을 톡톡히 할 것이다. 그리고 이번 3장을 시작하는 내용은 현재 마주한 경제환경을 이해하는 데 필수적인 '무역'이다.

물론 일반적으로 흥미를 끄는 주제가 아니라는 것은 필자 역시 매우 잘 알고 있다. 그래서 가능한 한 편하게 읽을 수 있도록 쉽게 풀었으며 조금씩 읽어나갈수록 우리 머릿속에 조각나 있는 지식과 기억들이 정리되는 재미있는 경험을 할 수 있을 것이다.

본격적인 이야기에 앞서 지금 대한민국의 무역 상황을 한번 살펴보고 넘어가자. 누군가 당신에게 "한국은 무엇으로 돈을 벌어 경제를 꾸려갑니까"라고 질문한다면 대부분은 바로 "수출로 먹고사는 나라입니다"라고 대답할 것이다. 하지만 아래 그래프를 보면 방금 한 말이 떠올라 귓불이 빨갛게 달아오를 수도 있다.

현재 우리나라의 무역 상황은 매우 심각한 상태다. 무역적자 규모는 1964년 무역통계가 작성된 이후 최대 규모를 기록하고 있으며, 무역적자 흐름도 일시적이라고 하기에는 무리가 있어 보인다. '수출로 먹고사는 나라'에 왜 이런 상황이 벌어지고 있을까? 언론에서는

[우리나라의 월별 무역수지]

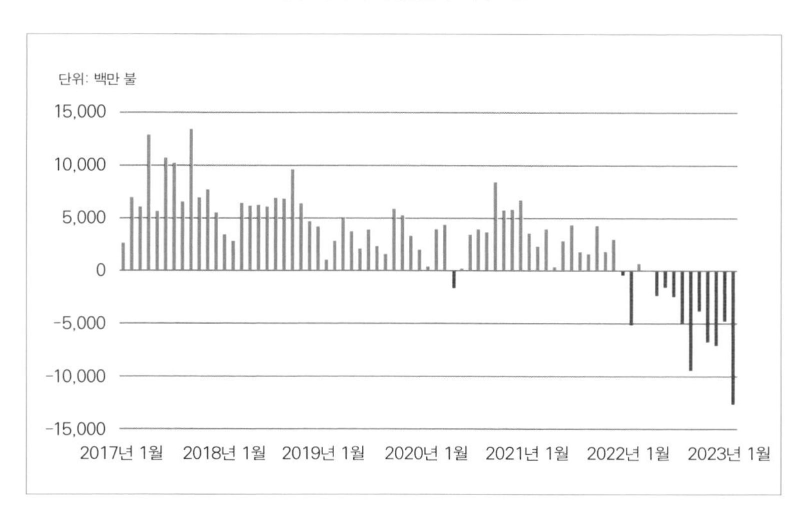

에너지와 원자재가격 인상의 영향이라고 지속적으로 이야기하고 있지만, 과연 그것이 핵심일까? 지금부터 무역을 중심으로 '세계경제 환경'이 어떻게 변화되었는지 차근차근 살펴보자.

세계의 단절로 세계질서의 혼란도 가중되다

1700년대 후반, 영국에서 산업혁명이 일어나고 갈수록 생산력이 증대되자 새로운 문제가 발생한다. 바로 공급과잉이다. 공급이 넘쳐나기 시작하면서 영국은 자신들이 가진 식민지 이상의 더 넓은 시장이 필요해졌다. 그래서 영국은 '자유무역'을 꺼내든다. 국가가 아닌 민간이 무역을 주도하고, 그들이 자유롭게 경쟁할 수 있도록 국가의 개입을 최소화한 자유무역을 하자는 것이다. 물론 자신들에게 남아도는 공업생산품 중심의 자유무역이다.

자연스럽게 예상이 되겠지만, 영국이 주장하는 자유무역이 그대로 여러 국가에 먹혀드는 것은 아니었다. 대표적으로 독일과 미국이 그랬다. 당시 그들은 이제 막 산업이 성장하고 있는 단계의 국가였다. 영국이 주장하는 자유무역을 수용할 경우 영국에서 수입되는 값싸고 품질 좋은 공산품 때문에 국내 산업들이 매출을 늘리며 성장할 기회를 잃어버린다. 그래서 당시 독일과 미국처럼 아직 산업 경쟁력이 미성숙된 나라는 영국이 주장하는 자유무역을 적극적으로 받아들이지 않았다. 오히려 자국 산업을 보호하고 육성하기 위해서 수입품에 대해 높은 세금을 부과해 가격경쟁력을 떨어뜨리고 규제를 까다롭게 해 원활한 수입이 힘들도록 하는 보호무역을 고수했다.

앞으로의 무역질서를 이해하는 데 있어 보호무역은 중요한 키워드인 만큼 보호무역에 대해 조금만 더 알아보자. 수입품에 관세를 높게 부과하거나 수입 규제를 까다롭게 하는 것은 대표적인 보호무역의 한 방법이다.

그러나 이와는 반대로 수출을 규제하는 보호무역을 펼치기도 한다. 희소성 있는 원료나 첨단기술이 포함된 제품 등 해외로 팔려 나갔을 때 자국 산업이나 안보 등의 이익을 저해할 우려가 있는 경우 국가가 개입해 수출을 통제하는 형태도 보호무역이다. 이 역시 자국 산업을 보호하는 수단이라고 할 수 있는데, 현재 미국이 중국에 첨단반도체 수출을 통제하는 것도 같은 이치다.

보호무역은 수출입에 대한 규제와 통제로만 하는 것은 아니다. 국가가 개입해 자국에서 생산되는 제품들이 더 유리한 경쟁력을 갖추도록 특혜를 주거나 지원해주는 형태로 편법적인 도움을 주는 것 역시 보호무역에 해당하며, '제품의 경쟁력'만으로 경쟁하는 민간 주도의 자유무역과 거리가 있다는 것을 기억해두자.

영국이 과잉생산을 해소하기 위해 주장했던 자유무역에 반대한 독일과 미국은 보호무역을 했다. 하지만 시간이 지나 독일과 미국도 충분히 경쟁력 있는 제품을 생산할 수 있는 상황이 되자 그들도 더 넓은 시장이 필요했고, 적극적으로 자유무역 노선에 올라탔다. 이후 미국이 두각을 보이며 크게 성장했고, 1차 세계대전을 거친 이후부터는 미국의 비중이 커진 자유무역 시대로 재편되었다.

하지만 시대 상황에 따라 세계무역질서는 다시 보호무역에 치우치기도 하는데 바로 1930년대 들어 발생한 미국의 대공황 시절이 그랬다. 대공황으로 인해 산업이 무너지고 실업자가 급증했다. 미국 정부와 의회는 자국 산업과 일자리를 보호하기 위해 아주 강도 높은 수준의 보호무역 카드를 꺼냈다. 수입품에 대한 관세를 평균 59%, 최대 400%까지 올려버리는 엄청난 행동을 한 것이다.

미국의 이런 조치는 사실상 수입을 안 하고 수출만 하겠다는 것과 다름이 없었다. 그러나 무역상대국이 가만히 있겠는가? 이들도 미국산 물품에 보복관세를 물리기 시작하면서 세계는 순식간에 보호무역주의로 흘러갔다. 미국의 관세 인상으로 수입 물량이 크게 감소하긴 했으나 상대무역국도 보복관세를 크게 올렸기 때문에 해외에서 미국제품의 수요도 급감했다. 미국의 수출은 관세를 올리기 이전보다 급감하는 결과를 초래했으며, 결과적으로 미국정부가 자국의 산업과 일자리를 지키기 위해 시작한 고강도 관세 인상은 국내경제 상황을 더욱 나쁘게 만들었다. 세계가 보호무역으로 돌아서자 전 세계 교역량은 기존의 1/3로 줄어들었고 불황은 더 번져나갔다.

수출의존도가 높은 국가에 이 상황은 더욱 가혹하게 다가왔는데, 특히 당시의 독일이 대표적이었다. 1차 세계대전 패전 이후 초인플레이션까지 겪고 나서야 수출을 통해 차츰 경제 회복을 하고 있던 그들이었다. 하지만 세계적인 대침체와 보호무역 확대가 치명타가 되어 다시 회복하기 어려울 만큼 경제가 무너졌고, 절망과 패배주의에 빠진 독일 국민 앞에 히틀러가 등장했다.

히틀러의 등장으로 1939년 2차 세계대전과 함께 대공황과 세계적인 보호무역은 순식간에 자취를 감췄다. 전쟁이라는 것은 그 어느 상황보다 많은 '수요'를 창출한다. 만들어 부수고 또 만들어 부수느라 끝없는 공급이 필요하다. 아픈 역사이지만 이 전쟁을 통해 가장 큰 수혜를 본 미국은 대공황에서 완벽히 벗어나는 동시에 압도적인 부를 가진 패권국의 위치를 굳히게 된다.

돌이켜보면, 과거 대공황 시절 미국을 중심으로 한 세계 각국이 국내경제의 안정만을 목표로 극단적인 보호무역을 강화했던 결과가 국제무역을 크게 위축시켜 더 깊은 침체를 맛보게 했고, 경제적 단절이 깊어지자 세계질서의 혼란도 가중되었다. 이는 2차 세계대전이 일어나게 된 배경 중 하나이기도 하다.

GATT 체제 출범으로 활성화된 자유무역

전쟁이 끝난 이후, 이와 같은 일을 다시 반복하지 않기 위해서 미국을 중심으로 한 연합국은 다시 자유무역을 확대하고 국제경제질서를 확립하는 데 착수했다. 그리고 1947년, 앞으로의 무역질서이자 세계경제질서의 근간이 될 GATT(관세와 무역에 관한 일반 협정) 체제가 출범하게 된다.

이는 GATT 회원국 간 무역과 관세에서 교역의 기틀이 되는 조항을 담은 규범이다. 쉽게 말하자면 GATT 회원국끼리 무역과 관세에 관한 공통의 룰을 만들어 다 같이 따르기로 한 것이다. 예를 들어 아파트 입주민끼리 '분리수거장은 어떻게 운영하자' '주차장은 이렇게 관리하자'고 하면서 미리 합의해 공통의 룰을 정해놓으면 서로 생각이 다른 입주민 간 불협화음이 생길 일도 적고, 때마다 합의해야 하는 불필요한 일을 하지 않아도 된다. 물론 이에 따라 아파트의 운영과 관리도 원활해진다. GATT 체제도 이런 개념으로 받아들이면 이해가 쉬울 것이다.

국가 간 무역에 대해 차별을 두지 말고 수입품과 국내 물품을 동등하게 대우하자는 것, 관세율을 지속적으로 낮춰 자유무역을 더 활발하게 할 수 있는 환경을 조성하되 관세를 올리는 행위에 대해서는 금지하고, 수량제한 조치는 관세 인상 이상의 무역규제 수단으로 사용되므로 금지하자는 등, GATT는 자유무역을 활성화하고 이에 저해되는 행위를 막자는 그런 이념을 따르고 있다. 이러한 국제무역질서의 재정비 덕분에 우리나라도 1967년 정회원국이 되었고 차별 없이 무역을 통해 빠르게 성장할 수 있었다.

GATT 체제에서는 '라운드(Round)'라고 부르는 다자간무역협상이 때마다 진행된다. 여러 국가가 모여 협상을 통해 공통의 룰을 정했다고는 하나, 막상 진행해보면 문제가 있기도 하고 세월의 흐름에 따라 새롭게 등장하는 숙제도 있을 것이다. 이에 대응하기 위해 협정 내용의 수정도 필요하고 예외 사항도 만드는 등 지속적인 대규모 업데이트를 해야 한다. 여러 국가가 엮여 있는 만큼 이해관계가 복잡하다 보니 협상 기간도 짧지는 않다.

GATT가 출범하고 1994년까지 GATT 회원국 간 총 8번의 라운드가 있었다. '1차 라운드' '2차 라운드'라 부르지는 않고 특정 지역이나 특정인의 이름을 따서 라운드 이름을 붙인다. 1947년 처음 개최된 1차 라운드는 '제네바 라운드'라 불렸고, 6차는 '케네디 라운드', 7차는 '도쿄 라운드'와 같은 이름이 붙었으며, 각각의 라운드마다 중요한 의제가 있었다.

8차로 했던 라운드가 그 이름도 유명한 '우루과이 라운드'다. 그때 농산물시장 개방과 관련된 내용이 있었는데, 우리 농민들이 워낙 크게 반발했던 사건이 있어서 우루과이 라운드가 우리 귀에 익숙하게 된 것이다. 당시의 시대 상황을 나타내듯 가수 배일호 씨의 '신토불이'라는 곡이 대히트를 치기도 했다. 이렇게 유명한 우루과이 라운드는 GATT 체제 역사상 가장 많은 125개국이 참여했고, 1986년부터 1994년까지 약 8년이라는 긴 시간 동안 진행되었다. 특히 우루과이 라운드가 중요했던 건 GATT 체제의 규율과 감시감독 기능 강화에 대한 의제 때문이었다.

사실 이런 의제가 등장했던 배경에는 1970~1980년대 오일쇼크로 인한 세계적인 경제위기가 재연되자 또다시 보호무역의 성행과 이기주의가 또 한 번 고개를 들었기 때문이다. 이때 국제무역거래에 대한 감독이라든가 국가 간 무역분쟁에 전혀 대응이 안 되는 GATT 체제가 가진 치명적인 한계를 노출했다. 그도 그럴 것이 GATT 체제는 공동이 따르기로 한 '룰'이었기 때문이다.

이 체제의 한계를 극복하기 위해 우루과이 라운드 때 WTO(세계무역기구)를 만들기로 했고, 우루과이 라운드 공식 타결을 근거로 1995년 WTO가 창설되었다. WTO는 막강한 권한을 가지고 있었고, 마치 세계 자유무역을 지켜주는 파수꾼 역할을 했다. 그리고 1990년대 세계는 '신자유주의'라는 자본주의 패러다임에 날개를 달고 인류 역사상 유례없는 자유무역의 황금기를 맞이한다.

완벽한 시스템은 없다,
적절한 시기가 있을 뿐!

GATT 체제의 한계를 극복하고자 한 WTO 체제

2차 세계대전 이후 1990년대 초·중반까지 세계무역질서를 이끌었던 GATT 체제 덕분에 세계 교역량 증가 못지않게 교류의 폭도 넓어져갔다. 국가 간 무역은 상품에 그치지 않고 서비스, 지적재산권 등 광범위한 분야로 확대되어가고 있었다.

그러나 GATT 체제는 '상품무역'을 대상으로 한 국제무역질서였으며, 상품 외에 다양하게 증가하는 '무형의 무역' 영역을 커버하기에는 시스템이 가진 한계가 있었다. 무엇보다 GATT 체제하에서는 무역으로 인한 분쟁을 해결하지 못했다. GATT 체제는 말 그대로

'관세와 무역에 관한 일반 협정'일 뿐이었기 때문이다.

앞서 아파트 입주민회의를 예로 들었는데, 입주민 간 합의를 통해 서로 지켜야 할 '공통의 룰'을 정했다고 문제없이 원활하게 돌아간다는 보장은 없다. 주차장 모퉁이에 주차를 하지 않기로 합의했다고 해서 모두가 이를 지키는 것은 아니다. 룰을 어긴 사람은 나름의 이유와 논리로 자기 행동의 정당성을 주장할 것이며, 이에 따라 피해를 본 입주민들은 룰을 지키지 않은 그의 행동을 문제시하며 서로 대립할 것이다.

이 상황에서 필요한 것은 양쪽을 중재하거나 룰을 어긴 사람을 처벌하는 것이다. 더 나아가 이런 문제가 처음부터 발생하지 않도록 상시 감시·감독이 되어야 할 것이다. 하지만 입주민 간 정해놓은 공통의 룰은 강제력도 없으며, 처벌이나 중재는 더욱 어렵다. GATT 체제 역시도 이와 비슷한 한계를 크게 드러냈다.

이 약점과 한계를 보완한 것이 바로 WTO(세계무역기구) 체제다. 1995년 출범한 WTO는 상품무역에 더해 서비스무역, 지적재산권과 노동, 투자에 이르기까지 폭넓은 부분에 세계 자유무역질서를 확립했다. 뿐만 아니라 이전 체제에서 관세 인하에 집중했다면 WTO 체제는 관세철폐 수준의 시장 개방으로 더 높은 차원의 자유무역을 추구했다.

특히 GATT 체제의 치명적 한계였던 분쟁 조절·해결에 있어서 WTO는 막강한 권한을 가지고 있었다. 무역분쟁 시 국제기구를 통한 판정이 있었고, 판정 결과에 대한 강제력도 있었다. 그동안 자유무역질서에서는 분쟁 당사국이 해결해야 했으며 이마저도 국력의 차이에 큰 영향을 받았다. 하지만 WTO 체제에서는 달랐다. 작은 국가라 할지라도 철저하게 동등한 입장에서 자유무역을 할 수 있었다.

자유무역을 위한 '약속' 수준의 GATT 체제에서 '약속의 이행'을 감시·감독하며, 분쟁에 개입해 판정하고, 강제력 있는 처분까지 할 수 있는 국제기구를 중심으로 한 WTO 체제로 세계무역질서가 재정비되었다. 폭발적인 교류 증가와 함께 세계가 단일화된 경제권을 구축해가는 것이 일반인도 체감할 정도였다.

국가 간 노동장벽이 낮아지면서 그때부터 우리 주변에는 '외국인 노동자'라는 말이 산업체 여기저기에서 자주 들리기 시작했다. 국내 기업들의 해외 진출이 급증하면서 파견 갈 일이 많아졌고 '주재원'이라는 낯선 단어에도 익숙해졌다. WTO 체제 출범과 함께 세계 자유무역은 훨씬 정돈된 환경에서 역동적으로 달릴 수 있었고 시장은 빠르게 커졌다.

WTO 체제가 가진 치명적인 약점

그러나 완벽한 시스템은 존재하지 않듯이 WTO 체제도 예외는 아니었다. WTO 체제가 출범할 때부터 가진 특징이자 약점이 있었다. 그런데 이 '약점'은 어떤 '변수'를 만나면서 치명적인 시스템적 한계가 되었고, 이윽고 25년가량 이어져왔던 WTO 체제가 한계에 이른다. WTO는 어떤 약점이 있었고 무슨 변수를 만난 걸까?

그것을 이해하기 위해서는 우선 WTO의 정책결정 방식을 알 필요가 있다. WTO는 회원국이 164개나 되는 만큼 이해관계가 복잡해 어떤 의제에 정책적 합의까지 이르기가 쉽지 않은 구조로 되어 있다. 그럼에도 불구하고 의사결정 방식마저 매우 경직되어 있다.

WTO에서는 어떤 의제에 대해서 반대하는 국가가 없어야 합의된 것으로 한다. 만장일치와는 조금 차이가 있으나 적극적으로 반대 의사를 피력하는 국가가 없어야 합의가 가능하다. 거기에 더해 '일괄타결의 원칙'이라는 것도 있는데, 예를 들어 8개 분야의 협상 내용이 있다면 일부 분야를 제외하고 서명할 수는 없고 오로지 전체 협상 결과에 대해서만 서명할 수 있다. '모든 것이 타결되기 전에는 아무것도 타결되지 않은 것이다'라는 것이 WTO의 협상 원칙이다. 보기에 따라서는 숨이 막힐 정도로 경직된 의사결정 구조다.

가입국들도 이런 과정을 통해 합의에 이르기가 매우 어렵다는 것을 알고 있지만, WTO가 이런 의사결정 방식을 가진 나름의 이유는 있다. 다수결 등의 방식은 빠른 합의를 끌어낼 수는 있으나 전체 구성원들의 자발적·적극적 참여를 보장하지는 못한다. 하지만 자유무역질서는 기본적으로 자율적인 규범 준수에 기반하고 있기 때문에 효율적인 합의보다 적극적인 참여가 중요하다.

또한 이렇게 적극적인 반대가 없는 합의, 모든 의제가 수용되어야만 합의가 되는 의사결정의 결과물은 매우 안정적이며 모순이 적다. 합의 이후에 불만이나 마찰이 생길 가능성이 적다는 말이다. 다만 어떤 의제에 대해 반대하는 국가가 있다면 WTO 체제의 의사결정 방식으로는 사실상 합의가 불가능해지는 치명적인 결함도 있다.

WTO의 의사결정 방법 이외의 또 하나의 중요한 결함이 있다. 바로 '자기선언' 방식으로 개발도상국 지위를 결정하는 부분이다. 좀 더 풀어서 이야기하자면 한 국가가 스스로의 경제 상황을 판단해 '나는 개발도상국입니다'라고 선언한다면 WTO 내에서 개발도상국으로 분류되는 것이다.

선진국 클럽이라고 불리는 OECD(경제협력개발기구)와 G20(주요 20개국이 회원인 국제기구)에 소속된 국가 혹은 세계은행에서 고소득 국가로 분류한 국가라고 한다면 누가 보더라도 개발도상국이라고 하기에는 무리가 있을 것이다. 하지만 그런 수준의 회원국 중 한 국가가 여전히 개발도상국이라고 스스로 주장하면 개발도상국으로 분류될 수 있다. 왜 개발도상국 지위에 집착하는 것일까? 그 이유는 단순하다. 혜택이 있기 때문이다.

앞서 18세기 산업혁명으로 인한 생산력 증대로 공급과잉 문제를 앓았던 영국의 이야기를 했다. 영국은 넘치는 공급을 해소할 더 큰 시장이 필요했고, 그 해결책으로 자유무역을 주장했다. 하지만 아직 산업이 미성숙한 독일과 미국 등은 당장 자유무역에 나섰다간 품질과 가격에서 우월한 영국 수입품에 밀려 국산품과 자국 산업을 성장시킬 수 없었기에 보호무역으로 대응했다. 그리고 그들은 산업경쟁력을 확보한 이후 자유무역에 적극적으로 합류했다.

이처럼 자유무역은 태생적으로 경쟁력이 강한 나라, 선진국에 유리한 구조로 되어 있다. 그러다 보니 산업이 미성숙하거나 성장을 해야 하는 개발도상국 입장에서는 자유무역질서에 적극적으로 합류하는 것이 무조건 좋은 선택이라고 할 수는 없다. 산업경쟁력이 부족한 국가가 의욕과 희망만 앞서 국내 시장을 완전히 개방하고 치열한 경쟁이 있는 세계무대에 진출한다는 것은 무모할 수도 있다. 이런 이유로 WTO에서는 개발도상국도 세계 자유무역질서에 적극적으로 합류시키기 위해 '개발도상국 지위'에 특별대우를 시행하고 있다. 일정 부분 보호무역을 용인해주며 세계시장을 누릴 수 있게 특혜를 주는 것이다.

개발도상국 지위를 인정받으면 협약을 이행하는 기간도 늘려주며 수입품에 일정 수준 이상의 관세를 유지할 수 있다. 또한 자국생산품에 지급하는 보조금에 대해서도 선진국보다 유리한 조건을 가지며 그 외 개발도상국 지위의 많은 이점이 있다. WTO에서 이렇게 배려해주는 이유는 개발도상국들이 성장하는 만큼 전체 세계시장의 파이도 커지고, 한편으로 저비용 생산이 가능한 그들의 시장참여가 필요했기 때문이다.

WTO 내 개발도상국 지위에 대해서 듣다 보면 어느 정도 일리가 있다고 고개를 끄덕이게 되지만, 문득 '개발도상국 지위는 자기선언 방식이라며?'라는 생각이 든다. 바로 이것이 경직된 의사결정 방식과 더불어 WTO가 가진 약점이다. 개발도상국에서 선진국 수준으로 경제가 성장했는데도 구태여 스스로 특혜를 버리기가 싫은 것이다.

애초에 WTO 내에서 개발도상국에 대한 우대수준이 과하다는 주장이 있었는데, 이에 더해 경제 성장과는 별개로 개발도상국 지위를 끝까지 내려놓지 않으려는 그들의 행동으로 인해 체제 내 불만이 점점 커지는 것이다. 개발도상국 우대를 못 받는 입장에서는 오히려 역차별을 느낄 정도였다. WTO 회원국의 2/3가량이 개발도상국이라는 점을 감안하면 그 불만을 이해할 만하다.

'그렇다면 개발도상국을 분류하는 방법을 자기선언 방식에서 바꾸면 되지 않는가?'라는 해법을 떠올릴 수 있겠지만 불가능하다. 이유는 어떤 의제에 대해서 반대하는 국가가 있으면 WTO의 의사결정 방식으로는 합의에 이를 수 없기 때문이다. 자기선언이 아닌 특정한 기준에 의해 분류하는 방식으로 바꾸려 해도 개발도상국 지위를 끝까지 누리려는 한 국가가 반대한다면 바꿀 수 없다.

'개발도상국 지위와 인정 방법' 그리고 '의사결정 방식'은 나름대로 이유 있는 WTO의 특징이고, 체제 초기에는 크게 문제시되지 않는 약점이었다. 하지만 시간이 지날수록 WTO의 치명적인 약점으로 커졌고, '중국'이라는 변수를 만나면서 WTO 체제가 모순과 한계에 직면하게 된다.

중국이 너무 싫어 WTO에 등 돌린 미국

중국에서만 WTO 질서가 잘 통하지 않는 상황

WTO는 다양한 이해관계와 엄청난 회원국을 가진 국제기구다. 그런데 이런 조직이 합의가 어려운 경직된 의사결정 구조를 가지고 있다 보니 누구 하나 반대하고 나서면 무엇 하나 합의하는 게 쉽지 않았고, '개발도상국' 우대 조건 역시도 거대해진 중국이 그 지위를 내려놓지 않자 '배려'라는 본질이 흐려지기 시작했다.

1990년대 초 냉전이 끝나고 세계화 기틀이 마련되자 1995년 WTO 체제가 시작되었다. 이후 사회주의 계획경제체제를 가진 나라들이 하나둘씩 시장경제체제를 받아들이며 WTO 질서에 합류했다.

하지만 중국은 WTO에 가입하려는 그들의 의지와는 별개로 회원국이 될 자격에 부합하지 않았다. 그들이 원하는 계획경제체제를 유지하면서 WTO 회원국 의무사항(자국시장을 개방하고 WTO 규범을 준수)을 이행한다는 것에 모순이 많기 때문이다. 이러한 이유로 중국은 1986년에 GATT에 가입을 정식으로 신청했다가 실패했고, 1995년 WTO 출범 이후에도 가입을 위한 시도를 계속했다.

하지만 미국 입장에서 중국은 WTO 체제 밖에서 겉돌게 하기에는 너무나 아깝고 매력적인 무역파트너였다. 낮은 인건비로 인해 생산효율성이 매우 높고, 엄청난 인구수는 거대한 수요시장이 될 것임을 의심할 여지가 없었다. 게다가 성장 가치가 높아 지속적인 고수익 투자처로서 손색없는 것이 그 당시 중국이었다. 미국은 그런 중국을 빨리 세계무대로 끌어들여 무역파트너로 삼고 싶어 했다.

이런 양국의 이해관계가 맞아 들어갔을까? 1999년 중국은 미국과 협상을 타결해 WTO 가입을 위한 밑그림을 그렸고, 당시 세계경제의 두 축 중 하나인 EU와의 협상도 타결하며 속도를 붙였다. 미국의 도움과 함께 결국 2001년 중국은 기존 정치·경제체제를 고수한 채 WTO에 가입하게 된다.

다만 시장경제 국가들의 질서 속에 중국이 들어오기 위해서는 추가 조건이 달렸다. WTO에 가입할 당시 제기되었던 문제에 대해서 중국은 국가 규칙을 바꾸는 조건으로 가입했다. 재미있는 사실은 서구권 국가들이 자유무역질서에 중국을 편입시켜줄 때 그들이 지금은 기존 체제를 유지하길 원하겠지만 시간이 흘러 중국인들이 자유시장경제를 맛보기 시작하면 체제를 전환할 수밖에 없을 것이라고 예상했다는 것이다.

그러나 중국은 예상과는 점차 다른 길로 간다. 자유주의 시장경제가 아닌 중국식 공산주의 혹은 중국식 시장경제라는 독특한 경제체제를 확립해갔다. 또한 WTO 가입 시 제기되었던 문제들에 대한 조치는 제대로 이행되지 않았다. 자국기업과 외국기업에 대한 차별이 있어서는 안 된다는 기본적인 것조차 제대로 지켜지지 않았다. 이것은 WTO 질서에서 매우 중요한 사안이다.

하지만 중국정부는 직간접적으로 광범위하게 외국기업 차별을 진행해왔다. 이를테면 특정 분야의 정부 사업에는 외국기업이 입찰할 수 없다거나, 공기업들의 사업진행 과정에서 필요한 물자를 조달할 때 중국기업이 유리하도록 정부의 압력이 작용했다. 외국기업들의 시설투자에 중국산 장비나 자재 사용을 권고의 형태로 압박했고, 자본투자 역시 이와 크게 다르지 않게 중국 내 사업에 대한 외국인의 직접 투자가 제한적이고 까다로웠다.

중국은 자유무역질서의 과실을 누리지만 개방에는 제한적이고 의무에 있어서는 소홀했고, 정부의 시장개입은 컸다. 경제 성장은 정부와 국영기업이 주도해나갔고 그 뒤를 국영은행이 받쳐주고 있었다. 특히 협정을 맺었음에도 외국기업의 지적재산권 보호에는 소홀히 해 피해를 주기도 했다. 또한 첨단기술과 관련된 사업에는 적극적으로 공기업을 개입시키거나 국제 기준을 벗어난 편법적인 기술 획득 문제도 끊임없이 양산했다.

WTO 회원국 중 유독 중국에서만 WTO 질서가 잘 통하지 않는 이상한 그림이 연출되었다. 그런데도 엄청난 중국시장을 놓치기 싫은 해외기업들은 나름의 자구책을 가지고 중국시장에 대응했고, 성장하는 중국을 통해 수혜를 누리던 국가들도 '좋은 게 좋은 거'라는 식으로 중국의 심기를 건드리지 않는 선에서 대응했다.

중국을 더 이상 두고 볼 수만은 없게 된 미국

2010년대 이전까지만 하더라도 중국의 경제는 낮은 인건비를 경쟁력으로 노동력이 많이 투입되는 조선, 철강 등의 산업에서 저가 공세로 시장을 빠르게 장악했다. 중국이 예상보다 훨씬 빠르게 산업 경쟁력을 키우자 경계심을 느낀 국가들은 중국의 지속적이고 계획적인 기술 유출·탈취 행위에 대해서 더욱 목소리를 키우기 시작했다. 하지만 일류 요리사의 레시피를 손에 넣는다 해서 완전히 똑같은 요리를 만들어낼 수 없듯이 당시에는 기술이 유출되어도 중국이 다른 선진국을 넘어설 수 없는 명확한 격차가 있었다.

그러던 것이 2010년대 중반에 들어서자 이야기가 달라진다. WTO 가입 후 날개를 단 듯 급성장하던 중국의 경제 규모는 2010년 일본을 제치는 걸 넘어 격차를 벌리며 미국을 따라잡기 시작했다.

중국의 기술력 또한 그동안 갖은 방법을 동원해 고도화하다 보니 선진국 기업들의 외주 생산기지 수준에 머무르지 않았다. 자신들의 브랜드를 걸고 가성비를 무기로 선진국 기업 제품들과의 경쟁에 나섰는데 시장 반응이 예사롭지 않았다.

저가·저품질 이미지가 강한 중국산 제품이 의외로 품질이 괜찮을 경우, 오히려 실수로 잘 만들었다고 희화해 '대륙의 실수'라는 말을 썼는데, 그 말이 등장하기 시작했던 때가 중국제품이 본격적인 경쟁력을 갖춰가기 시작했을 때다.

2014년, 중국은 아시아 지역과 유럽 일부 지역을 물리적으로 연결해 중국 중심의 경제권역을 구축하겠다는 일대일로(一帶一路)를 공식화하면서 그동안 감춰오던 발톱을 드러냈다. 이 행동은 2008년 금융위기 이후 패권국의 여유를 잃은 미국의 심기를 건드렸다.

여기에 더해 중국은 차세대 산업 주도권을 선점하기 위해 반도체 등 4차 산업혁명의 핵심 기술에 엄청난 투자를 한다. 실제로 몇 년이 지나지 않아 인공지능, 빅데이터, 사물인터넷, 5G 통신기기 등 첨단 기술 분야에서 높은 경쟁력을 가지게 된다.

그러자 미국정부는 중국을 더 이상 두고 볼 수만은 없었다. 그동안 경제적 이익을 위해 참아왔다면, 이제는 경제적 이익을 위해 견제해야 했다. 미국 입장에서 중국은 WTO 규범에서 요구하는 의무사항을 준수하지 않고 편법으로 권리만 누려오면서 빠른 성장을 이

룩한 국가이고, 남이 치열하게 개발한 기술을 불공정한 방법으로 획득해 값싸게 풀어 시장을 잠식해가는 국가로 비칠 뿐이었다. 그런 무역 행태로 미국의 턱밑까지 쫓아올 만큼 경제성장을 했음에도 여전히 중국은 WTO 내 개발도상국 특혜를 포기하지 않았고, WTO 내 영향력을 과시하며 권위주의적 색채까지 강화해갔다.

그러나 중국에 대한 불만이 가득 찬 미국이 WTO 체제 내에서는 할 수 있는 것이 없었다. WTO의 의사결정 구조상 중국의 개발도상국 지위를 박탈할 수도 없었으며, 세계 자유무역의 중심인 WTO는 자국우선주의와 보호무역을 강화하고 있는 미국에 호의적이지 않았다.

트럼프 대통령은 "WTO에서 미국을 공정하게 다루지 않고 있다. WTO 규칙을 따르지 않는 국가에 관대하고, 규칙을 따르는 미국이 처벌을 받는다(2017년 'APEC 정상회담')"라며 불만을 토로했다. 이렇게 트럼프 대통령이 WTO 체제를 비판하며 탈퇴 으름장까지 놓자 중국의 시진핑 국가주석은 "자유무역의 수호자가 될 것"이라고 자처하는 아이러니한 상황이 벌어지기도 했다.

미국은 자신이 주도하여 만든 WTO 체제에 중국이라는 자격이 불충분한 국가를 스스로 끌어들였다. 그리고 중국은 WTO 질서를 기름진 토양 삼아 빠르게 자라났지만, 미국의 계획과는 달리 거대한 덩굴처럼 변해 미국의 산업과 일자리를 위협하다, 그러고 나서 국제사회에서 패권국의 지위를 비집고 들어오기 시작했다.

2개의 거대한 블록화된 시장으로 변한 세계

미국은 할 일이 많았다. 자국의 산업 성장과 일자리를 늘리기 위해 과거보다 높은 수준의 보호무역에 나서고 있었고, 중국을 견제해야 했으며, 중국을 배제한 새로운 무역질서를 구축해야 했다. 하지만 미국이 진행하려는 이 모든 일들은 보호무역과 국가 차별 등 WTO의 이념에 위배되는 행동이었으므로 미국과 WTO의 관계는 멀어질 수밖에 없었다.

미국은 자신들의 요구를 관철시키기 위해 더 이상 WTO 체제에 의지하지 않았고, 이제는 자신들에게 장점보다 단점이 많은 WTO 질서를 애써 지켜갈 미련도 별로 없었다. 미국은 국내법을 동원해 철강산업 보호를 명분으로 고율의 관세를 부과하는 보호무역을 시작했다. 주 타깃은 중국이었지만 여러 나라가 같이 영향을 받았다. 이후 WTO가 규정위반 판정을 내렸음에도 관세 폐지를 거부했다. 수입품에 대한 조치로 끝나지 않았고 미국은 첨단반도체 기술과 반도체 생산 장비의 중국 수출을 통제했다.

또한 WTO에 자신들이 제기하는 문제에 대한 개선을 요구하며 WTO의 핵심 기능을 무력화하기도 했다. GATT 체제와는 달리 WTO 체제는 분쟁을 해결할 수 있는 기능이 특징이자 강점이다. 하지만 미국은 분쟁 해결 기능에 있어 필수적인 '상소기구' 위원의 임명을 지속해 거부했다. 임기가 만료되는 위원은 생기는데, 추가로 임명이 되지 못하니 결국 상소기구가 운영되기 위한 최소한의 위원 수를 확보하는 데 실패한다. 이에 따라 2019년 12월부터 상소기구의 기능이 사실상 마비되어 WTO가 예전처럼 역할을 못 하게 되었다.

이후 2022년, 미국은 IPEF(인도-태평양 경제 프레임워크)라는 새로운 경제통상플랫폼을 출범했다. 이는 단순히 '중국을 배제한 WTO' 개념하고는 분명히 다르다. 중국만 없는 '모두'를 위한 과거와 같은 자유무역질서는 아니다. 동맹과 우방국처럼 '이해관계를 함께'하고 마음이 맞는 국가들끼리 함께하는 블록화된 경제질서를 의미한다.

'이해관계를 함께한다'는 것은 이제 과거와 판이하게 다른 수준의 무게를 가진 말이 되었다. 이 말은 우리에게 매우 어려운 선택을 강요한다는 의미가 내포되어 있음을 우리는 알아야 한다.

대한민국은 미국과 군사동맹 관계다. 우리의 적은 미국에도 적이며, 미국의 적은 우리에게도 적이 되어야 동맹관계가 성립한다. 너무 오랜만에 들어서 낯설게 느껴지겠지만, 동맹의 본질은 그것이다. 누구와 동맹을 맺는다는 것은 내가 필요할 때 상대가 도와준다는 의미도 되지만, 내가 원하지 않아도 분쟁에 휘말린다는 근본적인 딜레마가 있다.

하지만 세계화가 원활하게 유지되고 미국과 중국이 잘 지냈던 시절, 우리에게 미국과의 동맹은 그저 1950년대 할아버지가 좋은 조건으로 가입해놓은 보험과 같은 것이었다. 지금껏 평화의 시대에 익숙해진 우리도 미국과의 동맹을 아마 그쯤 생각하고 있지 않았을까.

하지만 갑자기 많은 것이 달라져버렸다. 미국이 중국과 냉전 구도를 명확히 하고 경제·안보 전략을 중국에 적대적인 형태로 바꾸고 있다. 중국은 미국의 분명한 적이 되었다.

하지만 중국과 경제적으로 상호의존도가 높은 우리로서는 갑자기 중국에 등을 돌리고 미국의 동맹 역할을 하는 것이 절대 쉽지 않다. 상황에 맞춰 중립을 유지하는 척, 시간을 벌 수는 있을 것이다. 그러나 '이해관계를 함께'하는 국가들과 블록화된 경제·안보 질서를 구축해가려는 미국이 우리에게 기대하는 모습은 그것이 아닐 것이다.

세계가 다시 2개의 거대한 블록화된 시장으로 변하고 있다. 이것은 물건을 사 올 곳도, 물건을 팔 곳도 줄어든다는 의미가 된다. 이것은 수출로 먹고사는 국가에는 치명적인 환경 변화다. 냉전 종식 후 2개로 블록화되었던 세계시장이 하나가 되면서 시너지를 일으키며 성장했다. 그렇게 하나가 되었던 시장이 '중국이 포함된 경제 블록'과 '미국에 우호적인 블록'으로 나눠져 경쟁하는 길로 다시 들어서고 있다.

메이드 인 아메리카, 바이 아메리카

미국인들의 삶의 질이 계속 나빠져가다

이 책의 2장을 읽은 분이라면 1950~1960년대 미국의 초호황기에 미국 국민들의 삶이 어땠는지 알고 있을 것이다. '푸른 잔디가 깔린 2층짜리 목조주택과 왜건 승용차'라는 이야기를 꺼내면 아마 금방 떠오를 것이라 짐작한다. 이것은 그 시절 미국인들이 소유하고 있던 일반적인 집과 차의 형태인데 나름 상징하는 바가 있다.

잔디가 깔린 2층짜리 목조주택은 경제적인 안정과 여유를 의미했으며, 모든 식구들이 타고도 많은 짐까지 추가로 실을 수 있는 왜건 승용차가 인기가 있었다는 것은 가족과 함께하는 시간이 많은 그들의 일상을 의미했다. 듣기만 해도 보편적인 중산층의 여유와 화목한 가정이 떠오른다. 이것이 당시 미국 중산층의 흔한 모습이었다.

그 시대는 미국 역사상 중산층이 가장 탄탄한 시대였고 무엇보다 고학력·전문직도 아닌 평균 학력 수준의 평범한 생산직 노동자도 중산층의 많은 수를 차지하고 있었다는 것이 특징이었다. 현재 미국과 비교해보면 반세기 정도의 기간 동안 얼마나 변했는지 금방 확인된다. 지금 미국은 고학력·전문직 등 일정 스펙 이상의 사람들이 중산층의 대다수를 차지한다. 또한 양극화가 많이 진행되어 중산층의 비중은 과거에 비해 크게 줄어들었다.

그렇다면 1950~1960년대는 현재와 무엇이 달라서 블루칼라(Blue Collar) 노동자도 '여유롭고 안정된' 중산층의 삶을 살 수 있었을까? 그것은 바로, 그 시절 미국의 경제를 끌고 가던 중추적인 산업이 '제조업'이었기 때문이다.

제조업은 경기의 좋고 나쁨에 따라 단기적인 관점으로 사업 진입과 철수를 계획할 수 있는 산업은 아니다. 고정된 제조 설비를 기반으로 하는 산업이기 때문이다. 사업자 입장에서 제조업은 사업의 유연성이 떨어지는 단점이 있지만 한편으로 반도체, 자동차, 철강 등 설비투자 비용 부담이 큰 업종일수록 진입장벽이 높기 때문에 새로운 경쟁자가 자주 등장하지 않는다는 장점도 있다. 사업 철수가 쉽지 않고 장기 계획을 세우고 운영해야 하는 제조업의 특징은 근로자 입장에서는 장점으로 작용한다. 장기간 근무할 수 있는 일자리의 안정성이 있기 때문이다.

또한 제조업은 고용 창출 측면에서도 효과가 크다. 제조업을 하려면 생산설비를 갖춰야 하고 이 시설을 만드는 데 참여하는 기업과 인력이 필요하다. 이후 제조시설이 정상 가동을 시작하면 원료나 부품의 지속적인 수요가 발생하고 이것을 공급해주는 기업이 필요하다. 그리고 증가하는 물류량만큼 관련된 일자리도 또다시 늘어난다.

제조업은 경제 선순환 차원에서도 다른 산업에 비해 역할이 크다. 기업의 투자가 고용을 증가시키고 이에 따라 소득이 증가한 개인은 구매력이 높아져 소비를 늘린다. 기업의 매출이 늘어나고 공급을 늘리기 위해 기업은 또다시 고용을 늘리는 형태의 선순환 구조에 대해 한 번쯤 들어봤을 것이다. 이 효과가 제조업에서 특히 잘 나타난다.

우리가 흔히 보는 사례도 있다. 특정 지역에 대기업 공장이 들어오면 부품업체와 유관업체들이 늘어나면서 근로자들이 붐비기 시작한다. 인구가 늘어나는 만큼 주택과 사회 인프라 수요가 늘어나고 그 지역의 건설경기도 살아난다. 지역 내 소비도 증가해 상점을 비롯해 제조업과 직접적인 관계가 없는 업종까지 소득 증가가 일어난다. 효과는 어마어마하다.

1950~1960년대 당시 미국은 압도적인 경쟁력을 뽐내는 제조업이 주도해 국가경제를 끌어갔다. 근로자에 대한 처우도 좋아서 생산직 근로자들도 일자리를 통해 안정적인 중산층 계층으로 편입될 기회를 가졌다.

하지만 이후 1970년대에 들어서자 미국은 독일·일본과의 제조업 경쟁에서 뒤처지기 시작하고 오일쇼크로 인해 원자재가격까지 급등했다. 사정이 나빠진 기업들은 인력감축을 진행했다. 이는 노조들의 잦은 파업을 부르고 기업 상황은 더 나빠지는 악순환을 만들어냈다. 결국 미국의 제조업은 본격적으로 쇠퇴해갔고, '노동자 중산층' 계층들도 급속도로 사라져갔다. 여기에 더해 1990년대 들어 구축된 세계화 질서로 인해 그나마 남아 있던 제조공장들도 중국, 동남아, 동유럽 등 저임금 국가로 이전해버린다.

생산직 일자리가 급감해버리자 미국 내 대다수의 평범한 사람들이 근무하는 일자리의 질이 빠르게 나빠진다. 단기일자리, 근무 여건이 열악하거나 임금수준이 낮은 서비스직 일자리들만 늘어갔다. 자연스레 평균적인 미국인들의 삶의 질은 나빠져갔다. 게다가 2008년 발생한 미국발 세계금융위기를 거치면서 양극화는 더욱 심해졌다. 서민층이 중산층으로 계층 이동을 하는 것은 갈수록 불가능한 일이 되어갔다.

'미국제품을 써라, 미국에서 생산하라'

이에 미국은 자신들이 구축한 세계화 질서에서 이탈하고 자국우선주의를 강화했다. 세계화가 실업 증가와 소득 정체를 발생시키며 미국 국민들의 삶을 저해하고 있는 것이 명확하게 드러난 이상, 그것을 외면한 채 미국사회가 지속되기는 힘들었다.

먼저 양질의 일자리 증가가 필요했다. 평균적인 수준의 업무능력을 가진 사람이 쾌적한 업무환경에서 꽤 괜찮은 소득을 얻으며 안정적으로 오랫동안 일할 수 있는 그런 일자리들을 흔히 '좋은 일자리'라고 한다. 대표적으로 대기업의 생산직 일자리가 좋은 일자리에 해당한다.

하지만 2010년대 중반부터 미국은 해외로 나간 기업들에 지원을 약속하며 자국으로 복귀시키는 '리쇼어링(Reshoring)'을 추진했으나 이미 나가버린 기업을 복귀시키는 것은 역시 만만한 일은 아니었다. 관세 인상 위주의 노골적인 보호무역을 하며 자국의 산업과 일자리를 보호하는 것도 보복관세 문제를 불러일으켜 한계가 있었다.

트럼프정부 시절 추진했던 자국우선주의 정책은 진행되는 과정은 거칠었지만 나아가고자 하는 방향성은 명확했다. 이후 바이든정부 들어 시행착오를 거듭해가며 좀 더 체계적인 자국우선주의로 다듬어가고 있다. 바이든 역시 가장 우선시하는 것은 '제조업'이다.

'메이드 인 아메리카, 바이 아메리카, 중산층을 위한 외교!' 이 말은 현재 미국의 정책에 관한 이야기를 할 때 매우 자주 등장하는 슬로건들이다. 쉽게 짐작이 되겠지만 모두 제조업과 관련이 있다. 바이든은 현재 '미국에서 발명된 것은 미국에서 생산되어야 한다'고 수시로 강조하고 있다. 과거처럼 낮은 생산비용에만 집착하며 생산공정을 해외로 넘기다 정작 중요한 미국 내 양질의 일자리와 경제 선순환 등의 더 큰 가치를 놓치는 일은 없을 것이라는 의지다.

미국은 '메이드 인 아메리카·바이 아메리카'라는 기치 아래 '미국 정부의 지원금을 받고 싶다면 미국제품을 써라, 미국에서 생산하라'고 해외기업들에 강조하고 있다. 이것은 미국 정치권이 합심해 진행하는 일이라 단순히 일회성 행동에 그치는 것도 아니며 바이든정부에서 끝날 일도 아니다. 인프라법, 인플레이션감축법, 반도체법 등을 제정해 미국산 제품을 사용하고 미국 내에서 생산하는 기업들에 정책적으로 보조금지원 및 세제혜택을 제도화했다.

기업에게 이 보조금은 받아도 그만, 안 받아도 그만인 돈은 아니다. 보조금을 당근처럼 앞세우고 있지만 한편으로 미국에 진출하지 않고서는 기업경쟁력을 지속적으로 유지할 수 없다는 채찍과도 같은 환경도 조성했다. 이런 이유로 우리나라 기업들을 포함한 다수의 해외기업 공장이 미국으로 향하고 있으며, 해외기업들이 미국 내 제조업 일자리 창출에 이바지하고 있다.

'중산층을 위한 외교'라는 말도 큰 의미가 있다. 앞서 이야기한 것처럼 1950년부터 1960년까지 미국의 제조업이 왕성하던 시절, '노동자 중산층' 계층이 큰 비중을 차지해 탄탄한 중산층을 형성했다. 현재 바이든은 '더 나은 재건(BBB: Build Back Better)' 정책의 일부로 제조업 부활과 함께 '블루칼라 중산층'의 재건을 위해 외교무대에서 해외기업들의 생산기지를 미국으로 유치하기 위해 공을 들이고 있다.

'그런데 아무리 미국정부가 보조금을 준다고 하더라도 미국은 다른 신흥국가에 비해 인건비가 높지 않은가?' 이런 생각을 가질 수도 있다. 그래서 미국은 고부가가치 첨단제조업을 중심으로 생산기지를 끌어들이고 있다. 반도체, 전기차, 배터리, 제약·바이오 분야 산업들은 인건비 수준이 높아도 경쟁력을 가질 수 있는 산업인 동시에 미래기술 패권 유지에 있어서 필수적인 산업들이다. 특히 미국은 고용 유발 및 경제 파급효과가 큰 전기차에 진심이다.

자동차산업은 철강, 화학, 전기·전자, 기계, 섬유 등 광범위한 산업생태계를 구축하는 특징이 있고, 엄청난 유관산업 파급력이 있다. 실제 자동차산업 하나만 잘 돌아가도 많은 산업이 유지된다. 미국의 제조업이 전반적으로 쇠퇴한 결정적인 원인도 1970년대 이후 일본·독일에 자동차산업 경쟁력이 뒤처진 것이 치명적인 이유였다. 내연기관 자동차에 비해 전기차의 부품 수가 적은 것은 사실이지만 여전히 자동차산업의 유관산업 파급력은 상당히 크다.

그리고 미국이 전기차에 집착하는 것이 '환경'이라는 표면적인 이유 때문만은 아니다. 자동차산업은 경제 파급력이 크지만, 진입장벽이 높고 소비자는 매우 보수적인 구매 결정을 하는 경향이 있다. 특히 내연기관 자동차에서는 그 특징이 더 강하다. 그런 이유로 일본, 유럽, 한국의 주요 자동차 브랜드들이 철옹성 같은 점유율을 유지하고 있고 패권국 미국조차도 자동차산업에서만큼은 맥을 못 춘다. 하지만 전기차의 경우, 테슬라의 실적에서도 확인되었듯이 전기차 구매를 염두에 두는 사람은 전통적인 자동차 회사가 생산한 전기차에 집착하지는 않는다. 이것이 미국이 앞장서서 전기차 활성화를 서두르는 이유이기도 하다. 이렇게 미국은 전기차를 통해 과거 제조 강국의 위상을 다시 찾으려 하고 있다.

우리가 누비던 자유무역 영토는 너무 줄었다

미국은 현재 전 세계 첨단제조기업들을 자국으로 블랙홀처럼 빨아들이고 있고, 첨단산업 분야의 생산역량을 강화해가고 있다. 아직은 초기 단계지만 우리는 이것을 2가지 측면에서 매우 심각하게 바라봐야 한다.

첫 번째, 첨단산업 일자리는 해외로 내보낼 일자리가 아니다. 현재 국내에서도 양질의 일자리 부족으로 많은 어려움을 겪고 있다. 첨단기술산업은 고부가가치 산업이라 저비용 생산에 목맬 필요는 없다. 첨단제조업은 저비용 생산보다는 안정적인 치안, 수준 높은 행정서비스, 국민들의 학력 수준, 산업 인프라 등이 훨씬 중요해 오히려 선진국에 적합한 산업이다. 그럼에도 첨단제조업을 국내에 유치하기 위한 노력은커녕 미국으로 일자리가 넘어가고 있는 현상을 보면서도 손 놓고 있는 모습은 우려스럽다.

두 번째, 미국은 과거처럼 생산공정을 더 이상 해외로 이전하지 않으려 한다. 첫 번째 측면보다 이 두 번째 측면이 더 중요하다. 미국은 직접 생산하며 제조경쟁력을 갖춰가는 방향으로 산업을 전환하고 있다. 해외로 나간 기업을 본국으로 돌아오게 하는 것을 넘어 해외기업도 자국 내로 끌어들이고 있으며 자신들이 가진 정치·경제적 영향력을 총동원해 다시 '제조 대국'으로 회복하려 한다. 이는 세계 시장에서 미국산이 증가하고 자체 공급률이 점차 늘어날 것이라는 의미다. 더욱이 골치 아픈 문제는 미국이 집중하는 반도체, 전기차 등은 현재와 미래의 우리나라 주요 수출품목과 겹쳐 앞으로 미국과 경쟁까지 해야 하는 처지에 몰린 것이다.

무역 이야기가 나온 만큼 이 대목에서 중국을 언급하지 않을 수 없다. 많은 사람이 중국과의 무역에서 우리나라가 큰 흑자를 기록하고 있는 것으로 알고 있는 경우가 많은데, 그것은 과거의 일이 되어 버렸다.

우리나라는 중국에 고기술 중간재를 주로 수출한다. 하지만 2021년 이후 중국은 고기술 중간재의 국산화를 빠르게 진행했으며, 자체 조달률을 의미 있는 수준으로 올렸다. 반면에 우리는 중국으로부터 수입하는 중간재 의존도가 오히려 높아져 무역 상황이 예전만 못하다. 월별 대중무역 적자 횟수가 증가하고 있으며 폭도 커지고 있다. 이제 중국도 우리가 쉽게 흑자를 낼 수 있는 무역상대가 아니라는 것을 알아야 한다.

[K-stat 대중국 무역수지 월별 통계]

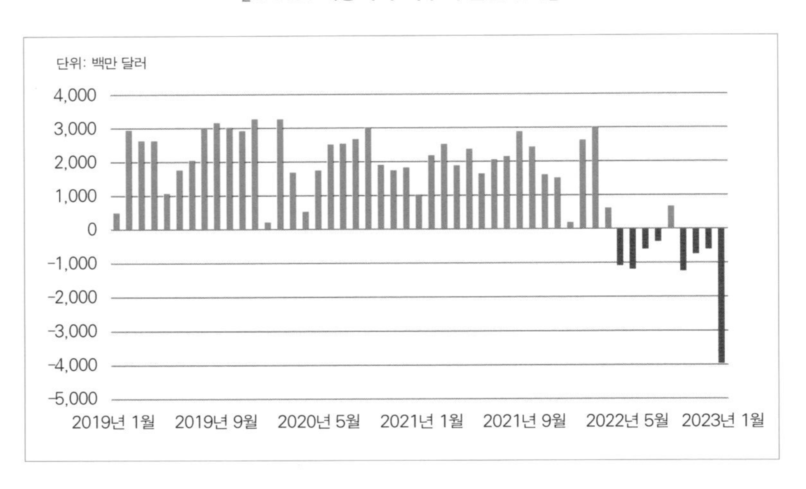

'제조업 중심의 수출주도 국가'라는 타이틀을 가지고 있으면서도 제조업을 등한시한 우리에게 매우 어려운 환경이 펼쳐지고 있다. 미·중 대립으로 시장은 블록화되어버렸고, 미국의 제재로 인해 우리가 중국에 수출할 수 있는 품목이 제한되었다. 중국은 국산화율을 높이고 있어 더 이상 중국의 호황이 우리의 호황을 보장하지 않는다. 대중국 수출에 어려움이 가중되고 있는 와중에 미국은 첨단제품의 자체 생산을 늘리며 장기적으로 제조 분야에서 경쟁상대가 되어가고 있다.

세계화가 시작되던 시절, 대한민국은 세계에서 가장 넓은 자유무역 영토를 가지게 되었다고 환호했고 실제로 그 수혜를 누렸다. IMF

외환위기도 수출을 원동력으로 극복했고 2008년 금융위기 상황에서도 조선, 자동차, 화학 등 주력산업은 활황이었으니 말이다. 하지만 탈세계화가 시작되고 보호무역과 자국생산이 대세가 되면서 모든 것이 불리해지고 있다. 우리가 누비던 자유무역 영토는 어느새 너무 줄어들어 있고, 그동안 자유무역 시대를 누리던 권리이자 특혜를 더 이상 기대하기 어려워졌다.

금융이 망가뜨린 자본주의 경제시스템

변질되어가던 금융이 경제시스템을 병들게 하다

금융은 자금을 융통하는 것을 말한다. 좁은 의미로는 돈을 빌리고 빌려주는 것이고, 좀 더 넓은 의미로는 돈이 남는 쪽에서 돈이 필요한 쪽으로 이동하는 거래를 아울러 '금융'이라 한다.

그렇다면 금융은 왜 필요할까? 바로 자원의 효율적인 활용 때문이다. 한정된 자원을 가장 효율적으로 사용하는 것이 자본주의 특징 중 하나다. 돈 역시도 자원이다. 금융이 없다면 남는 돈은 언젠가 주인이 금고에서 다시 꺼내 쓸 그때까지 땅속에 묻혀 있는 자원이 된다. 그러나 금융은 당장 쓸 일이 없는 내 돈에 이자라는 부가가치를 만들어주고 그 돈을 효율적으로 활용할 수 있는 사람에게 보내 생산적인 곳에 사용될 수 있게 해준다. 좀 더 직설적으로 표현하자면 돈이 놀지 못하도록 하는 것이 금융이고, 이것을 업으로 하는 곳이 금융기관이다.

금융이 변질되었다는 것을 이해하기 위해서는 금융의 본질적인 부분에 대해서 반드시 다시 한번 짚고 넘어가야 한다. 금융을 통해 돈을 버는 가장 기본적인 방법은 '이자'다. 하지만 돈을 빌려줬다고 해서 무조건 이자를 받을 수 있는 것은 아니다.

여기에는 조건이 따르는데 반드시 일정 '기간'을 기다려야 한다는 것이다. 이유는 매우 상식적이다. 돈을 빌리는 사람은 그 돈을 활용해 이자보다 더 많은 이익을 남기려고 돈을 빌린다. 그가 생산 활동을 통해 이익을 내기 위해서는 당연히 시간이 필요하다. 이것이 이자에 연, 월 등 시간 단위가 붙을 수밖에 없는 이유이기도 하다.

이런 '금융과 이자'의 본질을 이해한다면 채무자에게 (돈을 버는) 시간을 제공하지 않고 돈을 빌려주는 동시에 요구하는 선이자가 왜 불법인지 쉽게 이해가 갈 것이다. 돈이라는 자원의 효율적인 활용을 목적으로 하는 금융이 아닌 금융을 빙자한 착취이기 때문이다.

이와는 반대로 투자를 받거나 돈을 빌린 개인·기업이 성과를 낼 때까지 충분한 시간을 제공해주는 자본을 인내자본이라 하면서 사회적으로 긍정적인 시선을 가지기도 한다. 다만 이것은 리스크가 증가하고 금융의 효율성이 좀 떨어질 수는 있다.

앞서 한 말이 매우 틀린 말이라고 할 수는 없더라도 고리타분하게 들렸을 것이다. 지금부터는 좀 더 현실적인 이야기를 해보자. 돈을 빌려주는 금융권 또한 수익을 창출해야 하는 회사다.

또한 그 어느 시장보다 치열한 곳이 금융시장이며 그들의 성과는 너무도 명확한 수치로 드러난다. 다른 금융사와 경쟁하며 살아남기 위해서는 좀 더 빠르게 더 많은 수익을 내야 하고, 투자자들을 비롯한 모든 이해관계자를 만족시켜야 한다. 그런 곳에 몸담은 그들에게 '금융을 통해 벌어들이는 이익은 시간을 들여야 한다'는 말이 얼마나 한가한 소리처럼 들리겠는가.

과거처럼 자본회수 기간이 긴 투자나 대출이자 수익들에만 치중해서는 도태되기 십상이고 금융권도 일반 기업들처럼 경쟁력을 키워야 했다. 그러나 특이한 사실은 자본주의 시장의 필수요소인 금융이 '경쟁'을 하면서 현재 경제시스템을 병들게 했다는 것이다.

자본주의 사회에서 '경쟁'은 필수요소이자 권장사항이지만 1930년대 대공황을 겪은 이후의 금융에서만큼은 그렇지 않았다. 금융권의 과도한 경쟁이 어떤 결과를 만들었는지 대공황을 통해 똑똑히 확인했기 때문이다.

당시의 은행들은 더 높은 수익률을 올리기 위해 고객의 예금으로 방만한 투자와 투기를 하는 경우가 허다했고, 예금유치 경쟁에 몰입해 지급하지도 못할 높은 이자를 제시하다가 스스로 부실해지는 일이 헤아릴 수 없을 정도였다.

불황에 직면하자 금융권의 부실과 신뢰 하락은 수습이 불가능했고, 곧 대규모 뱅크런(예금 대량 인출) 사태를 초래해 대공황을 더 깊은 수렁으로 빠져들게 하는 빌미를 제공했었다. 이후 과거에 드러난 금융권의 문제를 반복하지 않고 원천적으로 차단하기 위해 예금이자까지 규제할 정도로 금융규제는 매우 엄격해졌다. 그리고 이런 조건으로는 금융사들이 이렇다 할 경쟁을 하기도 어려웠다.

하지만 시간이 흘러 1980년대에 들어서며 세계적으로 자본시장이 개방되기 시작하고 금융 자유화가 확산되면서 금융시장이 점점 활기를 띠기 시작했다. 건전하고 안정적인 금융시장을 위해 존재하던 금융규제들이 점차 금융권의 족쇄처럼 여겨졌다. 결국 시대적인 요구에 의해 그동안 유지해온 금융규제들도 하나씩 폐지의 수순을 밟는다.

여기에 더해 1980년대 PC 보급 확대와 IT(정보통신기술)의 급성장은 금융혁명이라고 할 만큼 금융 발전에 큰 영향을 끼쳤다. 처리하는 데이터양이 많아지고 통계가 정확해지면서 다양한 금융상품이나 금융기법이 등장했다. '규제 완화'와 'IT 혁명'이라는 두 촉매제가 금융시장에 불을 붙이자 금융사 간의 경쟁이 다시 치열해지기 시작했다.

이쯤에서 고리타분하게 들리던 금융의 본질적인 문제가 다시 등장한다. 금융은 자원의 효율적인 활용에 그 목적이 있으며, 금융을 통해 이익을 얻기 위해서는 '기간'이 필요하다. 이자도 약속한 기일이 되어야 받을 수 있고, 투자에 대한 대가 역시도 투자받은 누군가가 성과를 낼 시간이 필요하다. 하지만 세계화 시대에 들어 금융을 포함한 모든 산업이 무한경쟁에 노출된 마당에 그 어느 시장보다 치열한 금융시장에서 '기다림'은 사치에 불과했다. 어떤 형태로든 짧은 기간에 많은 수익을 내는 것만이 경쟁력이었다.

단기간에 높은 이익을 얻을 수 있는 다양한 방법들이 등장하고 이렇게 금융권의 경쟁이 심해질수록 금융은 목적을 상실하고 변질되어갔다. 그리고 변질되어가던 금융이 우리도 못 느끼게 서서히 자본주의 경제시스템을 망가뜨리고 있었다.

금융이 기업의 경쟁 의욕을 저하시키다

자본주의 경제시스템에 필수적인 '금융'이 도리어 경제시스템에 피해를 줬다니, 의아하게 생각할 수도 있을 것이다. 하지만 우리가 보고 들은 것, 이미 알고 있는 정보나 기억의 조각조각을 모아가다 보면 자연스럽게 알게 된다. 장기간 일어난 일이라 익숙해져 못 느꼈을 뿐이지 우리가 알고 있는 경제시스템이 이미 많이 망가졌다는 것을 말이다.

1980~1990년대를 배경으로 하는 미국 영화들을 보면 적대적 M&A, 기업사냥꾼이니 하는 모습들이 자주 등장한다. '적대적'이라

는 명확한 기준이 있는 것은 아니지만 흔히 인수당하는 입장에서 자신들의 의사와는 무관하게 진행되는 기업인수합병을 말한다. 거대자본을 운용하는 기관이나 세력들이 더 빠르게 더 큰 수익을 내기 위해 타깃으로 삼은 회사 지분을 사들이거나 위기에 빠뜨려 경영권을 빼앗고 회사를 쪼개 파는 등의 방법으로 막대한 수익을 올린다. 적대적 인수합병을 하는 과정에서 첨단금융기법, 법률 지식 등 가용한 자원이나 기법이 총동원된다.

기술을 개발하고 타사 제품과 경쟁하기에도 빠듯한 기업의 입장에서는 그들로부터 경영권 방어까지 신경 쓰는 게 여간 까다로운 일이 아니다. 그러다 보니 기업경영진들은 미래를 위한 기술개발이나 기업경쟁력 강화와 같은 기업 본연의 활동보다는 경영권 위협에 대응하거나 안정적인 경영권을 확보하는 데 더 관심을 가지는 경우도 흔하다.

또한 거대자본들이 장악한 주주 권력은 기업의 대규모 투자나 장기프로젝트를 가로막고 빠른 수익을 위해 기업들에 단기성과 위주의 투자, 고배당의 압박을 한다. 이는 '제조업'을 투자 대비 수익률이 떨어진다고 해서 배척하는 환경을 조성하는 중요한 원인이 되기도 한다.

기업활동을 더 역동적으로 만들어야 할 금융자본이 무한경쟁 시대를 맞아 수익을 최대화하는 과정에서 오히려 기업활동을 방해하는 결과를 만들었다. 그렇다면 기업은 피해자인가? 꼭 그렇지는 않다.

기업들 또한 금융을 생산 활동에 활용해 경쟁하며 부를 쌓아가기보다는 다른 방법으로 활용해 이익을 극대화했다. 생산을 통한 경쟁보다는 금융자본을 이용해 독점적 지위를 강화해 경쟁을 회피하고, 시장장벽을 높여서 쉽게 수익을 창출하는 데 투자의 많은 부분을 활용했다.

또한 기업끼리 지분을 상호보유하거나 시장지배적인 기업 간 제휴를 강화해 눈에 보이지 않는 독점적 기업집단을 형성하고 시장가격을 왜곡해 쉽게 돈을 버는 선택을 했다.

또한 기업들은 다른 기업에 투자해 법인주주로서 자신들에게 유리한 영향력을 행사하고 시장에 신규진출해 경쟁하기보다는 기존기업을 인수해 편안하게 정착했다. 물론 기존 기업을 인수해 시장에 진출하는 것을 부정적으로 평가할 수는 없다. 그러나 그것은 기업의 입장에서는 효율적인 판단일 수 있으나 사회적으로 항상 권장할 만한 일은 아니다.

한 기업이 어떤 분야에 진출하기 위해 수천억 원을 투자한다고 밝혔다고 치자. 그 정도 규모의 투자라면 큰 고용 창출 효과를 기대하는 게 상식적이다. 하지만 기업이 투자한다는 그 돈이 기존기업을 사들이는 것이라면 고용이 많이 늘어날 이유는 없다. 시장경쟁에 참여하는 기업들이 많아지는 만큼 고용도 늘고 사회발전도 빨라지는 것인데, 이런 형태의 시장 진입은 기업의 양극화를 심화시키고 다른 기업의 경쟁 의욕을 저하시킨다.

금융이 근로에 회의감을 느끼게끔 만들다

아이러니하게도 시장경쟁을 활발해지도록 지원해주는 금융이 다른 이면을 드러내자 시장경쟁을 위축시키고 회피하는 수단으로 활용되었다. 하지만 금융이 경제시스템을 망가뜨린 건 효율만을 추구하던 금융이 폭력적이고 약탈적인 면을 드러내서가 아니다. 결정적인 이유는 '자본주의 원동력'을 상실하게 만든 것이다.

자본주의는 개인의 부를 쌓고 싶어 하는 인간의 욕구를 기본으로 경쟁에 참여하게 만들고, 그 경쟁을 원동력 삼아 사회를 더 효율적으로 운영한다. 자본주의 효율과 발전의 바탕에는 각자 자기의 위치에서 최고가 되기 위해 노력하는 개인과 기업이 있었다. 그들이 경제시스템의 주체로서 시스템에 적극적으로 참여했기 때문에 원활하게 사회가 작동한 것이다.

그러나 1990년대부터 기존과는 다른 분위기가 나타나기 시작했다. 족쇄와 같았던 금융규제가 철폐되고 고도화된 금융은 세계화 바람을 만나 과거와는 차원이 다른 수익을 만들어냈다. 이 수익을 보고 몰려든 자금은 금융시장의 규모를 눈덩이 굴리듯이 계속 키워나갔다. 그러면 자연스럽게 발생하는 문제가 있다. 투자자와 투자금이 필요 이상으로 너무 많이 늘어나면 무슨 문제가 발생할까? 바로 그들이 나눠가질 몫이 적어지는 문제가 발생한다는 것이다. 실물경제에서는 생산 활동을 통해 기업이 아무리 뛰어난 성과를 내더라도 시간적·물리적 한계로 인해 이익은 한정적일 수밖에 없고 제한된 이익을 나눠 갖는 투자자가 많아질수록 수익의 매력도는 떨어진다.

이 문제는 시장에 거품과 투기의 요소를 가미하면 어렵지 않게 해결된다. 금융시장은 주식, 부동산 등 모든 자산에 본연의 가치보다 후한 가격을 매겨주고 그 자산들의 거래가 활발해질 수 있도록 돈을 빌려준다. 거래가 활발해지면 자산가격은 지속적으로 상승할 수 있게 되고, 그들이 만족할 만한 수익을 계속해서 안겨줄 수 있다.

금융시장이 이런 행태를 반복하며 수익을 만들어간다. 하지만 이런 일이 지속될수록 자산을 가진 자와 그러지 못한 자와의 경제적 격차는 점점 벌어지게 된다.

그러다 보니 어느 순간부터 근로활동, 기업의 생산 활동 등 실물경제에서 얻는 수익보다 금융을 통한 수익성이 월등히 높아지게 되었고 주변에서 부동산, 주식 등 금융을 활용해 돈을 버는 사람들이 점차 늘어나기 시작했다. 직장 동료가 주식으로 며칠 만에 월급의 몇 배를 벌었다고 자랑하고, 비슷하게 살아오던 학교 동창이 큰 대출을 받아 구입한 부동산으로 연봉의 몇 배를 벌었다는 소식이 들려왔다.

결국 사람들은 근로에 대한 회의감에 빠져들게 되었다. 투자하지 않으면 경제적 낙오자가 될 것 같은 불안감에 빠져들게 된 것이다. 하다 하다 봉급을 받아 생활하는 직장인이 출근하자마자 PC가 아닌 스마트폰 주식거래앱을 먼저 켜기, 열심히 살아온 자신을 스스로 비하하는 일까지 벌어졌다.

이런 일은 개인뿐만 아니라 기업도 마찬가지였다. 계속 잘된다는 보장도 없는 사업에 시설투자하고 고용까지 늘리며 뼈 빠지게 기술을 개발하고 생산해봐야 수익은 얼마 되지 않았다. 게다가 경쟁마저 치열하니 차라리 그 돈을 남의 사업이나 부동산에 투자해서 돈을 버는 게 더 효율적이라는 생각까지 하게 되었다.

1990년대 이후 약 30년간 금융시장이 주도해온 경제는 자본주의 시스템의 많은 것을 망가뜨렸다. 금융의 본질을 외면한 채 수익만을 추구한 금융시장은 비록 자신들의 부는 채웠을지 모르나, 사회구성원들이 근로에 회의감을 느끼게 했고 투자에 집착하게 만들어 '노력과 경쟁'이라는 자본주의 원동력을 상실하게 했다.

또한 자산 버블을 인위적으로 일으키는 과정에서 심각해진 자산의 양극화는 서민이 평생을 노력해도 아파트 한 채 구입하는 것조차 어려운 환경을 조성했다. 이에 따라 사회구성원들은 처음부터 포기하고 안주하는 데 익숙해지고 '희망과 도전'이라는 가치는 우리도 모르는 사이에 뜬구름 잡는 이야기가 되어 있었다.

앞서 경제는 다양한 욕구를 가진 개인·집단의 이해관계가 시스템화된 것이라고 했다. 그런데 현재 구성원들이 이 현재 경제시스템에서 만족하며 적극적으로 참여하고 있는가? 현실을 극복하려는 의지와 노력이 있는가? 지금 이런 상황에서 경제위기를 맞이한 상태이고, 이것이 한계에 직면한 경제시스템의 현주소다.

3장 핵심 포인트

세계가 다시 2개의 거대한 블록화된 시장으로 변하고 있다. 이것은 물건을 사 올 곳도, 물건을 팔 곳도 줄어든다는 의미가 된다. 이것은 수출로 먹고사는 국가에는 치명적인 환경 변화다. 냉전 종식 후 2개로 블록화되었던 세계시장이 하나가 되면서 시너지를 일으키며 성장했다. 그렇게 하나가 되었던 시장이 '중국이 포함된 경제 블록'과 '미국에 우호적인 블록'으로 나눠져 경쟁하는 길로 다시 들어서고 있다.

1990년대 이후 약 30년간 금융시장이 주도해온 경제는 자본주의 시스템의 많은 것을 망가뜨렸다. 금융의 본질을 외면한 채 수익만을 추구한 금융시장은 비록 자신들의 부는 채웠을지 모르나, 사회구성원들이 근로에 회의감을 느끼게 했고 투자에 집착하게 만들어 '노력과 경쟁'이라는 자본주의 원동력을 상실하게 했다.

경제성장은 더디고 투자는 위축되고 있다. 사람들은 그 어느 때보다도 더 힘들게 일하고 있지만, 생활수준은 여전히 여유롭지 못한 상태다. 오히려 이전보다도 못한 생활수준을 유지하기에도 급급한 현실이다. 하지만 가장 심각한 문제는 따로 있다. 오늘날 젊은이들의 미래가 자신의 부모 세대보다 더 나아지지 않을 것이란 사실이다. 그들은 자신들이 성인이 되면 침체의 늪에 빠진 경제 속으로 들어가게 될 것이라는 사실을 아무런 저항도 없이 무기력하게 받아들이고 있다. 현재 우리 사회는 이미 한계를 드러내고 있으며, 한계를 극복할 골든타임 역시 빠르게 지나가고 있다. 이제는 대안의 문제가 아닌 선택의 문제로, 처리해야 할 숙제만 잔뜩 남아 있을 뿐이다.

4장

사회: 희망 없는 현실, 극단적 사회로 가속페달을 밟다

너무 멀어진 희망,
도전도 경쟁도 떠나게 했다

일 욕심도 있고 활발했던 철수 씨

20대 후반의 '김철수'라는 청년이 있다. 철수는 학창 시절 교우관계도 좋았고 학업에도 충실했다. 그는 방학 동안에도 각종 공모전과 인턴 등 다양한 경험과 스펙을 쌓아가며 취업 준비에도 열정을 다했다. 노력과 약간의 운도 따라 준 덕분에 업계 평균 연봉 이상의 나름 괜찮은 회사에 입사했다.

사회생활을 시작한 지 한 달 남짓할 때 취업 노하우를 전수해달라는 학교 후배들의 성화에 못 이겨 학교에 찾아갔다. 오랜만에 들른 학교 앞 단골 포차에는 평상시 술자리를 싫어하던 후배 녀석들도 철수를 만나기 위해 모여 있다. 정장을 입고 등장한 철수는 환영을 받으며 마치 장원급제 후 금의환향하는 듯한 기분을 만끽한다. 후배들에게 취업 노하우를 알려주고 직장생활에 대한 너스레를 떨어가며 즐거운 시간을 보내는 동안 묘한 용기와 자부심이 생겼다.

알딸딸한 기분으로 회사 근처에 얻은 원룸으로 돌아가는 길, 때마침 택시 안 라디오에서는 예전에 공부할 때 자주 듣던 기분 좋은 음악이 흐른다. 아직은 신입이라 출근하는 하루하루가 긴장의 연속이지만, 지금 이 순간만은 세상을 이긴 승자가 된 기분이다. 옷깃에 반짝이는 회사 배지를 한번 내려다본 철수는 다시 창밖을 멍하니 바라보며 생각한다. '인생은 노력하기 나름이다.'

몇 년의 시간이 흘러 김철수는 30대 초반이 되었다. 일 욕심도 있고 활발한 편이어서 업무적으로나 동료관계에서나 회사 내부에서 평판이 좋다. 여자친구와의 관계도 잘 이어져 이제는 서로 결혼을 생각하고 있다. 지금 살고 있는 전셋집 보증금과 둘이 모은 돈 그리고 거기에 대출 좀 받으면 구축이지만 20평대 아파트 정도에서 신혼생활을 시작할 수 있을 것 같다.

이런 계획은 비슷한 시기를 사는 20대 후반~30대 초반대 사람들의 흔한 결혼 계획이었다. 그때까지는.

평소 투자에는 큰 관심을 두지 않았던 철수였다. 내 집 하나 없는 처지에 부동산 투자는 생각조차 하지 않았고, 한때 잠시 적은 돈으로 해봤던 주식 투자는 적성에 맞는 것 같지 않아 그만둔 지 오래다.

그런데 갑자기 코로나19라는 전염병이 전 세계적으로 번져버린다. 각국의 정부와 중앙은행들은 경기침체를 막는다는 명분으로 초저금리의 돈들을 뿌려대기 시작했다. 코인, 주식, 부동산 할 것 없이 자산이라는 자산은 가격이 천정부지로 치솟았다.

여자친구와의 결혼생활을 상상하며 점찍어놓았던 아파트들의 가격이 빠르게 오르는 듯하더니 이내 대출을 받아도 살 수 없는 수준까지 올라버린다. '너무 급하게 올랐어. 곧 떨어지겠지'라며 스스로를 위로하지만, 철수의 예상은 무참히 깨졌다. 부동산가격의 상승속도는 더욱 빨라졌고, 철수는 점점 조급해지기 시작했다. 좀 빡빡하긴 했지만, 구매 가능했던 집들은 이제 그림의 떡이 되어버렸고, 현재 구입할 수 있는 시세의 집들을 살펴보니 한숨만 나왔다. '그때라도 살걸' 하는 후회가 밀려왔다. '당장 급한 결혼도 아닌데 좀 미뤄야겠다…'며 스스로를 위로한다.

답답한 마음에 새벽까지 부동산앱을 들여다보던 철수는 평상시보다 늦게 일어났다. 허둥지둥 출근 준비를 하고 떠밀리듯이 겨우 지하철에 오르자 오늘따라 유난히 지하철에 쿰쿰한 냄새가 나는 것 같았다. 아침 식사를 하지 않았는데 소화불량이 있는 것처럼 가슴도 답답하다.

콩나물시루 같은 지하철 공간에서 겨우 스마트폰을 꺼내 뉴스를 보니 코스피지수가 사상 최고치를 경신했다는 내용들로 도배가 되어 있다. 댓글을 보니 '벼락거지'라는 단어를 쓰는 사람들이 제법 보여, 뭔가 싫어 벼락거지를 네이버에서 검색해보니 '실제로 소득에 큰 변화가 없음에도 부동산, 주식 등 자산을 보유하지 않아 자산가격 급등 시기에 상대적으로 빈곤해진 사람'이란다. '투기를 조장하려고 별 거지 같은 단어를 만드네!'라고 생각하지만, 철수의 마음은 영 불편하다.

사무실에 들어서자 뺀질이 강 대리가 탕비실 앞에서 주식으로 연봉의 반이나 되는 돈을 벌었다며 영웅담 늘어놓듯 자랑하고 있다. 스마트폰에 메시지 알림이 계속 울려 열어보니 대학 동기 단체 채팅방에는 서로 한턱내라는 소리가 오가며 시끌시끌하다. 철수보다 연봉이 적은 기철이가 작년에 과감하게 빚을 내 부동산 투자를 했는데 수억 원을 벌었단다. 채팅 입력창에 '축하한다' '한턱내라' 무슨 말이라도 적어야 할 것 같은데 도저히 내키지 않는다. 하루 종일 일이 손에 잡히지 않는 철수는 애먼 마우스 휠만 끊임없이 돌려댄다.

지금까지 진급하고 그깟 연봉 좀 올려보자고 싫은 티 안 내고 죽자 살자 일했던 것을 생각하니까 바보같이 이용만 당한 기분이 든다. 씁쓸하기도 하고, 투자를 안 해 뒤처질까봐 불안하기도 하다. 알 수 없는 분노까지 치미는 와중에 때마침 팀장이 부른다. "김 대리, 이거 문제 생길 수 있다고 계속 챙기라고 했잖아!"

담당자가 철수로 바뀐 퇴사자의 업무였다. 아무도 인수인계를 안

받으려 하자 사무실 분위기가 삭막해져 그냥 자기가 하겠다고 나섰던 일이다. 격앙된 팀장의 일장 연설을 듣는 동안 일하는 시늉만 하며 주식앱을 보고 있는 동료들이 눈에 들어온다. 추가로 업무를 더 받고 자리에 앉은 철수는 다짐한다.

'팀장에게 찍히건 말건, 뼈 빠지게 고생해서 진급해봐야 월급 오르는 거 고작 몇십만 원이다. 열심히 일해봐야 남 좋은 일만 시키는 거다. 안 잘릴 정도로만 일하고 에너지를 투자에 쓰자. 어차피 끝에 가서 웃는 놈은 돈 번 놈이다.'

당장 모은 돈으로 부동산 투자하기에는 부족한 것 같아서 주식과 코인에 투자했다. 일을 시킬 사람이 없으면 나에게만 업무를 주던 팀장에게 싫은 티를 팍팍 냈더니 이제는 좀 덜한 것 같다. 눈치 안 보기로 마음을 먹으니 오히려 편하다.

업무시간 내내 수시로 차트를 들여다보게 된다. 팀장이 주의를 주는데 며칠 만에 몇백만 원 번 걸 생각하니 그 말이 귀에 들어오지 않는다. 철수의 투자는 연전연승이다. '왜 몰랐지? 내가 투자에 재능이 있었네.'

철수는 높은 수익률을 낼 때마다 투자금을 더 많이 넣었더라면 하는 아쉬움이 남는다. 여러 통장에 분산된 돈들을 체크해보니 5,000만 원이 좀 넘는다. 결혼 계획을 미룬 터라 집 사려고 모은 돈이 여유자금처럼 느껴진다. '어차피 투자수익 괜찮은데 불려서 다시 넣어 놓자.'

철수의 투자는 승승장구하고 있다. 평균 20% 이상의 수익을 거두고 있고 점심시간 동료들과의 투자 관련 대화에서도 시장 전망과 전문용어를 쏟아내며 분위기를 주도한다. 다른 동료들도 다들 수익 실현 중이라 그런지 전기차가 어떠니, 그 돈이면 얼마 더 보태서 뭐 사겠다느니, 특히 자동차 구입과 관련해 이야기가 많이 늘었다.

종잣돈을 모으는 데 절대 금기사항은 자동차 구입이었다. 그 이유로 철수도 악착같이 자동차 구입을 미뤘었다. 하지만 자꾸 눈이 간다. 코로나19 전염 걱정부터 구입 명분은 차고 넘친다. 결국 연식이 오래되지 않은 중형승용차를 중고로 한 대 산다.

철수 씨의 인생, 어디서부터 잘못된 걸까?

뉴스에서는 물가 이야기가 잦아졌다. 투자수익률도 예전만 못하다. 가지고 있는 일부 종목은 손실 폭도 눈에 띈다. 시간이 지날수록 주가지수는 떨어지고 철수의 수익률 또한 나빠진다. 하지만 투자뉴스에서는 지금이 모아갈 시기라며 찬스라고 힘 실어 말하고 있고, 네이버 주식토론방에는 온갖 투자명언들이 차고 넘친다. 다시 한번 힘을 내본다.

금리가 제법 올랐다. 미국에서는 0.25%p씩 세 번에 나눠서 올려야 할 금리를 한 번에 올리는 일도 여러 차례 했다. 시간이 지나고 보니 어느 순간 철수가 가진 현금 대부분이 투자에 들어가 있다. 큰 폭의 하락이 올 때마다 저가찬스라며 매수하다 보니 투자규모가 너무 커져버렸다. 평균 손실은 −25%, 그런데 손실 금액이 너무 크다. 손절매를 하자니 아직 반등 기회가 있는 것 같아 그렇게는 못 하겠다.

한편 소비도 많이 늘었다. 승용차로 출퇴근을 하다 보니 주유비랑 주차비로 나가는 돈이 만만치 않은 데다, 그동안 비대면이니 뭐니 해서 그 핑계로 컴퓨터도 바꾸고 태블릿도 사고 한 번에 큰 지출이 잦다 보니 돈 쓰는 데 둔감해졌다.

소비가 늘어 통장에 잔고는 줄어가는데, 철수의 이번 달 카드비는 월급보다 많다. 내일 출근할 거 생각하니 벌써 짜증이 몰려온다. '맥주나 한잔 먹고 자야겠다.' 배달앱을 켜고 치킨을 주문하려고 보니 철수의 등급이 VIP다. 이번 달 배달음식에만 30만 원 넘게 썼다. 맥주를 먹고 자기 전에 잠깐 유튜브를 본다는 게 새벽 2시가 되어버렸다.

아침에 부은 얼굴로 비몽사몽 일어나 승용차를 끌고 출근길에 나섰다. 오늘따라 길은 왜 이렇게 막히는지 모르겠다. 라디오에서는 영끌족과 부동산 위기에 대한 뉴스가 흘러나온다.

아슬아슬하게 업무 시작에 맞춰 사무실에 들어온 철수는 팀장에게 인사를 하지만 예전처럼 살갑지 않다. 동료들은 더 이상 투자 이야기를 하지 않는다. 팀장은 업무 관련 논의를 하기 위해 뺀질이 강 대리를 찾는 일이 부쩍 늘었다. 철수는 질투심도 아닌 무언가 묘한 감정을

느낀다. '원래 팀장은 저런 상황에서 무조건 나를 불렀었는데….'

주위를 둘러보니 모두가 업무에 집중하느라 여념이 없다. 잠시 멍하니 모니터를 바라보던 철수는 여러 생각이 든다.

예전에 모아놓았던 목돈은 사라져버렸고, 남은 건 중고차 한 대와 손실난 계좌다. 다시 그 돈을 모아가려니 엄두도 안 나고 예전처럼 일하지도 못하겠다. 회사는 얼마 전부터 비상 경영에 돌입하더니 과장급 이상 희망퇴직 신청을 받는다. 본인이 해당하진 않지만 남의 이야기 같지 않다. 여자친구와는 사이가 나빠진 건 아니지만 결혼 생각이 없어진 이후로 권태기가 온 것 같다. 팀장과의 사이도 이미 틀어졌는지 서로 데면데면 대한다.

저녁에 배달음식을 많이 먹다 보니 체중이 10kg나 늘어 맞는 옷이 없다. 그래도 곧 살을 뺄 거라는 생각에 새 옷은 사지 못한다. 요즘따라 이상하게 계속 피곤하고 사는 낙이 없는 것 같다. 어디서부터 잘못되었는지 철수는 아무리 생각해도 모르겠다.

역동성과 희망을 잃어버린 사회

지금까지 가상의 인물 '김철수' 이야기였다. 하지만 내용은 지금 실제 현실에서 어렵지 않게 보는 모습이다. 김철수의 일상이 언제부터 꼬였을까?

작은 아파트 장만이라는, 쉽지는 않지만 이룰 수 있었던 첫 번째 꿈이 무너지면서 시작되었다. 자산가격 급등이 철수를 순식간에 집을 '살 수 있었던' 사람에서 집을 '살 수 없는' 사람으로 만들어버렸다. 소득에 변함이 없음에도 아파트 가격이 너무 올라 철수는 내 집 마련의 꿈을 포기하고 결혼도 미뤘다. 자산가격이 오르는 속도를 근로소득으로는 따라갈 수가 없다는 것을 깨닫고는 투자에 과몰입하다 일상이 무너졌다.

일반적으로 전세에 살다가 20평 아파트 구매를 목표로 하고, 그리고 그 목표를 이루면 30평, 40평…, 혹은 더 좋은 지역으로 가는 식으로 목표를 한 단계씩 올린다. 사람들은 현실화할 수 있는 가능성이 있을 때 노력한다. 그런데 20평 아파트 가격이 40평 아파트 가격으로 변해버린다면? 전세로 살고 있던 사람은 20평 아파트 구매를 위해 더욱 오랫동안 노력하지 않는다. 처음부터 포기해버린다. 철수가 경험한 것은 자산(에 의한) 양극화다.

양극화는 중간이 없이 극과 극만 있는 상태를 말한다. 자본주의 사회 빈부격차는 필연적이지만 마치 게임에서처럼 '레벨1, 2, 3…'과 같이 계층이 촘촘하게 있다면 사람들은 포기하지 않는다. 자신의 위치에서 한 단계씩 올라가는 현실 가능한 꿈을 가지고 하나씩 이루어 가며, 노력하고 경쟁한다. 그런데 양극화가 심해져 '레벨1' 다음 중간 등급 없이 바로 '레벨5'가 존재한다면, 사람들은 레벨5만큼의 성과를 낼 때까지 참아가며 게임을 하지 않는다. 애당초 게임에 참여조차 하지 않는다.

이것이 양극화의 무서운 점이다. 사람들이 처음부터 포기하고 현실을 수긍하고 살아가게 만든다. 사다리 중간에 다릿발 네댓 개가 빠져 있으면 어차피 끝까지 못 올라갈 것을 아니까 포기해버리는 것과 같은 이치다. 게다가 자산가격 급등에 의한 양극화는 더 나쁜 결과를 초래한다.

자산가격이 오르는 속도를 근로소득으로는 따라갈 수가 없다는 것을 아는 사람은 자산을 늘리기 위해 투자에 몰입한다. 이런 이들이 늘어날수록 자산가격은 더 급등한다. 또한 근로 가치를 깎아내리는 사회적 분위기를 조성해 모두가 일하지 않고 돈 버는 방법을 찾게 만든다. 결국 사회는 게을러지고 거품과 투기가 판치게 된다. 한번 게을러진 사회는 쉽게 돌아오기 힘들다.

심각한 양극화는 역동적이어야 할 자본주의 사회에 도전과 노력, 희망과 경쟁을 떠나버리게 만든다. 게다가 코로나19 팬데믹 시절 자산 양극화는 사회구성원들을 안주하는 것을 넘어 게으르게 만들었다. 모두가 위기를 앞두고도 아무것도 하지 않으며 '어떻게 되겠지!' '될 대로 돼라'고 하고 있었다.

세계화가 무너지고 경제시스템이 혼란에 빠진 것만이 위기의 원인이 아니다. '역동성과 희망을 잃어버린 사회' 역시 이번 위기를 더 길게, 더 깊게 할 중요한 원인이 된다.

'기회를 잡을 기회'조차 잃어가는 청춘들

청년실업이 불러오는 각종 문제들

앞서 언급되었던 '김철수'는 그나마 취업까지는 성공적이었던 사람이다. 하지만 많은 청년이 취업의 기회를 놓쳐 경력을 쌓아갈 기회조차 잃어가고 있다. 그러나 기성세대에게 현재 청년들은 어떻게 비칠까? '쉽게 포기하고 게으르며 눈만 높다.' 이것이 청년실업을 비판적으로 보는 기성세대의 공통적인 생각이다.

물론 실제로 그런 태도를 가진 청년들이 과거에 비해 증가한 것도 부정할 수는 없다. 하지만 현재의 청년실업 문제는 단순히 그들만의 문제로 치부하기에는 사회적인 중요성과 파장이 크다.

청년실업은 당사자뿐만 아니라 사회의 문제도 될 수 있다. 특히 세금 문제가 크다. 현재 은퇴자 대비 노동시장에 들어오는 신규 인력이 아주 적다. 은퇴 인구가 늘어나면 세금 지출은 증가한다. 젊은 인구들이 노동시장에 새롭게 진입해 세금을 메꾸어주는 역할을 해야 하지만, 인구 구조상 이미 그것이 힘들어졌다. 청년층 모두가 전부 취업이 되어도 세금이 부족할 판에 청년실업이 증가하고 장기적으로 이어지면 증세가 불가피해진다.

또한 청년실업은 청년들의 사회진출 시기를 늦춘다. 이것은 사회적인 문제도 되지만 개인에게도 영향이 크다. 요즘 졸업 후 구직기간이 길어진 사람들에게 2년 정도는 그리 긴 시간에 해당하지 않는다. 이 사람들은 2년째 신입 일자리를 찾고 있다. 하지만 같은 또래의 먼저 취업한 사람의 경우 이미 2, 3년 경력을 가진 상황이다. 이들이 계약직이라 고용기간이 종료되어 퇴사하더라도 노동시장에 다시 나왔을 때는 경력직이다. 같은 자리를 두고 신입과 경력이 경쟁하는 상황이 벌어진다.

한번 취업이 늦어지기 시작하면 경력직에 밀려 경쟁에서 점점 불리해지고, 그러다 신입으로 선호하지 않는 나이까지 와버리면 그때부터 선택할 수 있는 일자리의 폭이 급격하게 줄어든다. 결국 취업을 포기하거나 자신의 스펙과는 무관한 단기일자리나 저임금 일자리로 내몰리게 된다.

이것은 사회의 효율 측면에서도 비효율을 야기한다. 상당수의 청년이 대졸 학력인데 이들이 저임금 일자리로 내몰리면 교육에 대한 투자 대비 성과가 낮아진다. 고등교육(대학교육)을 마치기까지 투입되는 학자금과 교육 기간만큼 사회진출이 늦어지는 기회비용을 감안하면 사회적인 낭비 요소가 커진다. 이것은 좀 더 직설적으로 이야기하는 것이 와닿을 것 같다. 4년제 대학교를 졸업해 대졸자가 아니어도 할 수 있는 일을 한다면 4년치의 학비와 기타 비용을 낭비하는 것이 되고, 4년 동안 돈을 벌 수 있는 기회를 놓치게 되는 비효율이 발생한다.

이 외에도 지금도 쉽게 볼 수 있지만 청년실업 문제는 기성세대와 청년세대 서로 간의 갈등과 불만을 심화시키고, 사회에 활력소 역할을 해야 할 청년들의 사고와 의지를 황폐화한다. 물론 결혼과 출산 감소 문제의 한 원인도 된다.

청년이 청년다운 모습을 되찾아야 한다

현재 우리 사회가 마주한 청년실업은 단편적인 원인으로 발생한 것이 아니다. 오랫동안 해결하지 않고 쌓아놓은 사회 문제들이 누적되다 경기침체기에 들어서 폭발적으로 나타난 것이다. 그중의 하나가 청년실업, 구직단념 문제다.

대학을 무분별하게 늘리고 대졸자는 급증했다. 그렇다면 사회로

배출되는 청년층의 학력에 맞게 그동안 산업과 일자리의 질도 같이 성장해야 한다. 그러나 대졸자는 쏟아지는데 그들을 수용할 일자리는 없다. 이들에게 눈높이를 낮추라고만 해서는 문제가 해결되지 않는다.

국내 산업과 인력의 평균 학력에 불일치가 일어나면서 대학교육은 비효율이 커진다. 전공을 배워도 써먹을 데가 없고 '학력 인플레이션'이라는 말이 나올 정도로 대학 졸업은 마치 의무교육처럼 되어버려 대학을 안 가기도 어려울 지경이 되어버렸다. 대학을 졸업한 사람이 그 수준에 맞는 직업과 노동환경을 찾는 것은 당연한데, 막상 일자리를 보니 학교에서 배우며 그리던 미래와 현실이 너무 달라 구직에 주춤하게 되는 건 어쩔 수 없다.

좀비기업들이 많이 증가한 것도 구직단념자 증가와 청년실업에 한몫했다. 영업이익으로 이자도 못 내는 기업을 좀비기업이라 한다. 매번 빚만 늘리면서 사업을 유지하는 좀비기업은 다른 기업들이 돈을 빌릴 기회를 뺏어가고 산업과 일자리의 질도 악화시킨다. 벌어서 이자도 못 내는 회사가 내부적으로 얼마나 잘 굴러가겠는가.

좀비기업 문제는 10년 전부터 청산해야 할 중요한 문제였다. 하지만 정권마다 폭증할 실업률이 두렵고 해야 할 일임에도 정치적 부담을 지기 싫어 더 지원하며 시간만 벌다 좀비기업을 늘려만 왔다. 이제 경기침체가 시작되고 고금리에 이자 부담이 커지자 좀비기업이 급증하고 있다. 한국은행이 발표한 2021년도 기업경영분석에 따르면, 좀비기업 수가 5곳 중 2곳 수준이라고 한다.

요즘 청년들 사이에서 근무 여건이 안 좋고 질 나쁜 중소기업을 'X소기업'이라고 낮춰 부르며 서로 근무한 경험담을 공유한다. 그 경험담을 보고 있자면, 있던 구직의사도 사라질 정도다. 이런 회사들 상당수가 좀비기업으로, 중소기업 이미지를 매우 나쁘게 만들고 있다. 이에 따라 건실한 중소기업들마저 같은 취급을 받는 일이 벌어지며 인력 유치는 힘들어지고 구직자의 중소기업 기피 현상은 더 심각해지고 있다. 좀비기업을 제때 정리하지 않은 결과가 기업의 부채 부실 문제뿐만 아니라 일자리의 안정성이나 질을 떨어뜨리는 큰 원인이 되었다.

양극화가 심해진 부분도 청년들의 구직의지를 상실하게 만든 중요한 원인이다. 취업해 돈을 모으고 월셋집에 살다 전셋집에 살고 마침내 집을 사고 그사이 결혼하고 자녀를 계획하는 것은 아주 평범한 인생 설계다. 지금 집값이 많이 내려갔다고는 하나 여전히 소득 수준에 비해 매우 높다. 이러다 보니 이들이 처음부터 인생 설계 자체를 하지 않는 경우도 늘어 취업에 대한 조급함을 잘 느끼지 못한다. 아르바이트 정도로 본인의 생활비는 충당할 수 있고 소소한 여가생활도 가능하기 때문이다. 또한 무직 상태를 취업준비생이라고 불러주며 이것이 직업인 것처럼 사회적으로 온화한 표현을 써주는 것도 졸업 이후 무직 상태의 심각성을 덜 느끼게 해 구직의사를 상실시킨다.

역사적으로도 경제위기나 전쟁과 같은 국가적인 비상 상황에서 언제나 청년들의 역할은 컸고 그들의 역동성과 의지는 미래를 희망적으로 볼 수 있게 해주는 한 줄기 빛과 같았다. 경제위기의 시대에 직면한 현재의 청년들은 실업과 양극화를 겪으며 의기소침한 모습으로 변해버렸고, 희망에 대해 냉소적이다. 취업 지원 따위가 아닌, 이들이 다시 청년다운 모습을 되찾을 수 있도록 사회가 무엇을 해야 할지 심각하게 고민해야 한다.

인생 2막이 없는
외나무다리 위의 중장년층

중장년층들이 겪고 있는 사회적 고립 문제

앞에서는 '기회를 잃어가는 청춘들'에 관한 이야기를 다뤘다. 이것은 세금 문제나 사회 효율성 저하 등 여러 부작용을 만들어내고 있지만, 가장 두드러진 문제는 우리 사회 내에서 세대 간의 갈등이 심각하게 깊어지고 있다는 것이다.

청년세대가 기성세대를 비판하는 행동은 예전부터 있던 일이다. 하지만 청년실업 문제 등 '기회를 잃어가는 청춘들'이 겪는 고충이 점점 커지면서, 청년층들은 기성세대를 더욱더 위선적이고 시대적인 특혜를 손에 쥔 기득권층으로 인식하고 있다.

기성세대 역시 청년층을 바라볼 때, 의지와 능력은 부족하면서 높은 대우만을 요구하는 계층으로 생각하는 분위기가 퍼지고 있다. 아무래도 40~50대 중장년층이 되면 생애 소득 사이클로 봤을 때 소득 수준이 가장 높고, 사회적으로 직장 내에서 입지도 어느 정도 갖춘 세대이다 보니 '기득권세대'라는 말을 영 부정할 수는 없을 것 같다. 하지만 사회적으로 기득권세대라 불리는 그 기성세대조차도 지금 그들이 살아가는 현실을 보면 전혀 녹록지 않은 상황이다. 그럼, 과연 오늘날 40~50대 중장년층이 직면한 진짜 현실은 어떨까?

일본은 현재 가파른 고령화로 인해서 여러 가지 사회 문제에 직면해 있다. 특히 고독사 문제와 사회적 고립 현상은 65세 이상의 노년층을 중심으로 심각하게 전개되고 있다. 하지만 지금 우리 사회는 일본과 같이 65세 이상의 노년층을 중심으로 사회적 고립 현상이 나타나는 것이 아니라, 40~50대라는 비교적 젊은 중장년층에서 이 문제가 늘어나고 있다(특히 중년 남성들을 중심으로).

보통의 경우 노년층에서 자주 일어나는 사회적 고립 문제는 현대 사회 구조상 쉽게 예측할 수 있는 문제이고, 흔히 볼 수 있는 일반적인 현상으로 진단할 수 있다. 하지만 사회·경제적으로 탄탄한 입지를 갖추고 있으며, 왕성한 활동력을 보여야 할 40~50대 중장년층에서 이런 사회적 고립 현상이 심각해지고 있다는 건, 한편에서는 굉장히 특이하면서도 꽤 심각한 문제라고 볼 수 있다.

그리고 사실 이런 현상은 유독 우리 한국 사회에서만 더욱 도드라지게 발생하고 있는 사회 이상현상이다. 한국 사회의 일반적인 남성들 같은 경우, 자신의 일자리를 잃거나 경제력을 상실하게 되었을 때 유독 큰 허탈감과 상실감을 느끼게 된다. 마치 세상을 다 잃은 것처럼 자존감이 떨어지게 되고, 심지어는 자기 자신을 잉여 인간으로 취급해 스스로 가치가 없다며 자신의 존재 가치까지 의심하게 된다. 그리고 그런 위험한 생각이 확대되면서 사회적으로 더욱 고립되는 길을 선택하는 것이다.

이런 경향은 사실 다른 나라와 비교해 특히 우리나라의 중장년층 남성들 사이에서 더욱 도드라진다. 왜 그런지에 대한 이유는 우리나라 중장년층 가장의 삶을 들여다보면 쉽게 이해할 수 있다.

이들의 삶에서 직장이나 직업(직업적 목적·소명 의식)이 차지하는 비중은 상당히 크다. 그래서 사회적인 인간관계 측면에서 보더라도 직장 동료와의 유대관계를 제외하면, 중장년층들은 사적인 인간관계 형성이 굉장히 힘들고 드물 수밖에 없다. 그리고 경제적인 측면에서도 한참 자녀들 밑으로 들어가야 할 돈이 많아 경제적 부양비 부담이 큰 시기다.

게다가 우리나라 같은 경우 직장이나 직업군에 따라 그 사람의 가치를 평가하는 사회적인 편견이 뿌리 깊게 자리 잡고 있어서, 어느 직장에서 무슨 일을 하는지에 따라 개개인의 능력뿐만 아니라 사회적인 지위까지 평가받는 분위기가 크다. 그렇다 보니 일자리를 잃으면 꼭 경제적인 이유뿐만이 아니더라도 이런 사회적인 인식에 짓눌려 자존감을 많이 상실하게 되는 것이다.

특히 최근 50대를 중심으로 나타나고 있는 사회적 고립 현상은 대개 일반적으로 이런 과정을 거친다. 대부분의 중장년층들은 대학교를 졸업하고 사회에 진출한 이후에, 가정을 꾸리며 살다가 이런저런 이유로 50대 초·중반이 되면 직장에서 나오게 된다. 그렇게 일자리를 잃으면 재취업이 쉽지 않다 보니 자연스럽게 자영업을 시작한다. 하지만 그것마저도 사실은 여의찮은 게 실제 현실이다.

문제는 중장년층들이 그렇게 어렵게 시작한 자영업 일자리마저 잃게 되면, 경제적 문제가 가정의 위기로 전달되어 가족해체 문제로 이어지게 되고, 뿔뿔이 흩어진 가족으로 인해 결국엔 중장년층이 사회적인 고립 상황을 직면하는 것이다. 게다가 갈수록 사회는 돈이라는 경제적인 문제가 얽힌 갈등에 대해선, 심지어 그것이 가족관계라고 하더라도 쉽게 단절되어버리는 팍팍한 사회로 빠르게 변해가고 있다.

그래서 어느 정도의 경제력이 뒷받침되지 않으면 이제는 기본적인 인간관계마저도 이어가기 힘들어 완전히 고립되는 난감한 상황에 부닥칠 수 있다. 우리 한국 사회는 유독 중장년층에게 사회적으로 요구하는 부분이 많다. 그리고 이런 요구가 짐이 되어 중장년층에게 중압감으로 작용하고 있으며, 여기에 부담을 느낀 40~50대의 중장년층들이 지금 사회적인 고립 상황으로 내몰리는 측면이 있다는 부분도 함께 이해해야 한다.

'비자발적'인 '강제 고립'의 성격을 띠고 있다

그런데 여기에는 사실 우리가 생각해볼 더 큰 문제가 하나 가려져 있다. 현재 사회적으로 고립되는 처지에 몰린 중장년층 같은 경우 최근 들어 경제적인 문제를 급격히 겪으면서 사회적 고립 현상에 빠져서 그렇지, 사실 20~30년 전에 그들이 사회진출을 막 시작하던 20~30대일 때만 하더라도 우리나라 경제가 꾸준히 성장하던 시기라 안정적인 상태에서 경제력을 꾸준히 쌓아갈 수 있었다. 하지만 젊은 시절 그렇게 탄탄하게 경제력을 쌓아갈 수 있었던 계층도 이제 중장년층이 되면서 경제 문제를 극복하지 못해 사회적으로 고립되는 현상을 피해 가기 힘들게 되었다. 그런데 하물며 지금의 20~30대 같은 경우는 이미 사회진출 시작 시점부터 장기적인 저성장 시대 속에 갇혀 있는 상황이라 애초에 지속 가능한 일자리 자체가 부족하고, 소득도 불안정한 사정에 처해 있다.

이 말은 향후 이들이 40~50대 중장년층이 될 20~30년 후에는, 우리나라에서 사회적 고립 현상이 더 심각하게 펼쳐질 수 있다는 의미다. 지금 중장년층이 맞닥뜨리고 있는 경제력 상실과 사회적 고립 문제는 현재 20~30대 청년층들이 중장년층이 될 사회를 상상해보면 사실 예고편에 불과한 수준이라고 볼 수 있다.

'인생 2막이 보이지 않는 외나무다리 위의 중장년층'이 겪고 있는 현실이 우리 생각보다 더 불안정한 이유는 따로 있다. 우리가 '히키

코모리'라고 알고 있는 '자발적'인 은둔형 외톨이 문제와 달리, 지금의 중장년층들이 겪고 있는 사회적 고립 문제는 정작 자신들은 전혀 원하지 않는 '비자발적'인 '강제 고립'의 성격을 띠고 있다는 측면에서 더 심각한 문제로 다가온다.

그래서 이런 성격의 문제 같은 경우에는 정부가 나서서 정책적인 차원에서 지원을 넓혀가는 방향으로 접근해야 한다. 하지만 중장년층 스스로가 정부의 이런 정책 지원을 받는 걸 상당히 꺼리는 경향이 많다. 왜냐하면 정책 지원을 받으면 정부 지원에 기댈 만큼 무능한 사람 혹은 사회적으로 실패한 사람이라고 보는 인식이 많기 때문이다. 그러다 보니 중장년층의 정책 지원 참여율은 떨어질 수밖에 없고, 사실 이런 사회적인 시선의 개선도 아직은 기대하기가 쉽지 않은 현실이다.

정부의 정책 지원에 따른 중장년층의 재교육, 재취업 등이 사회적 낙오자나 패배자로 인식되는 것이 아닌, 앞으로 중장년층이 새로운 인생 2막을 잘 펼쳐나가는 데 필요한 자연스러운 과정이라는 인식을 가질 필요가 있으며, 우리 사회에 뿌리내리고 있는 이런 잘못된 인식도 개선해나가야 한다.

경제력에 문제가 생기면서 현재 우리 사회의 기둥이자 허리층이라고 할 수 있는 40~50대의 중장년층들이 겪고 있는 사회적인 소속감 부재, 가족해체 문제, 인간관계의 교류 단절, 그리고 고독사 등 일련의 이런 사회적 고립 문제들이 매우 많이 늘어나고 있는 현상은 이제는 중장년층만이 앓고 있는 남의 문제가 아닌 우리 사회의 불안한 단면으로, 우리 자신의 직접적인 문제로 성큼 다가오고 있는 만큼 빠르게 그 문제의 심각성을 인식해야 한다.

정부에 대해 커지는 기대, 고삐 풀린 정부

정부의 개입을 순순히 받아들이게 된 사람들

전쟁, 질병, 경제위기 등과 같이 각 개인이나 기업이 해결할 수 없는 문제가 생기면 정부의 역할이 더욱 중요해지고, 실제 국민들 또한 정부가 역할을 발휘해 문제 해결에 나서주기를 기대한다. 그러면 비상 상황 극복이라는 명분으로 정부는 이전보다 더욱 강력한 권한을 행사하게 된다. 국민들 또한 당장 위기대응이 중요한 부분이라 정부가 과도한 권한을 행사해도 일정 부분 용인해준다.

설령 정부가 그 권한을 행사하는 과정에서 절차의 문제, 권리의 침해 등 다소 부작용이 발생하더라도 비상 상황이라는 그 특수한 상황이 전제되기 때문에 정부의 결정이 정당화될 수 있다. 그런데 때로는 정부가 이런 비상 상황에서 막대하게 커진 권한을 악용해 권력을 더욱 공고하게 하고 확장하는 데만 사용하는 부작용을 만들어내기도 한다.

우리는 지난 코로나19 팬데믹 사태를 심각하게 겪으면서 이전과는 확연히 다르게 정부 권력이 비대해진 사회를 마주하게 되었다. 코로나19 팬데믹에 대응하는 과정에서 세계 대부분의 정부는 규제, 지원, 예산 사용 등 이전보다 더욱 큰 권한을 행사하고 있다. 전 세계적인 추세로 '큰 정부'를 따르는 변화의 흐름이 나타나게 된 것이다. 정치·경제·사회, 심지어 사법 제도에서까지 거의 전 부분에 걸쳐서 다방면으로 정부의 개입이 대폭 늘어난 모습을 확인할 수 있게 되었다.

예를 들면 코로나19 팬데믹 국면 때 정부가 격리 조치 등을 통해서 개인들의 이동을 제한하기도 했고, 가게의 영업시간을 제한함으로써 상점 운영을 실질적으로 규제하기도 했으며, 사회·정치적으로 방역을 명분 삼아 야외활동인데도 불구하고 집회 모임을 금지해 집회·시위의 자유를 침해하는 모습도 볼 수 있었다. 이 모든 조치들은 사실 정부가 사회구성원들의 정치적·경제적·사회적인 자유를 제한함으로써 정부와 국가의 권력을 정책적으로 확장하는 것이라고 볼 수 있는 부분이다.

이렇게 정부가 코로나19 팬데믹에 대응하는 과정에서 자유를 침해하는 규제들이 사회적으로 정당화되고 있었고, 국민들도 전염병 확산 방지가 더 중요하다고 생각했기 때문에 일정 부분 수용하는 모습을 보였다. 하지만 정부 개입에 따른 규제가 장기화되면서 사실상 정책적인 실효성 없이, 피해만 늘어나고 정부 권력만 강해졌다.

사실 이 지점에서 우리가 분명히 짚고 넘어가야 할 부분이 있다. 어느 순간부터 정부는 이렇게 큰 권력을 가지게 되었고, 이런 권한을 직접적으로 행사할 수 있는 위치를 점유하게 되었는데, 돌이켜보면 그 어떤 형태의 사회적인 토론이나 논쟁 그리고 공론화된 합의조차 없이, 어느새 정부는 앞에서 말한 규제와 제한 조치 등을 통해서 큰 정부의 모습을 순식간에 갖추게 되었다는 것이다.

그런데 여기서 이해할 수 없는 이상한 점은 또 있다. 원래라면 이렇게 갑자기 큰 정부가 만들어져 내 삶에 직접적인 (정부) 개입이 늘어나게 되면, 사람들이 정치권을 향해 들고일어나 난리가 나야 할 일이다.

하지만 대다수의 시민 대중들의 반응은 그렇지 않았다. 그렇게 큰 저항이라든지 거부감 없이 이런 정부의 개입을 그냥 순순히 받아들이는 모습을 보였다. 이러다 보니 일부 사회학자들 사이에서는 이런 분석을 내놓기도 했다. '지금 사회가 2차 세계대전 이후로 가장 안정적이면서도, 가장 강력한 수준의 정부 권력을 가진 사회가 만들어졌다'라는 것이다.

과도할 정도로 비대하게 만들어놓은 정부 권력

일반적으로 국가 권력의 집중과 남용을 방지하기 위해 국가의 권력을 입법부·행정부·사법부로 나누어 분리하고 있다. 하지만 정부가 전쟁에 준하는 대규모의 국가 위기를 맞으면, 그 국가가 가진 모든 사회 자본(인적·물적 자본 등)을 집중적으로 통제해서 운용할 필요가 생기기 때문에, 엄연히 한 국가 내에서 삼권 분립이 이루어져야 함에도, 국가 예산과 재정을 집행하는 행정부 쪽으로 국가 권력이 집중되는 현상이 발생할 수밖에 없다. 그럼, 결국 갈수록 정부의 권력은 더욱 비대해지고, 국민들은 위기 극복을 명분 삼아 정부 권력에 희생당하는 일이 발생하게 된다.

과거 역사적으로도 매번 반복되었던 현상이다. 그래서 항상 '위기'는 '정부 권력'을 살찌우게 만들고, 국민들의 '희생'을 키운다는 말이 있다.

한쪽 방향으로만 돌아가는 톱니바퀴를 '래칫'이라고 한다. 경제 용어 중에 이렇게 반대 방향으로 돌지 못하는 톱니바퀴에 비유해서 만든 '래칫 효과'라는 개념이 있다. 사람들의 잘 바뀌지 않는 관성적인 행동 유형을 알려주는 개념인데, 예를 들어 소득이 늘어서 이미 한번 올라간 소비수준은 나중에 소득이 줄어들더라도, 사람들은 예전에 소득수준이 높았을 때의 소비수준을 계속 유지하게 되며 이전처럼 다시 낮추기 힘들다는 의미다. 마찬가지로 정부도 예산이나 복지정책을 일단 한번 크게 늘리고 나면, 그다음부터는 이전처럼 줄이기가 거의 불가능할 정도로 굉장히 힘들 수 있다. 이때 거론되는 개념이 바로 래칫 효과다.

지난 코로나19 팬데믹 사태는 개인이나 기업 차원에서 대응할 수 없는 전 세계적인 위기이다 보니, 그만큼 정부의 역할에 기댈 수밖에 없었다. 그리고 점점 사태가 심각해짐에 따라 정부의 더 많은 역할에 대해 사회적인 요구가 계속 커져만 갔고, 그것이 결국 지금의 큰 정부 형태를 갖추게 했다고 볼 수 있다. 그렇다고 비상 상황에 대응하는 과정에서 몸집이 커진 정부의 역할과 권한을 무작정 잘못되었다고 비판할 수는 없다.

하지만 여기서 문제는 앞에서 말한 래칫 효과처럼 이미 과도할 정도로 비대하게 만들어놓은 정부 권력을 나중에 가서 이전의 정부 권력 상태로 다시 줄여나갈 수 있느냐의 문제다. 위기 때는 위기를 핑계 삼아 사회적으로 공론화 절차 없이도 정부 권력을 졸속으로 순식간에 확장해서 키울 수 있지만, 위기가 끝난 이후 정부 권력을 다시 원점으로 되돌리는 문제는 복잡한 제도적인 절차 속에서 사회적인 합의까지 이루어져야 할 부분이라 현실적으로 굉장히 힘든 문제라고 볼 수 있다. 그래서 앞으로의 사회는 지금과 같이 '큰 정부'가 보편화된 세상에서 우리가 생활하며 살아가게 될 것이라는 전망이 나올 수밖에 없다.

국가적 위기에 대응하기 위해 정부 권력이 강해지는 건 필연적인 부분이다. 하지만 지금 정부가 사용하는 권력이 위기를 극복하기 위해 행사하는 것인지, 아니면 위기를 명분 삼아 엉뚱하게 다른 목적을 얻기 위해 행사하는 것인지는 분명히 구분해야 한다.

지금 우리 사회의 정부 권력은 사람들이 의식할 새도 없이 점점 더 비대해지고 있고, 개인이나 기업보다는 오히려 정부의 목소리가 더 크게 작용하는 시대가 되었다. 그리고 감시와 견제가 줄어든 사회 분위기에 힘입어 정부의 정책적인 의사결정 역시 과감하고 무리하게 내려지고 있고, 때로는 무책임해 보일 정도로 부담 없이 간결하게 처리되는 듯한 모습도 보인다.

역사적으로 보면 전쟁이나 심각한 경제위기 등 비상 상황을 이용해 정부 권력을 더욱 공고히 한 사례가 상당히 많았다. 우리는 위기 극복을 위한 정부의 노력은 아낌없이 지지하되, 정부가 위기를 기회 삼아 자신의 권력을 키우고 권한을 남용하지는 않는지 문제의식을 가지고 유심히 감시해야 할 것이다.

우리의 모순된 행동, 해결은 미궁 속으로!

경제위기의 원인에 우리 '잘못'도 포함되어 있다

우리는 '원하는 것'을 얻기 위해서는 '해야 하는 일'이 있다는 것을 안다. 그러나 그 일은 보통 어렵고, 불편하고, 하기 싫은 것들이다. 예컨대 날씬한 몸매를 얻기 위한 다이어트의 과정은 괴로울 수밖에 없다. 또한 높은 성적을 받고 싶지만 공부하는 것은 고되다. 원하는 바를 이루기 위해 대가가 따른다는 것은 모두 아는 상식이다. 그런데 의외로 우리의 행동은 그걸 따르지 않는 경우가 많다.

성적을 잘 받기 위해서(원하는 것)는 힘들더라도 열심히 공부하는 것(해야 하는 일) 말고는 도리가 없다.

하지만 정작 공부하기 싫은 사람들은 자꾸 다른 곳에서 방법을 찾는다. 학습 자세가 불편해 집중을 못 하는 것일까 판단해 의자를 바꾸고, 참고서를 새로 사기도 하며, 학원을 옮기는 경우도 더러 있다. 때로는 '공부 잘하는 방법'에 대해 공부를 한다. 이런 경험은 학창 시절 모두 한 번쯤은 해봤을 것이다. 하지만 성적을 올리기 원하면서 정작 공부를 하지 않는 모순된 행동은 결과적으로 도움이 되지 않는다는 것을 우리는 잘 알고 있다.

그러나 여전히 우리는 '원하는 것'을 위해 무엇을 감내해야 하는지 알면서 하기 싫은 것을 회피하는 방법을 찾는 모순적인 행동을 하고 있다는 것을 깨달을 필요가 있다. 일례로 우리는 좀 더 다양한 복지 혜택을 누리기를 원하지만, 증세에는 반대하는 앞뒤가 맞지 않는 행동을 한다. 당연히 정책도 그런 우리 태도에 부응하도록 펼쳐진다. 증세를 하지 않고 정부가 빚을 내어 복지를 늘리거나 혹은 취약 계층에 집중된 지원을 줄여 보편적인 복지혜택을 확대한다. 이런 모순적인 정책은 결국 재정적자로 인해 증세로 이어질 수밖에 없거나 그들의 복지를 취약 계층을 제대로 보호하지 못하는 허울 좋은 복지시스템으로 전락하게 만든다.

경제 문제에 직면했을 때도 우리의 모순적인 태도가 해결을 더 어렵게 만드는 경우도 있다. 금융위기는 주로 과도한 부실 대출로 인해 금융권이 쓰러지면서 발생한다.

이런 사태를 막기 위해서는 부실 대출 규모가 더 커지기 전에 대출을 중단해야 한다. 그럼 추가로 돈을 더 빌리지 못하는 부실 가계와 기업이 무너지며 자산시장 충격은 필연적으로 뒤따른다. 하지만 이때는 수습이 가능해 금융위기로 번지지는 않는다. 이 점을 생각한다면 금융위기를 막아야 한다면서 자산시장에 충격이 발생하는 것을 용납하지 못하는 것은 매우 모순적인 행동이다. 이런 태도에 호응하듯 정부 정책도 부실 대출자에게 추가 대출을 계속해주며 금융위기를 미루고 자산시장 충격도 발생하지 않게 노력한다. 짐작이 되겠지만 이런 대응은 부실 부채를 감당할 수 없을 만큼 키워 결국 금융위기의 충격을 더 크고 깊게 만들 뿐이다.

말과 행동이 다른, 모순된 행태

대한민국 경제에서 국민들의 가장 큰 불만은 '주택 가격'이다. 그리고 우리는 비싼 주택 문제가 경제와 사회를 얼마나 병들게 하는지 잘 알고 있다. 주택 가격이 높아지면 그것이 매매든 임대든 대출원리금과 임대료가 고정소득에서 차지하는 비중이 높아진다. 이는 소비자의 구매력 감소와 소비시장 위축으로 이어진다.

물론 집값이 오르는 속도만큼 소득수준도 비슷하게 올라간다면 문제가 없겠지만 그것이 어렵다는 것은 앞서 다뤘다. 당연히 소비가 줄어드니 기업활동이 위축되고 고용에도 영향을 끼친다.

거기다 누구의 도움 없이 월급만으로 집을 구입하는 것이 현실적으로 어려워지기 시작하면 가정을 꾸린다는 생각 자체를 하지 않는 청년층이 급속도로 늘어난다. 자유로운 싱글라이프를 선호하는 문화가 있다고는 하지만 주택이라는 현실적인 문제 앞에 결혼할 의사가 있음에도 연애만 길어지는 커플도 많다. 그리고 이것은 극단적인 출산율 감소로 나타나기 시작한다.

영유아 사망률과 조기 사망률을 고려하면 남녀가 만나 평균 2.1명의 자녀는 가져야 현재 인구가 유지될 수 있다. 가임여성 1명당 평균 출생아 수를 말하는 합계출산율이 2015년에는 1.24명으로, 당시에도 이 상황을 매우 심각하게 여겼다. 하지만 2022년 합계출산율은 0.78명(서울시 0.59명)으로 충격적인 상황이다.

흔히 '미래에는 얼마 안 되는 젊은 인구가 대부분의 노년 인구를 먹여 살려야 한다'는 이야기를 한다. 피부에 와닿지 않는 불가능한 이야기다. 현재로서 연금제도는 유지가 불가능하고, 인구 감소로 인해 자산 수요가 부족해 자산가격 유지도 어렵다. 노동인구는 적은데 정부 지출은 많으니 필연적으로 세금은 더 높아지고, 복지는 줄어들 수밖에 없다. 가뜩이나 인구도 줄어드는데 증세로 인해 소비 또한 더 줄어들고, 기업과 괜찮은 일자리마저 함께 감소하는 악순환이 지속된다.

여기서 끝나면 그나마 다행이다. 일자리 감소는 조금이라도 더 나은 일자리를 찾으려는 청년들의 대도시 이주 현상을 가속화한다. 이는 시·군단위 지역의 청년 인구 감소와 극단적인 출산율 하락을 불러와 지방 소멸의 문제를 일으킨다. 세수가 부족해진 지자체가 파산하는 일이 벌어지며 이는 고스란히 중앙정부의 부담으로 이어진다.

지금까지 한 말들은 지나친 비약이 아니라 인과관계가 얽히고설켜 있는 사회 문제들의 일부를 정리한 수준밖에 되지 않는다. 실제로는 더욱 복잡하고 심각하다.

그런데도 이 중요한 부동산 문제가 쉽게 해결되지 않는 이유는 우리의 모순적인 태도가 부동산만큼 극명히 드러나는 곳도 드물기 때문이다. 자녀의 주거 부담을 걱정하는 부모가 자기 집값 하락을 걱정하고, 집값이 너무 비싸다던 무주택자는 집을 장만하게 되면 태도가 바뀐다.

부동산가격이 해결해야 할 문제라는 생각을 했다면 주택 구입 후 입장이 바뀌더라도 '집값이 잡혀야 한다'는 그 생각은 변하지 않아야 한다. 그러나 그렇지 않다. 부동산가격 현실화를 그렇게 강조했던 사람이 아파트를 분양받거나 매매하고 한순간에 어떻게 변하는지, 올라가는 집값이 두려워 다시는 집을 사지 못할까봐 무리해 집을 샀다는 사람이 이후에 부동산가격 상승에 얼마나 집착하는지 우리는 주변에서 흔하게 본다. 우리도 느끼지 못한 사이에 이렇게 모순된 말과 행동을 하니 '임대주택 확대' 같은 문제 해결의 본질을 벗어난 정책만 나올 뿐이다.

이런 일은 부동산과 함께 대표적으로 해결이 안 되는 사교육 문제에서도 나타난다. 사람들은 사교육과 입시 위주의 교육에서 탈피해야 하며 대학이라는 타이틀보다 능력 위주로 평가되는 사회가 되어야 한다고 주장한다. 하지만 그들의 행동은 다르다. 본인의 자녀는 좋은 대학에 보내기 위해 많은 지출을 감당하며 사교육을 하고, 사람을 고용하거나 평가할 때도 어느 대학 출신인지 먼저 보는 모순적인 행동을 한다.

우리의 모순된 행동이 불러올 결과들

경제위기에 직면한 지금도 이런 모순은 계속 이어지고 있다. 현재 심각한 물가 문제는 세계적으로 너무 많은 돈을 풀어버리는 바람에 발생했고, 이를 해결하기 위해 빠른 금리 인상을 하고 있다. 국민들은 부채 이자 부담이 증가하자 금리 인상에 대한 강한 불만을 드러내고 있다. 물가를 잡기 위해서는 금리 인상이 불가피한 일임에도 불구하고 다른 한편으로 그들은 금리 인상 없이 물가가 내려가길 바라는 모순적인 태도를 보이고 있다.

모순은 많다. 물가가 내려간다는 것은 자산가격 하락을 포함하는 말이다. 그럼에도 사람들은 부동산, 주식 등의 자산가격 상승은 원하면서 물가는 잡히길 바라고 있다. 본인의 과도한 대출과 낮아진 신용으로 인해 돈을 빌리기 어려워진 것인데, 금융권의 높아진 대출 문턱에 불만을 품고 있다.

정책 당국 역시 이런 국민들의 모순적인 행동에 호응이라도 하듯 모순적인 대응을 한다. 물가상승을 낮추기 위해 금리 인상을 하면서도, 국민들의 이자 부담이 증가할 것을 우려해 금융권에 금리 인하 압박을 지속하고 있다. 또한 높아진 대출 문턱으로 인해 쌓인 사람들의 불만을 해소하기 위해 정부지원 대출을 늘려준다. 물가는 낮춰야 하지만 또 부동산가격 하락은 막아야 한다며 부동산 대출 및 주택시장 규제를 완화한다.

국민의 모순에 호응하는 모순적인 정책으로 인해 결국 부채 규모는 계속 커져갈 것이고, 물가도 여전히 높은 수준을 유지할 가능성이 높다. 금리 인상에 미온적으로 대응한 만큼 나중에 원하지 않는 시점에 금리를 더 급하게 올려야 하는 상황에 부닥칠 수 있다. 그런 다음 경제위기가 터지면 우리는 대가를 치러야 한다.

지금 이 순간에도 우리는 해야 하는 일은 거부한 채, 원하는 것만 기대하며 문제가 해결되기를 기다리는 모순된 행동을 하고 있다. 경제위기의 상황에서도 우리의 모순된 행동은 계속될 것이고, 그로 인해 해결은 더욱 미궁 속으로 빠져들 것이다.

4장 핵심 포인트

자산가격이 오르는 속도를 근로소득으로는 따라갈 수가 없다는 것을 아는 사람은 자산을 늘리기 위해 투자에 몰입한다. 이런 이들이 늘어날수록 자산가격은 더 급등한다. 또한 근로가치를 깎아내리는 사회적 분위기를 조성해 모두가 일하지 않고 돈 버는 방법을 찾게 만든다. 결국 사회는 게을러지고 거품과 투기가 판치게 된다.

세계화가 무너지고 경제시스템이 혼란에 빠진 것만이 위기의 원인이 아니다. '역동성과 희망을 잃어버린 사회' 역시 이번 위기를 더 길게, 더 깊게 할 중요한 원인이 된다.

역사적으로 보면 전쟁이나 심각한 경제위기 등 비상 상황을 이용해 정부 권력을 더욱 공고히 한 사례가 상당히 많았다. 우리는 위기 극복을 위한 정부의 노력은 아낌없이 지지하되, 정부가 위기를 기회 삼아 자신의 권력을 키우고 권한을 남용하지는 않는지 문제의식을 가지고 유심히 감시해야 할 것이다.

우리가 이제는 좀 알아채야 할 때다. 지금 돌아가고 있는 정치·경제·사회·금융·국제 관계를 둘러싼 모든 환경 자체가 급격하게 바뀌고 있다. 그러다 보니 그동안 우리가 배워왔던 지식이나 경험들이 현실하고 괴리감을 보이면서 점점 낡은 것들로 변해가고 있다. 이제는 과거의 경험에 기대서, 과거 지식을 가지고, 현재를 이해하고 해석하려고 해서는 안 된다. 우리가 과거에 겪어본 몇 번의 경제위기로 봤을 때, 언제나 큰 변화가 생기면 구조조정이 있었다. 위기는 변화에 적응하지 못한 자들을 구조조정해서 낙오되게 만들었다. 이제는 낙오되지 않게 변화에 적응해야 할 시기다. 지금 눈앞에서 벌어지고 있는 일들을 그냥 갑자기 생긴 우연으로 간주해 넘길 것이 아니라, 필연적으로 겪어야 할 일을 지금 우리가 겪고 있는 것일 수도 있다는 점에서 긴장해야 한다.

5장

미룰 만큼 미룬 숙제, 이제 때가 되었다

과거와 너무 다른 상황에서 터진 경제위기

과거를 기억하며 위기에 둔감해지다

"주기적으로 발생한 경제위기를 우리는 잘 극복해왔다. 위기가 다시 찾아오더라도 지금까지 그래왔던 것처럼 잘 해결될 것이다." 우리에게 힘이 되는 말이고 반드시 그래야만 한다. 하지만 이런 이야기가 위기 극복에 대한 의지를 북돋는 것이 아니라, 위기에 둔감하게 만들고 자만에 빠지는 데 일조한다면 이런 말들은 오히려 위험하다.

IMF 외환위기를 빠르게 극복했고, 2008년 세계금융위기도 무리 없이 지나왔기 때문에 이번에도 무사히 넘길 것이라는 생각은 안일한 판단이다. 우리 기억에서만 희미해졌을 뿐 위기의 진행 과정은 매우 고통스러웠고, 많은 이들의 삶을 무너지게 만들었다. 또한 상당수의 사람은 이전의 삶으로 돌아가지 못한 채 주저앉은 삶을 살았다.

과거를 기억하며 '위기를 극복했다'라고 말하는 것은 위기를 이겨내고 살아남은 자들의 목소리일 뿐이다. 당시 위기를 버텨내지 못해 쓸려 나간 자들의 머릿속에 남은 기억은 전혀 다르다. 그들에게 그 시기는 '극복한 시간' '이겨낸 시간'이 아니라 삶의 안정이 한순간에 무너진 '악몽 같은 순간'이었다는 것을 잊지 말아야 한다.

이미 시중에는 IMF 외환위기와 세계금융위기를 극복했다는 이유로, 당면한 위기도 그때처럼 회복할 수 있다는 논리가 떠돈다. 위기의 성격과 크기에 대한 최소한의 고민도 하지 않은 채 은행들이 파산하고 있는 상황에서도 이를 경기사이클상 반복되는 침체 수준으로 받아들이는 안일함을 보이고 있고, 과도한 화폐 남발로 인해 세계경제시스템이 사상 유례없는 한계에 몰렸음에도 여전히 돈을 풀고 금리 인하를 하는 것이 경제위기를 극복하는 만병통치약처럼 맹신하고 있다.

현실을 직시해야만 위기의 본질을 이해하고 당황하지 않게 된다. 우려스럽게도 현재 우리는 지난 경제위기보다 더욱 극복하기 어려운 위기에 직면해 있다. 겉으로 드러난 경제위기라는 모습은 다를 게 없지만 경제위기를 둘러싸고 있는 그 환경을 보면 과거와 매우 다른 성격을 보인다. 우리는 이 점을 반드시 알아야 한다. 그럼 무엇이 다른지 간단하게 한번 살펴보자.

세계가 함께 '위기 극복'을 위해 합심했던 그때

IMF 외환위기는 전 세계적인 위기는 아니었다. 1990년대 초·중반까지 고도성장하며 황금기를 누리던 신흥국들이 겪은 경제충격이었다. 과도한 외환부채와 해외자본 이탈로 외화 유동성이 말라버리면서 터진 위기다.

당시 IMF로부터 상당한 구조조정 조건을 감수하며 구제금융을 받았고, 뼈를 깎는 노력으로 빠른 시간에 회복했던 위기로 우리는 기억하고 있다. 하지만 우리가 놓쳐서는 안 될 더 핵심적인 것이 있다. 당시에는 국제정세 및 세계경제 여건상 위기를 극복하고 회복하기에 정말 좋은 환경을 갖추고 있었다는 점이다.

당시는 냉전이 종식된 시절로 세계를 반으로 가르던 장벽이 없어지면서 경제 규모가 확대되었고, 전 세계적으로 수요시장도 커지고 있던 단계였다. 자금만 막혔을 뿐, 기업들이 본질적으로 경쟁력을 상실한 것도 아니었다. 이해하기 쉽게 식당을 예로 들면, 손님도 밀려오고 음식 맛도 여전한데 현금흐름이 막혀 장사하기 어렵게 된 상황이나 마찬가지였다. 즉 당시엔 일정 수준의 현금으로 숨통만 틔워준다면 충분히 벌어서 갚을 수 있는 여건이 되었다.

더욱이 우리가 많이 놓치는 부분이 있다. 경제위기가 터진 후 그 사회구성원들이 그 상황을 어떻게 받아들이냐에 따라 결과는 극명히 달라진다는 것이다.

일반적으로 경제위기는 사회 혼란과 분열을 뒤따르게 한다. 생존권을 주장하며 국민들이 전국적인 대규모 시위를 일으키거나 심한 경우 폭동으로 변질되는 경우도 있다. 또한 정부의 대책이 나올 때마다 혜택의 유무, 피해의 유무에 따라 국민들의 분열이 가중되는 양상으로 흘러가기도 한다. 이런 사회 혼란과 국민 분열은 경제 상황을 극복하기 더욱 어려운 방향으로 끌고 간다.

하지만 그때는 달랐다. 기본적으로 국민들이 단합해서 위기 극복을 위한 단결된 사회적인 분위기가 있었다. '아나바다 운동(아껴 쓰고 나눠 쓰고 바꿔 쓰고 다시 쓰기 운동)' '금 모으기 운동'들은 경제적으로 보면 사실상 아무런 효과가 없는 캠페인이지만 국민들이 적극적으로 참여하며 위기 극복을 위한 고통 감내에 사회적인 합의와 분위기를 형성한 것은 사회 안정면에서 의미가 있었다. 그런 이유로 그 급격한 구조조정에도 대규모 폭동 같은 국가 비상 상황이 벌어지지 않았다.

2008년 세계금융위기 때도 위기를 극복하기 위한 환경은 지금보다 훨씬 나았다. 우리는 당시 엄청난 돈을 풀어 위기를 극복했다고 알고 있다. 하지만 그때는 세계가 하나로 뭉쳐 위기를 극복하고자 하는 노력이 깔려 있었다.

주요 20개국이 G20이라는 정상회의를 통해, 비록 금융경제에 위기는 생겼지만, 이 여파가 실물경제로 과도하게 전이되지 않도록 국제사회가 공조해가며 각국의 금융정책과 재정정책을 진행했다.

또한 서로 경제적으로 어려움이 있더라도 추가로 무역장벽을 세우는 보호무역 행위를 하지 말자고 합의했고 무역에 있어서만큼은 큰 문제를 만들지도 않았다. 세계가 모두 함께 '위기 극복'이라는 목적하에 양보해가며 위기가 더 커지지 않도록 막았던 것이다.

지금은 각국이 제 살길 찾기 바쁜 시국이다

그런데 지금은 어떤가? 과거처럼 세계경제가 성장하던 중에 터진 경제위기인가? 위기를 극복하기 위한 단결된 사회 분위기가 형성되었는가? 그것도 아니라면 세계가 하나로 뭉쳐 이 어려움을 이겨내려고 하는가? 과거와 비교했을 때 경제·사회·세계라는 3가지 요소 중에서 위기를 헤쳐 나가는 데 더 나은 상황이 단 하나도 없다.

전 세계가 감당 안 되는 물가상승과 침체에 놓였고 부채 문제에 허덕이면서 소비시장은 급격히 줄어들었다. 또한 인구 고령화가 심각해져 경제 폭풍이 지나간 후 회복과 성장마저도 기대하기 힘들다. 이뿐만 아니다. 사회적으로도 위기 극복을 위한 하나된 의지가 없다. 이미 심각한 양극화로 계층 간 단절이 심한 상태에 들어섰고, 그들은 일치단결이 아닌 모두가 각자도생을 이야기하고 있다. 정부 대안이 나올 때마다 '내가 왜 피해를 봐야 하나?' '왜 나만 혜택에서 제외되는가?'의 가치가 더 중요하게 여겨져 국민들은 또 갈등하고 분열한다. 또한 사회구성원들에게는 냉소와 포기가 깊숙이 자리 잡아 위기 극복의 의지를 찾아보기 어렵다.

그나마 믿어볼 만한 세계상황은 더 심각하다. 세계 모든 나라들이 동시에 처한 경제위기라 누구를 돕고 양보할 그럴 처지가 못 된다. 각국이 제 살길 찾기 바쁜 시국이다. 게다가 세계 최대의 소비국 미국과 최대의 생산국인 중국 간에 신냉전체제가 가속화되면서 이미 세계에는 장벽이 생기기 시작했다. 적이 있는 사회에서 중요시되는 '동맹'이 국제사회 주요 이슈로 떠오를 만큼 세계는 단절되어버렸다. 세계적 차원의 위기대응마저도 기대하기 힘들게 되었다.

이렇게 현재 위기는 규모만 엄청난 것이 아니라 위기 극복을 위한 경제·사회·세계적 환경도 1990년대 이후 그 어떤 상황보다 나쁘다는 것을 우리는 우선 인식해야 한다.

악재라고 하기엔 너무 커져버린 퍼펙트 스톰

정신 나간 양적완화가 불러온 인플레이션

'퍼펙트 스톰'이라는 기상 용어가 있다. 개별적으로 봤을 때는 중소형 규모인 폭풍우가 다양한 기상 변수를 만나 감당하기 힘든 엄청난 폭풍우로 발달하는 현상을 뜻한다.

이 용어는 경제 분야에서도 사용된다. 여러 경제적 요소들이 동시다발적으로 악화되어 거대한 경제 충격과 위기를 일으킬 때도 퍼펙트 스톰이라는 단어를 쓴다. 어느 순간부터 경제관료들이나 전문가들이 퍼펙트 스톰의 위험을 계속 언급했다. 도대체 지금 무슨 악재들이 그렇게 동시다발적으로 쏟아지는 것일까?

2020년 코로나19 팬데믹 위기가 왔다. 전염병으로 인한 충격이라 그랬을까? 당황스러울 만큼 짧은 시간 동안 실업률은 폭증했고, 시장은 얼어붙었다. 놀란 각국의 정부는 경기를 빠르게 부양하기 위해 시장에 엄청난 자금을 쏟아부었고, 기준금리도 0%대 초저금리에 맞췄다. 특히 미국은 2008년 세계금융위기를 극복하기 위해 엄청나게 풀었던 돈들을 여태 회수하지 못한 상황에서 그 당시보다 몇 배나 더 많은 돈을 과감하게 풀었다.

시중에 넘쳐나는 돈들은 어김없이 자산시장에 몰렸고, 자산 버블이 쌓여가며 처져 있던 사회 분위기를 순식간에 열광의 분위기로 반전시켰다. 또한 사회가 코로나19 상황에 차츰 적응하고, 비대면 시대로의 전환으로 각종 IT 장비 등에 대한 기업과 개인의 신규수요가 증가하면서 경기도 회복하는 모습을 보였다.

이에 따라 원자재가격도 빠르게 오르는데 그 속도가 심상치 않았다. 이 시기부터 일부 학자들과 전문가들 사이에서 “과도한 화폐 남발로 인한 인플레이션 우려가 있다”며 금리 인상과 긴축을 서둘러야 한다는 의견이 등장했다. 그때라도 정신 나간 양적완화는 멈춰야만 했었다.

하지만 일부에 지나지 않던 인플레이션 우려는 대세 분위기 속에 묻혔다. 경제·투자계 전문가들은 회복세가 나타나는 것은 사실이지만 이대로 양적완화를 중단하면 오히려 더 깊은 침체를 불러올 위험이 있다며, 경기가 상승궤도에 안착한 것으로 확인될 때까지는 금융

완화정책을 지속해서 이어가야 한다고 주장했다. 투자 열풍과 함께 급증한 투자자들도 이들의 의견을 지지하며 분위기를 이끌었다.

미국의 중앙은행 격인 연준(연방준비제도 이사회) 또한 당시 나타나던 인플레이션을 일시적인 것으로 판단했고, 인플레이션에 대한 대응 수단은 다양하다고 여유를 부렸다. 지금 와서 돌이켜보면 그 순간은 인플레이션을 조기에 잡을 수 있는 골든타임을 놓친 연준의 큰 실수지만 당시 그들의 입장에서는 억지스러운 주장만은 아니었다. 1990년대 이후 본격적인 세계화 시대가 펼쳐지고 가장 저렴한 곳에서 효율적으로 생산되는 글로벌 공급망이 구축되어 물가상승이 문제가 되지 않는 경제구조와 시스템을 가지고 있었기 때문이다. 대규모 양적완화를 하던 2008년을 포함해 인플레이션이 쉽게 일어나지 않는 것을 20년 이상 확인한 입장에서는 인플레이션에 둔감할 수밖에 없지 않았을까.

거대한 폭풍이 퍼펙트 스톰으로 발전하다

다들 알고 있다시피 물가상승세는 일시적이지 않았고 점점 심각성을 더해갔다. 물가 문제라는 '폭풍우'가 생겨난 것이다. 이후 이 폭풍우는 다양한 변수를 만나면서 '퍼펙트 스톰'으로 커지기 시작한다.

물가 문제는 '공급망 위기'라는 변수를 처음 만나 폭풍우의 크기를 키운다. 당시 세계적인 거리두기 방역 조치가 한창인 가운데 비대면 상황의 장기화로 서비스에 대한 소비는 감소하고 제품에 대한 소비가 급증했다. 수요는 증가했지만 정부지원금으로 지갑이 두둑해진 사람들, 코로나19 감염을 우려하는 이들이 일자리로 돌아오지 않아 생산과 물류에 상당한 공급 차질을 일으켰다. 또한 이로 인한 구인난이 임금 상승으로 이어져 물가 급등에 불을 붙였다.

이미 각국의 방역정책으로 글로벌 공급망이 예전처럼 원활히 돌아가지 않는 와중에 러시아와 우크라이나의 전쟁이라는 초대형 변수를 만났다. 에너지와 곡물 자원의 주요 수출국인 이들의 전쟁은 전 세계적인 물가 문제를 가중시켰다.

여기서 끝이 아니었다. 공산품에 있어 글로벌 공급망의 중요한 비중을 차지하고 있는 중국이 '제로 코로나' 정책을 펼치며 대도시를 완전히 봉쇄해버리는 사태까지 벌어지면서 세계 공급망은 더 이상 안정적이지 않다는 것을 다시 한번 확인시켰고, 더 이상 물가 문제는 미룰 수 없는 최우선 해결과제로 올라선다.

발등에 불이 떨어진 미국 연준과 각국의 중앙은행들은 뒤늦게 심각한 물가 문제를 해결하기 위해 2022년부터 쫓기듯이 급격한 금리 인상에 나서게 된다. 그리고 그것은 거대한 폭풍이 퍼펙트 스톰으로 발전하는 계기가 된다. 고금리와 부채위기 그리고 침체가 만나 감당이 안 되는 퍼펙트 스톰이 되어버린 것이다. 지난 0%대의 기준금리 시대는 대출자들의 부채 부담을 극단적으로 줄였다. 하지만 이에 따라 너무나 증가해버린 부채는 금리 인상기에 큰 위험으로 변했다.

저신용자나 자신의 소득 이상의 과도한 대출을 받은 사람들은 이자가 조금만 올라도 쉽게 부실해진다. 그들은 초저금리 기준으로 매달 갚을 수 있는 최대치의 자금을 빌렸기 때문에 금리가 조금만 올라도 쉽게 상환 불능에 빠진다. 문제는 이런 위기에 놓인 대출자들의 수가 적지 않기 때문에 금리를 인상하는 과정에서 부채 부실로 인한 금융위기 가능성이 커진 것이다.

이와 더불어 금리 인상기에 이자 부담이 늘어난 만큼 침체는 깊어진다. 고금리로 자금조달 비용이 증가한 기업은 투자를 줄이고 보수적인 자금 운용을 한다. 가계 역시 지급해야 할 이자가 늘어난 만큼 소비가 감소한다. 이는 기업의 재고율을 급증시켜 기업의 생산가동률과 고용을 감소시키고 가계 소득의 하락으로 이어지는 악순환을 만들어 결과적으로 기업 도산과 실업을 증가시킨다.

이런 환경에서 자산시장이 온전히 유지될 리 만무하다. 당장 필요자금이 부족한데 여유자금 성격을 지닌 투자자금이 계속 투자시장에 남아 자산가치를 지켜주지 못한다.

이것이 전부가 아니다. 미국이 아닌 나라들에게는 고환율 문제가 추가되고 수출주도형 국가의 경우, 원자재 수입 가격 인상으로 인한 무역적자까지 더해진 더 큰 퍼펙트 스톰을 마주하게 된 매우 우려스러운 상황이다.

고물가, 고금리, 고환율, 침체와 부채압박에 자산시장 붕괴, 무역적자 상황까지 동시에 마주하게 된 이런 위기 상황에서 경제적 어려움은 정치의 극단화, 국가 간 충돌 가능성을 키우는 특징이 있어 지정학적 위기까지 가중되는 한 치 앞도 예측하기 어려운 변수에 변수가 더해지고 있는 시국이다. 악재라고 하기엔 너무 커져버린 퍼펙트스톰의 실체가 바로 이것이다.

노아의 방주에는 '우리' 자리가 없다

상류층들은 위기를 진작 느끼고 대응 중이다

앞서 많은 분량을 할애해 어쩌다 경제 상황이 이 지경까지 왔는지, 세계·경제·사회 영역에서 살펴보았다. 이 내용은 반드시 알아야 한다. 위기가 왜 오게 되었는지 문제의 본질을 알아야 스스로 판단할 수 있고 감언이설과 근시안적인 정보들을 걸러낼 수 있다.

대다수의 일반 계층과 달리 상류층들은 그들만의 정보와 부를 만들어낼 수 있는 인적 네트워크를 형성하고 있는데, 일종의 협동조합처럼 작동하는 체계를 가지고 있다. 이들 네트워크는 압도적인 장점을 갖추고 있다. 그들 스스로가 위기를 느끼지 못하더라도 그들이 형성한 네트워크를 통해서 위험을 빠르게 감지할 수 있고, 그 위험에 조속히 대비할 수 있는 장치를 가지고 있다. 무엇보다 신뢰도가 높다.

모두가 우려하는 강력한 통화긴축의 시대에, 왜 그들은 대출을 늘렸을까? 왜 당장 사용하지도 않을 돈을 미리 빌려 높은 이자를 지불하고 통장에 묵히는 행동을 할까? 왜 멀쩡한 자기 건물을 팔고, 같은 곳에 임대로 들어가는 것일까? 이 모든 것에 대한 이유는 간단하다. 그들이 위기를 느끼고 있었기 때문이다.

우리가 위기를 느끼기 훨씬 전부터 그들의 네트워크 안에서는 위기의 경고등이 켜지고 있다. 그들은 단지 울리는 경고음에 맞춰 단호한 대응을 하고 있을 뿐이다.

왜 우리는 위기를 조기에 인식하지 못하는가

그러나 우리는 어떤가? 우리에겐 안전망 역할을 할 정보와 부의 네트워크 자체가 없다. 그래서 도움을 요청할 수도, 도움을 받을 수도 없고, 아무도 도와주지 않는다. 오로지 스스로 위기를 인식하고 혼자만의 힘으로 버텨내야 할 불리한 처지다.

문제는 여기서 끝나는 것이 아니다. 현재 우리가 접하는 정보환경을 보면 더욱 참담한 현실을 발견할 수 있다. 방향성을 잃은 일관성

없는 정보들이 매일 같이 터져 나오고 있고, 근시안적인 대안들은 우리를 혼란스럽게 만든다. 정보를 가장한 노이즈와 노이즈로 오해할 정보들이 판단을 흐리게 만드는 것이다.

그렇다고 관료와 전문가들의 의견은 믿을 수 있는가? 여기서 이해관계의 문제가 또 발생한다. 이들은 그들이 속한 집단과 이해관계를 저해하는 의견을 제시할 수 없고, 우리는 이들의 이런 속사정을 잘 알기에 관료와 전문가들의 의견을 무작정 신뢰하기도 힘들다. 이렇게 제대로 된 정보를 얻는 것조차 힘든 상황이다 보니, 위기를 인식하는 것 자체가 쉽지 않은 일이다.

정확한 판단은 옳은 정보와 명확한 현실 인식을 통해서 내릴 수 있다. 그런데 위기 인식조차 이렇게 어려운데, 하물며 제대로 된 판단을 기대할 수 있을까? 사람들은 군중심리에 따라 행동하고 집단에 동조해서 움직이는 특징이 있다. 남들과 다르게 행동하는 것을 두려워하기 때문이다.

그런데 이런 군중심리를 통해서는 결코 위기를 조기에 인식할 수 없다는 것이다. 그러다 보니 이미 위기의 문턱에 들어섰음에도 사소한 판단마저 망설이는, 그런 불편한 현실이 지금 우리 눈앞에서 펼쳐지고 있다.

아무도 미리 말해주지 않는다,
당신의 '촉'을 살려라!

반복적인 행동으로 촉이 무뎌지다

우리가 운전할 때 지도를 이용해 길을 알려주는 내비게이션은 신뢰성이 생명인 제품이다. 하지만 초창기에 나온 내비게이션의 성능(길을 안내하는 정확성)은 상당히 떨어지는 편이었다. 간혹 운전하다 보면 타고 있는 차는 도로를 달리는데, 정작 내비게이션의 지도를 통해 보이는 길은 산과 들판을 가로지르는 경우도 많았고, 심지어 전방의 절벽을 앞두고 직진하라는 신호를 보내올 때도 있었다. 그러다 보니 초행길을 달리다 잘못된 내비게이션의 안내로 인해 헤매는 일도 잦았다.

이렇게 예전에 내비게이션이 좀 멍청할 땐, 우리는 내비게이션이 알려주는 최적의 경로와 도착 예상 시간을 곧이곧대로 믿지 않았다. 내비게이션이 주는 안내는 단지 참고할 수준 정도의 정보로만 취급했다. 예를 들어 운전하는 도중에 특정 지점에서 도로 위의 차량이 어느 정도 늘어나기 시작하면, 나중에 어느 구간에 가서는 거의 분명히 막힐 것을 예상했고, 그러면 내비게이션이 알려주는 것보다 도착시간이 늦어질 거란 걸 직감적으로 눈치챘다. 그래서 일부 눈치 빠른 운전자들은 내비게이션이 안내하는 방향과는 다르게 조금 빙 둘러 가는 수고스러움이 있더라도 일찍 도착할 수 있는 우회로를 찾아 운전하곤 했다.

하지만 이제는 사람들의 운전 습관이 많이 바뀌었다. 도로 소통 상황, 정체 예상 경로, 교통 속보 등 실시간 도로 교통 정보를 제공할 수 있을 정도로 내비게이션의 성능이 발전하게 되면서, 운전자들이 이런 내비게이션에 의지해 운전하는 경향이 더욱 짙어진 것이다. 그리고 그러는 동안에 우리는 이제 내비게이션의 친절한 안내 멘트가 없으면 운전이 힘들어질 만큼, 우리도 모르는 사이에 차량 흐름에 대한 촉을 잃어가게 되었다.

사람 신체의 어느 한 감각 기관에 장애가 생기면 상대적으로 다른 기관은 더욱 발달하게 된다. 이와 비슷한 개념으로 현재 우리가 가진 '촉'도, '정보 결핍(양과 질적인 측면 모두에서)' 상태에서 더 발달할 수 있다.

우리가 원하는 수준만큼의 정보를 얻지 못하는 경우 혹은 (정보의 양은 충분하나) 부정확한 정보만 넘쳐나게 되는 그런 정보 결핍의 상태에 빠졌을 때, 우리는 부족한 정보를 메우기 위해서 더 유심히 관찰하게 되고, 더 관심 있게 들으며, 부족한 정보 내에서도 취득한 정보를 가지고 최대한 서로 비교해가면서 더 심도 있게 고민하게 된다. 그리고 일련의 그런 과정을 통해서 촉이 발달하게 되는 것이다.

그래서 지금 같이 부정확한 정보가 흘러넘치는 정보 홍수의 시대일수록, 우리가 가진 촉(주위에서 일어나는 현상을 있는 그대로 직접 보고, 듣고, 느끼며 고민하는 과정에서 생기는 감각·센스)은 더욱 중요할 수밖에 없다. 왜냐하면 이런 촉이 한 치 앞을 내다보기 어려운 혼란 속에서 정보에만 의지하다 방향감각을 상실할 위험을 줄여주기 때문이다.

우리가 통신 매체를 통해서 얻는 많은 정보는 대부분 공신력 있는 전문기관이나 사회적으로 인지도가 높아 소위 잘나간다는 사람들로부터 전해지는 경우가 많다. 그러다 보니 사람들이 종종 오판하는 일이 생기는데, 본인 스스로가 살아오는 과정에서 쌓은 관찰과 경험으로 체화한 세련된 촉을 믿고 따르기보다는, 오히려 외부의 정보를 더 신뢰해 의존하는 경향이 많기 때문이다. 하지만 사람들의 이런 반복적인 행동(자기 경험으로 쌓은 '촉'보다 외부에서 들어오는 정보에만 기댄 채 상황을 파악하는 행동)으로 인해 자신이 가진 날카로운 촉은 점점 무뎌지게 된다.

당신의 날카로운 '촉'을 곤두세워야 할 때다

그럼, 지금 당장 우리가 가진 날카로운 '촉'을 어떻게 활용해야 할까? 우리는 사실 이미 경험적으로 알고 있다. 집에 바퀴벌레(징후)가 한 마리 보이면 그것은 한 마리가 아니라는 사실을, 안 보이는 어딘가에서는 이미 늘어날 만큼 늘어났고 그중에 한두 놈만이 지금 눈에 띄는 것일 뿐이라는 걸 안다.

한두 마리가 발견되었다는 그 자체로, 이미 이 집은 바퀴벌레의 서식지(징후가 위기로 현실화된 것을 의미)가 되었다는 의미다. 겉으로는 문제가 없는 것 같지만 바퀴벌레 한두 마리가 보이는 것처럼, 안 보이는 곳에 숨어 있다가 툭툭 튀어나오는 위기의 조짐(바퀴벌레)을 당신의 예민한 촉을 이용해 파악해야 한다.

이제는 스스로가 체감하고 있는 투자 현실을 다시 한번 꼼꼼히 따져봐야 할 때다. 사실 불과 1~2년 전만 하더라도 사람들은 회사 내에서 주식이나 코인을 주요 화젯거리로 삼아 투자 이야기를 입에 달고 살았다. 그런데 지금은 어떤가. 아직도 회사 내에서 투자 이야기를 입에 달고 다니는 직장인들이 있는가. 아마 아닐 것이다.

그리고 유튜브나 카페 등을 통해서 유망 종목을 추천하며 왕성하게 소통하던 채널들 역시 지금 보면 어느 순간부터 댓글 창을 닫은 채 시청자와의 양방향 소통을 차단하는 모습을 보인다. 그만큼 투자 환경이 어려워졌다는 뜻으로 이해해야 한다.

이 외에 판이하게 달라진 다른 징후들도 더 많다. 이제는 더 이상 투자에 성공한 신화 스토리는 들려오지 않는다. 대신에 투자 문제로 빚더미에 빠져 나앉게 된 사람들 이야기를 어렵지 않게 들을 수 있다. 그만큼 우리 주위에서 투자로 손실을 본 사람들이 많아졌다는 걸 보여준다.

또한 달라진 모습은 투자 관련 광고를 통해서도 확인할 수 있다. 이전에 한창 자산시장이 뜨겁게 달아오를 때만 하더라도 투자 광고를 지배한 주요 키워드는 '은퇴'와 '부자'라는 단어였다. 소위 '투자로 얼마를 벌어서 은퇴했다'라거나, '어디에 투자해서 부자가 되었다'라는 식으로 먼저 사람들의 관심을 끈 뒤에 투자시장으로 유도하는 성격의 광고 전략이 많았고, 실제로 그 방법이 잘 통했다. 하지만 이제 더는 그렇게 성공에 기반한 투자 광고 전략은 먹히지 않는 분위기가 되었다. 지금은 원금 회복을 노리는 기존 투자자를 타깃으로 삼는 광고 전략으로 바뀌었다.

여기에 더해 낯선 형태의 창업·부업으로 마치 금방이라도 큰돈을 벌 것처럼 유혹하는 교묘한 다단계성 사업 광고가 증가한 부분도 같이 참고해야 할 부분이다. 현재 우리 눈앞에 자주 출몰하고 있는 이런 징후들을 통해서 시중에 돈이 급한 사람들이 얼마나 많이 늘어나게 되었는지, 동시에 개인들의 자금 여력은 얼마나 현저하게 줄어들게 되었는지를 충분히 가늠할 수 있다.

점점 실체를 드러내고 있는 조짐들이 이제 슬슬 우리 눈에 보이고 우리 귀에 들리기 시작했다는 건, 이미 생각보다 문제가 심각해져 하나둘씩 견디지 못하고 튀어나온다는 의미로 받아들여야 한다. 지금 당신의 촉이 알려주는 신호는 명확하다. 투자시장을 보면서 큰 기대를 하기에는 굉장히 불안정한 상태이고 불명확한 시기다.

다수의 투자 매체에서 돌리는 희망 회로와는 다르게, 이 순간에도 우리 주위에서 벌어지고 있는 일들은 돈을 벌고 있는 사람보다 잃고 있는 사람이 더 늘어나고 있고, 많은 이들이 수익보다 원금 회복에 관한 기대가 더 크며, 갈수록 돈이 급해져서 버틸 여력이 바닥난 사람들이 급증하고 있다. 그런데도 투자 내비게이션의 안내는 여전히 똑같다. "지금이 저점입니다" "이제 곧 바닥에 도달하니 매수할 준비를 해주십시오" "진짜 기회입니다"라고 말하면서 투자하라는 경로를 거듭 알려준다. 하지만 현재 우리가 피부로 느끼고 있는 촉은 아직은 투자할 때가 아니라 당장은 투자 욕심에 한눈팔기보다는 내가 가진 재산을 지키고, 손실을 최소화하는 데 더 큰 관심을 기울여야 한다고 말하고 있다.

최근에 보면 같은 이슈를 가지고 서로 다른 해석을 내놓는 경우가 많다. 한쪽에서는 좋다고 하는데 다른 쪽에서는 나쁘다고 하면서 의견이 나뉠 때도 있고, 같은 현상을 가지고 예전에는 좋다고 했다가 또 조금만 시간이 지나니 이제는 안 좋다고 하면서 스스로 말을 바꿔 모순에 빠지는 모습도 많이 볼 수 있다. 특히 자산 시장과 관련된 이슈의 경우, 이해관계가 더욱 첨예하고 복잡하게 얽여 있는 문제가 많다 보니 더더욱 이런 현상은 두드러질 수밖에 없다.

그리고 이런 정보에 기댄 우리는 더욱 혼란에 빠져들게 된다. 그래서 이런 상황에서는 외부에서 남이 전달하는 정보보다 스스로가 느끼는 촉이 오히려 도움이 될 때가 많다는 점을 기억해야 한다. 지금은 누구보다 현실적인 관점에서 당신의 민감한 '촉'을 곤두세워 주변에 관심을 가지고 뒤돌아봐야 할 때다.

돈줄이 마른 당신,
끝까지 파괴된다

과거에 겪은 카드대란 사태의 본질

긴박했던 1997년 11월, 당시 단기간의 고성장으로 경제 우등생이었던 한국(OECD 가입국 중 GDP 규모 12위, 수출 경쟁력 세계 10위, 수입 역량 세계 12위)이 하루아침에 돈이 없어 빚더미에 나앉은 삼류 국가로 전락하게 된다. 그렇게 외환위기가 터지고 국제통화기금 IMF에 긴급 구제금융을 요청하게 되는데, 돈을 빌린 대가는 너무나 비쌌다.

경기가 완전히 바닥을 찍은 상황에서 충격을 이겨낼 수 없었던 기업들은 파산과 부도로 사라지기 시작했고, 돈줄이 막힌 자영업자들도 망했다. 직장인들 또한 경제 충격으로 사라진 기업들로 인해서 대량 실직을 겪어야만 했다.

이렇게 모두가 사회·경제적으로 혹독한 구조조정 비용을 감당해야 했다. 일자리를 잃어 생활고에 시달리던 사람들은 당장 쓸 돈도 없는데 소비가 제대로 될 리가 없었고, 앞으로 경제 상황이 어떻게 전개될지 분간되지 않는 상황에서 소비는 고사하고, 있는 돈마저도 아끼며 꽁꽁 싸맬 수밖에 없는 판국이었다.

하지만 정부 입장에서는 어떻게든 소비를 늘려야만 했다. 소비가 늘어야 내수 경제가 살아나고, 그렇게 내수 경제가 살아나야 기업들도 되살아나 다시 사라진 일자리를 회복할 수 있었기 때문이다.

그래서 정부가 소비를 늘리기 위해서 선택한 방법이 바로 '신용카드 활성화 정책'이었다. 정부는 사회적으로 신용카드 사용을 확대하기 위해서 전방위적인 지원책을 쏟아냈다. 신용카드 현금서비스 한도를 폐지해서 카드회사들이 현금인출 한도를 자유롭게 정할 수 있도록 해줬고, 신용카드 소득공제 제도를 만들어서 현금 대신 카드를 쓰면 세금을 일정 비율로 깎아주는 정책도 내놓았다.

여기에 더해 전통시장에서 신용카드를 쓰고 받은 영수증을 추첨해 보상금을 지급하는 복권제도까지 시행할 만큼 정부에서 신용카드 사용을 노골적으로 장려한 것이다.

그리고 이런 정부 정책과는 별도로, 카드회사들도 높은 점유율 확보와 더 많은 카드 발급을 위해서 실적 달성에만 열을 올렸고, 나중에는 서로 과열 경쟁에 몰두한 나머지 소위 '묻지마'식의 영업전략으로 신규 카드 발급에만 목매게 되었다. 만약 정상적이었다면 카드회사들은 신용카드를 사용하는 당사자의 신용, 즉 카드 사용자가 갚을 수 있는 상환능력을 판단한 뒤에 카드를 발급해야 했지만, 당시에는 그런 케케묵은 지침 따위는 신경 쓸 여유가 없었다. 대형마트, 백화점, 지하철은 물론이거니와 심지어 학생들이 다니는 대학교 식당 앞에서까지, 사람들이 모이는 곳이면 어디든 관계없이 카드 모집인들이 등장해 카드 발급을 해줬고, 카드를 발급해주는 대상도 저신용자뿐만 아니라 소득이 없는 주부와 학생을 가리지 않고 무차별식으로 카드 발급을 늘렸다.

그리고 카드회사들은 그렇게 자신들이 발급한 카드가 시중에서 더 활발하게 사용되어 자사의 매출·이익 증가로 이어지기를 원했기 때문에 전략적인 차원에서 고객들의 카드 사용 금액에 비례하는 차별화된 혜택까지 제공했다. 카드 사용 금액이 높은 고객일수록 카드회사로부터 더 상위 서비스를 제공받았던 것이다.

그러자 카드 사용자들은 급격하게 불어나게 되었고, 이런 사회 분위기에 편승해 카드 결제가 가능한 상점들(카드 가맹점) 또한 급증하게 되었으며, 카드 가맹점들도 더 많은 카드 이용 고객을 유치하기 위해서 상점 자체적인 혜택을 만들어 제공하기까지 했다. 이렇게 사회적으로 카드 발급이 확산되고 카드 사용이 일반화되자 사람들은 이제 현금이 없어도 일단 손에 쥐고 있는 카드가 있으니, 우선 쓰고 보자는 식으로 소비 습관이 바뀌게 되었다. 그러면서 점점 결제해야 할 할부 금액도 커졌고, 카드 사용에 익숙해지면서, 결국 자신의 소비 능력을 망각한 과소비에 빠져들게 된 것이다.

사실 소비 측면에서만 보면 '신용카드 활성화 정책'의 효과는 가히 폭발적이었다. 그럼 과연 당시 사람들의 소득이 늘어서 그렇게 신용카드 사용액이 10배나 커질 만큼 소비가 증가하게 된 걸까? 대답은 물론 '그렇지 않다'이다. 결국은 또 빚이 만들어낸 착시였고, 빚으로 이루어낸 성과(?)였다. IMF 외환위기라는 경제 충격하에서 당장 사람들의 소득은 늘어나지 않았는데, 마음이 급한 정부는 소비를 진작하고 내수 시장을 살리겠다며 '신용카드 활성화 정책'을 성급히 밀어붙였다. 이걸로 당장은 소비가 늘어나는 것처럼 보였지만, 그것은 우리 경제에 신용불량자 급증과 카드사 부실이라는 또 다른 부작용만 키우는 땜질식 처방전에 불과한 조치인 것으로 드러났다.

그러나 카드대란 사태를 여기까지만 알고 넘어가서는 안 된다. 우리가 알아야 할 본질은 다른 데 숨어 있기 때문이다. 당시 사람들은. 물건을 사는 데 카드를 사용하는 것보다 현금서비스를 받는 데 카드 사용이 더 많았다. 당시 그 수준이 어느 정도였는지를 보면 2003년 카드대란 사태가 일어나기 직전, 전체 신용카드 사용 금액 중에 현금서비스 비중이 60%나 차지했다.

그 정도로 시중에 돈이 전부 말라 있을 때였다. 직장인들은 일자리를 잃고 사업자들은 하던 사업이 다 망해서 당장 생활 자금으로 쓸 현금이 필요한 상황인데, 은행 대출은 막혔고, 그렇다고 당시 법정 최고 이자가 66%나 되는 고리대금을 쓸 수도 없었다. 결국 돈이 급한 사람들은 카드 발급이 쉽고, 현금인출이 빠른 신용카드를 쓰지 않을 이유가 없었다.

하지만 당시 현금인출 서비스의 금리도 연 30% 수준으로 결코 낮은 수준이 아니었다. 이미 실직과 폐업 등으로 인해 벼랑 끝에 내몰린 사람들이 당장 생활비와 자녀 학자금 등으로 써야 할 돈 몇백만 원이 없어서 카드 현금서비스를 받는 상황인데, 연이자 30% 수준의 빚을 상환할 여력이 있겠는가

돈이 급한 사람들은 떠밀리듯 여기저기서 카드 발급을 늘리게 되었고, 현금인출을 받아서 돌려 막기에 급급하다 결국 쌓인 빚에 짓눌려 한계에 내몰린 사람부터 연체가 터지기 시작한 것이다.

우리는 카드대란 사태에서 수중에 수십, 수백만 원이 없어 현금인출 서비스에 몰린 사람들을 눈여겨봐야 한다. 그들은 IMF 외환위기 전만 해도 든든한 가장이었고 안정적인 직장인 또는 사업자였다. 하지만 경제위기가 발생한 이후 수년을 버티지 못하고 수십만 원이 절실한 형편으로 내몰렸다. 돈이 마른 그들에게 선택권은 없었고 곧 고금리 빚의 굴레에 빠지게 되었다. 그리고 일부는 '신용불량자'라는 경제적 사형선고를 받으며 철저히 파괴되었다. 이것은 단순히 과거에 남이 겪은 이야기가 아니다. 경제위기의 실체는 언제나 내 통장에 '현찰'이 바닥나는 순간 눈앞에 드러나고 우리의 모든 선택권을 빼앗아 가버린다.

카드대란의 원인 제공자이자 피해자이던 이들이 파괴된 과정은 경제위기가 시작되면 또다시 반복될 것이다. 현재 열정적으로 투자에 몰입하는 사람들에게 수십, 수백만 원의 돈은 크게 느껴지는 돈이 아닐 것이다. 하지만 경제위기 상황에서 이 돈은 무인도에 표류한 사람이 발견한 라이터만큼이나 소중하게 쓰일 것이다. 많은 이들이 인플레이션으로 인해 돈 가치가 떨어진다며 '현찰'을 불신하고 있다. 하지만 경제위기가 시작되면 금방 확인될 것이다. 현찰 여력은 경제적 악순환의 굴레에 빠지지 않기 위한 최소한의 생명줄이다.

곧 부채가 '악마'의 얼굴로 바뀔 것이다

최근 들어 국내 은행권의 대출 연체율 문제가 본격적으로 떠오르고 있다. 금리 인상 효과와 경기 둔화로 인해 가계와 기업 모두에서 대출 연체율이 급상승하고 있기 때문이다. 그리고 2023년 상반기 기준으로 대출 연체를 일으키는 주요 대상자들을 봐도 문제가 심각하다. 불과 몇 개월 전만 하더라도 대출 연체를 일으키는 주체들은 저신용자들이었다. 하지만 이제는 중간 등급의 신용을 가진 사람들에게까지 연체 문제가 빠르게 퍼지고 있다.

은행에서 돈을 빌린 가계와 기업 모두가 현재 돈을 갚지 못해 곤란을 겪고 있다는 의미다. 상황이 이런데도 아직까지 이렇게 말하는 사람들이 있다. 우리가 지난 IMF 외환위기도 이겨냈고, 2008년 글로벌 금융위기도 다 극복했는데, 현재 너무 걱정만 앞세우는 것 아니냐, 지금 약간의 침체를 겪고 있어 경제가 안 좋아 보이는 건 맞지만, 그래도 위기가 터지면 또 잘 수습할 수 있다는 것이다. 우리 모두가 충분히 경험했고, 헤쳐 나갈 능력도 갖췄다는 것이다. 참으로 듣기 좋은 말이고 정말 그랬으면 좋겠다는 바람이다.

하지만 그때랑 지금은 상황 자체가 완전히 다르다는 것을 기억해야 한다. 국제정세를 둘러싼 대외 여건, 국내경제의 체질도 모두 바뀌었고, 위기의 성격 자체도 복합적으로 진행 중인 상태라 과거의 위기와는 전혀 다른 성격을 나타내고 있다. 분명히 이전 위기의 모습과는 다르게 다가올 가능성이 크고, 그 충격도 꽤 클 것이라는 부분을 감안해야 한다.

이제는 다음 3가지 부분은 꼭 챙겨야 할 시기가 되었다. 먼저 지금 벌고 있는 고정소득을 앞으로도 지속적으로 반드시 유지하는 것, 그리고 다가올 경제적 충격을 대비해 돈이 완전히 마를 때까지 버틸 시간을 벌어줄 수 있는 목돈을 미리 갖추는 것(경제적 충격에 대비한 에어백 역할), 마지막으로 자신의 소득수준에 맞는 부채 규모를 유지하는 것이다. 즉 부채 규모를 줄여야 한다는 의미인데, 필자 역시 이것이 사실은 가장 힘든 일이라는 것을 알고 있다.

당장 목돈을 갚으려니 아깝고, 살고 있는 집을 줄이자니 현재 누리고 있는 생활을 포기해야 해서 그건 더더욱 하기 싫은 것이 사실이다. 그리고 상당수는 부채 규모를 줄일 만한 목돈 자체가 없다는 게 실제 현실이다. 그런데 부채는 경제가 좋을 때는 기회의 얼굴을 한 '천사'가 되지만, 경제가 안 좋을 때는 다른 기회마저 다 빼앗아 가버리는 '악마'의 얼굴로 바뀐다.

어르신들이 흔히 "요즘 젊은 것들 남의 돈 무서운 줄 모른다"라는 이야기를 한다. 고금리 시대를 살았던 사람들의 경험에서 나오는 이야기일 것이다. 고금리·고물가·돈 가뭄 시대에 반드시 귀 기울여야 할 이야기이고 명심해야 할 말이다. 각자의 경제 사정을 위험에 빠뜨리지 않기 위해서 앞의 3가지 내용은 반드시 챙겨야 할 때임을 강조하고자 한다.

겉으로는 괜찮은 척,
금융기관도 떨고 있다

은행이 무분별하게 대출을 늘려놓은 상황

지금 우리 주위에 펼쳐진 경제 난제들을 보면 굉장히 어두운 현실을 체감할 수 있다. 해결은 안 된 채 시간만 갈수록 계속 쌓여가고 있기 때문이다. 코로나19 팬데믹 이후 2년여간 지속된 세계 각국 정부의 무분별한 돈 풀기 정책은 자산시장의 거품만 키웠고, 그것은 우리 사회에 너무 많은 부채를 증가하게 만드는 원인으로 작용했다. 현재 가계, 기업, 정부 할 것 없이 부채 문제는 심각하고, 당장 우리 주머니에만 돈이 부족할 뿐이지 시중에는 아직도 풀린 돈들이 넘쳐나다 보니 물가 문제는 여전히 답보 상태에 머물러 있다.

이미 많은 기업들은 실적 저하로 인해 투자 의욕이 꺾였고, 양질의 일자리 감소는 가계의 소비 심리까지 위축시켜 이제 한 나라의 경제 성장마저 위협하게 되었다. 게다가 러시아-우크라이나 전쟁으로 인한 불안정한 국제정세는 세계금융시장을 눈치 보게 만들었다.

그런데 이런 와중에 우리나라는 물론이고 미국을 필두로 한 각 나라의 중앙은행들은 통화정책을 급선회하기 시작해 갑자기 돈줄을 조이는 정책으로 돌아섰다. 갑작스럽게 찾아온 긴축은 세계경제를 긴장하게 만들기 시작했고, 그렇게 경제위기는 점차 고조되어갔다. 하지만 문제는 대부분의 일반 대중들은 지금 벌어지고 있는 일련의 이런 흐름에 대해서 전혀 위기의식을 가지지 않고 있다는 사실이다.

한 가정에서 가계부를 쓰는 엄마가 집안 사정에 대해서 제일 잘 알듯, 실시간으로 실물경제의 가계부를 들여다보고 있는 은행 같은 금융기관들이 일반 대중들에 비하면 지금 돌아가고 있는 경제 상황에 대해서 더 깊숙이 잘 안다. 산업현장 곳곳에서 들어오는 더 많은 정보를 가지고 생생히 잘 파악하고 있기 때문이다.

실제 금융당국을 비롯한 은행은 이런 정보를 바탕으로 위기가 현실화되는 것을 상당히 긴장하면서 많은 대비를 하고 있다. 하지만 은행의 이런 철저한 준비에도 불구하고 여전히 많은 위험 요인이 존재하고 있고, 소리 죽여 숨은 채 은행을 위협하고 있다.

사실 현재 우리나라 시중은행들이 기록한 표면적인 실적만 보면, 굉장히 안정적으로 좋은 상태라고 볼 수도 있다. 그동안 금리 상승기에 대출이 많이 늘면서 매 분기 순이익을 수천억 원에서 1조 원 이상씩 소위 '돈 잔치'라는 비판을 들을 정도로 사상 최대 실적을 달성하고 있기 때문이다. 그리고 다른 전반적인 재무 상태나 자산건전성 측면에서도 좋은 결과를 만들어내고 있다는 외부 평가를 받고 있다.

하지만 우리는 은행권이 보여주는 이런 표면적인 수치에만 의존해 섣불리 마음을 놓아선 안 된다. 일반 기업들과는 다르게 은행이 어떻게 이런 실적을 달성할 수 있었는지 그 본질적인 이유를 살펴보면, 겉으로는 괜찮은 척하는 은행이 지금 떨고 있는 이유를 알 수 있다.

우리나라 시중은행들은 그동안 벌어들인 영업이익의 90% 이상을 이자수익에서 얻었다. 최근에 금리가 꾸준히 오르면서 은행의 예대마진이 증가해 이자수익이 급증한 것이다. 그리고 은행의 이자수익 증가는 곧 은행의 실적 증가로 이어져 은행의 시장가치를 올리는 주가 상승으로까지 이어지게 되었다. 이렇게 한동안 지속된 금리 상승기는 은행들에게 호재로만 작용해왔다.

그렇다고 해서 앞으로 지속될 고금리 상황까지 은행권에 좋은 호재로 작용할 것으로 생각하면 굉장히 위험한 판단이다. 앞으로 진행될 고금리 상황(금리를 인상하는 상황을 포함해서)은 오히려 은행에 스트레스를 가중시켜서 부작용을 일으킬 위험이 있다. 특히 경기침체가 깊어지는 상황이나 경제 불황이 가시화되는 와중에 금리를 인상하는 경우 혹은 (경기 불황 속에 금리를 동결한다고 하더라도) 고금리 현상이 지속되는 경우에는 오히려 높은 금리로 인해 은행들의 부담은 가중될 것이다.

그 이유는 간단하다. 예를 들어 경제위기가 가시화되는 가운데 금리가 오르는 상황을 생각해보자. 그러면 시중에 있던 많은 돈들(시중자금)은 높은 금리의 안전한 곳을 찾아 주로 예·적금의 형태로 은행으로 옮겨가게 된다. 반대로 부동산과 같은 실물자산가격은 높은 금리 때문에 이자 부담이 커져서 하락하게 된다. 그럼, 결국 이것이 부동산의 담보가치 하락으로 이어지는 것이다.

여기서 가계와 기업의 처지도 똑같다. 금리 인상으로 원리금 상환 부담을 크게 느끼게 될 가계와 기업은 부채 상환능력을 급격하게 잃어간다. 그래서 경기가 안 좋을 때 하는 금리 인상은 은행에 호재로만 작용하는 것이 아니다. 은행이 한쪽으로는 금리 인상으로 이자수익이 증가하는 과실을 얻지만, 다른 방향에서는 금리 인상으로 채무자(은행에 빚을 진 사람)의 부채 상환능력이 떨어지고, 자산가격 하락으로 인해 담보가치가 떨어지는 등 그만큼 부실채권이 증가하는 위험도 동시에 떠안게 된다.

특히 은행이 경기침체 속에서 무분별하게 대출을 늘려놓은 상황이라면, 부실채권 위험은 더욱 증가할 수밖에 없다. 그래서 우리가 처한 경제 여건에 따라 금리 인상이 마냥 은행권에 호재로 작용하지 않을 수도 있다는 점을 지금 시점과 비교해서 고민해볼 필요가 있다.

은행 유동성이 처한 현실, 매우 불안하다

금리 인상기가 길어지면, 시중은행의 자산건전성에는 어떤 영향을 끼칠까? 금리 인상은 은행의 자산건전성 자체를 악화시킬 수 있는 위험을 내포하고 있다. 2022년 9월 말 기준으로, 우리나라의 국내 4대 시중은행(KB국민은행, 신한은행, 하나은행, 우리은행)이 보유하고 있는 국채 규모만 80조 원에 육박하고 있다. 2022년 한 해 동안에만 10조 원 넘게 불어날 정도로, 시중은행의 채권(국채, 회사채, 은행채 등)에 대한 투자 비중은 가파르게 증가했다. 금융시장 불안이 커지면서 은행의 주식 투자 비중은 줄어든 반면, 채권(안전자산)에 대한 투자는 공격적으로 늘어났기 때문이다. 그러다 보니 자연스럽게 시중은행의 보유자산 구성 중에서 채권의 비중이 확대될 수밖에 없었다.

그런데 이제 여기서 중앙은행이 기준금리를 올리는 상황을 한번 생각해보자. 우선 기준금리가 오르면, 기준금리의 영향을 가장 많이 받는 단기채권 금리가 먼저 오르게 된다. 그리고 순차적인 시간을 가지고 장기채권 금리도 오른다. 그런데 일반적으로 우리가 알고 있는 바와 같이 채권 가격과 채권 금리는 반대로 움직이는 특징이 있다. 그래서 기준금리 인상으로 채권 금리가 오른다는 의미는, 반대로 채권 가격은 내려간다는 뜻이고, 이는 곧 은행이 보유 중인 채권자산의 가치도 떨어지게 되어 은행의 자산건전성을 후퇴시키는 요인으로 작용할 수 있다.

우리가 은행의 자산건전성을 들여다볼 때, 중요한 지표 중의 하나가 대출 연체율(연체된 금액÷대출총액)이라는 개념이다. 처음 코로나19 팬데믹이 터지고, 경기침체 우려가 확산되면서 정부에서는 '금융규제 유연화 방안(유동성커버리지비율 및 예대율 등 규제 완화)' 및 중소기업·소상공인 대출 만기 연장, 원리금 상환 유예 등 경기침체 우려를 불식시키기 위한 다양한 금융지원 방안을 내놓게 된다.

정부의 이런 적극적인 금융지원 정책에 힘입어 당시 은행은 낮은 대출 연체율을 유지할 수 있었다. 하지만 2022년 하반기를 기점으로 은행의 대출 연체율에 적신호가 켜지기 시작한다. 세계 경기 부진으로 수출이 감소하고 경기 한파로 내수 소비가 둔화하면서 기업 대출 연체율이 먼저 상승하기 시작했고, 가계신용대출 연체율은 2016년 9월 이후 6년여 만에 사상 최고를 기록하는 수준에 이르게 된다. 그리고 취약 가계 대출자 비중이 높은 인터넷 은행, 2금융권(저축은행, 보험사 등), 3금융권(대부업)은 이미 대출 연체율에 비상이 걸렸다.

특히 인터넷 은행의 경우 시중은행보다 중·저신용자를 대상으로 한 대출 비중이 높아 연체율 상승세가 뚜렷하게 나타나고 있는 상황이다. 게다가 금융당국은 현재 인터넷 은행들을 상대로 2023년 말까지 중·저신용자 대상의 대출 취급 비중을 더 올릴 것을 당부하고 있어, 상환능력이 취약한 중·저신용자들의 대출 연체율은 갈수록 더 악화될 것으로 보인다.

우리 사회의 '영끌족' '빚투족' '다중채무자'들이 코로나19 팬데믹 이후 유동성 파티를 즐기다 고물가·고금리 시대가 오니까 큰 위기에 처했다는 기사를 우리는 지겨울 정도로 많이 들어왔다. 그렇다면 상식적인 차원에서 이런 의문이 떠오른다. '은행에서 돈 빌린 사람이 지금 돈이 없어 문제에 처했다는 말은, 그들에게 돈을 빌려준 은행에 그 영향이 없을 수가 있을까?' 그런 의미에서 현재 시중은행의 유동성 상태에 대해서 한번 파헤쳐보자.

은행업 같은 경우는 아무래도 공공성이 있는 사업이다 보니 정부에서는 유동성커버리지비율(LCR)이라는 금융규제를 만들어서 적용하고 있다. 간단하게 생각하면 은행에서 대규모 자금 유출이 생기는 상황을 대비해 언제든지 쓸 수 있는 현금성 자산을 미리 일정 수준 이상 준비해두라는 것이다. 일종의 비상금과 비슷한 개념이라고 생각하면 이해하기 쉽다.

그런데 코로나19 팬데믹이 터지고 2020년 4월에 금융당국은 은행들이 지켜야 할, 이 유동성커버리지비율을 기존 100%에서 85%로 낮춰주는 조치를 취해줬다. 정부 입장에서는 그때 당시 경기침체 우려가 워낙 커지다 보니까 은행들의 금융규제를 풀어줘서 중소기업·소상공인 자영업자들에게 더 많은 대출을 통해 자금 공급을 늘려주려는 의도였다. 하지만 그 과정에서 은행의 유동성은 많이 나빠지게 되었다.

사실 원래 코로나19 이전까지만 하더라도 은행들은 이 유동성커버리지비율을 최소 100% 이상으로 맞췄어야 했다. 그런데 지금 보면 2022년 3분기 말 기준으로 하나은행의 LCR은 105.3%, 우리은행 95.3%, KB국민은행 92.7%, 신한은행 92.6%로 하나은행을 제외한 나머지 모두는 최소 유동성커버리지비율을 만족시키지 못하는 실정이다.

사실 지금 상태에서 원래 기준대로라면 시중은행들은 금융당국으로부터 이미 개선 권고를 받았을 것이고, 현재 상황을 어떻게 개선할 건지에 대한 시행 방안까지 다 제출해야 하는 상황이다. 많은 언론 보도에서는 그동안 은행들의 실적이 좋아지면서 이 유동성커버리지비율도 대폭 개선되었다고 말한다. 하지만 여전히 코로나19 팬데믹 이전보다 낮은 수준으로 회복하지 못하고 있고, 앞으로도 장기간 지속될 것으로 보이는 고금리와 유동성 가뭄은 은행들이 유동성커버리지비율을 회복하는 데 큰 장애가 될 것으로 우려된다. 그만큼 현재 보이는 것보다 은행 유동성이 처한 현실이 사실상 그렇게 안정된 상태는 아니라는 의미다.

정리해보면, 코로나19 팬데믹 때 발생한 경기침체 우려로, 중소기업·소상공인 대출 만기 연장과 원금상환 유예 등의 조치를 해주고 그걸 지금까지 계속해서 이어오고 있는 와중에, 유동성 과잉 공급 문제로 약 2년 정도의 거품 시기 동안 우리 사회에 부채 문제가 굉장히 심각하게 쌓여버렸다. '영끌족' '빚투족' '다중채무자'와 같은 부실 채무자 문제도 이때 다 만들어진 것이다.

유동성 과잉으로 인한 물가 문제가 전 세계적으로 심각해지다가 결국 빠른 금리 인상과 긴축적 통화정책으로 이어지게 되었고, 그 결과 이미 늘어난 대출을 감당하지 못하는 계층까지 등장하면서 이제는 원리금 상환에 부담을 느끼는 가계들이 소비를 줄이는 모습까지 보이고 있다. 이렇게 부채로 인한 금융위기 위험과 소비 급감으로 인한 경기침체 우려가 동시에 드러나고 있고, 이 모든 것이 겉으로는 괜찮은 척하고 있는 은행을 지금 떨게 만드는 이유다.

경제위기가 시작되면
딱 3년만 버티자

격변기를 버티는 데 집중해야 한다

부정적인 상황을 인정하고, 지금 어떻게든 살아갈 방법을 찾고 있다면, 당신은 지극히 현실론자라고 할 수 있다. 그런데 이런 현실론자인 당신이 왜 위기를 인식해야 하고, 그 위기의 본질이 무엇인지를 알았다고 하더라도 '이제 어떡해야 하지?'라는 의문이 남을 것이다. 혼란스러운 상황이니만큼 시중에 많은 정보가 미래에 대해 예측하고 어떻게 준비해야 하는지를 제시하고 있다.

미래를 예측하는 그들의 논리는 탄탄하며 충분히 가능성이 있는 이야기다. 하지만 그 예측들이 맞는지 틀리는지는 직면한 위기에 대응하고자 하는 사람 입장에서 지금 당장 중요한 것이 아니다.

만약 경제위기가 발생한다면 그 상황이 마무리가 될 때쯤 어떤 형태로든 사회가 '변화할 것'이라는 짐작은 하고 있다. 마치 IMF 외환위기나 일본 버블붕괴 이후의 경제·사회환경이 완전히 변화한 것처럼 말이다. 이것이 우리가 우선 무엇을 해야 하는지 알려주는 힌트가 된다. 변화된 세상 이전에는 반드시 과도기가 존재한다. 그리고 그 과도기는 일반적으로 경제위기가 원인이 되며, 구조조정을 동반하는 격변기의 성격을 지닌다. 그것이 바로 곧 다가올 순간이다.

경제위기의 모습을 한 이 구조조정기·격변기를 버텨내지 못하고 경제적으로 무너진다면, 그다음 변화된 세상에 대해 이야기하기에도 무의미할 것이다. 그래서 우리는 격변기를 버티는 데 집중해야 한다.

격변기를 버텨내는 게 어떤 의미인지 흔한 몇 가지 경험을 살펴보자. 군 복무 경험이 있는 이들은 아마 기억할 것이다. 군 복무 시절을 떠올려보면, 신병훈련소에 입소한 후 보통 일주일 정도는 지옥 같은 시간을 보내게 된다. 너무나도 달라진 환경에 바깥 생활이 그리워지기 시작하고, 앞으로도 이 지옥 같은 현실에서 수백 일을 견딜 생각을 하면 벌써 눈앞이 깜깜해진다.

그런데 입소 후 2주차가 되면, 기적 같은 변화가 나타나기 시작한다. 먹는 음식부터 생활패턴까지 모든 것이 조금씩 익숙해지더니, 3주차부터는 이제 요령도 생기고 입소 동기들과 나름의 재미도 찾아갈 수 있게 된다. 물론 아직 훈련은 힘들지만, 그동안에 체력이 늘었는지 그조차도 익숙해져간다.

코로나19가 처음 창궐했을 때를 떠올려보자. 처음에는 마스크를 착용하는 것 자체가 불편하고 괴로웠다. 귀는 아프고, 숨쉬기는 힘들고, 마스크를 착용한 가족사진을 볼 때면 언제까지 이래야 하는지 화도 났다. 그런데 어느 순간부터 외출할 때 보면 지갑을 챙기듯이 습관적으로 마스크를 챙기게 되고, 액세서리처럼 디자인도 바꿔가며 멋을 부리는 모습도 쉽게 발견할 수 있다. 괴롭기만 하던 마스크를 착용하는 일이, 불과 몇 개월 만에 익숙한 일상이 되어버린 것이다.

직장생활도 마찬가지다. 학생 때와는 너무 달라진 환경이 괴롭더라도 몇 개월만 버티고 이겨낼 수 있으면 어느새 버젓한 직장인이 되어 있다.

[경제위기 시작 후 3년간의 격변기]

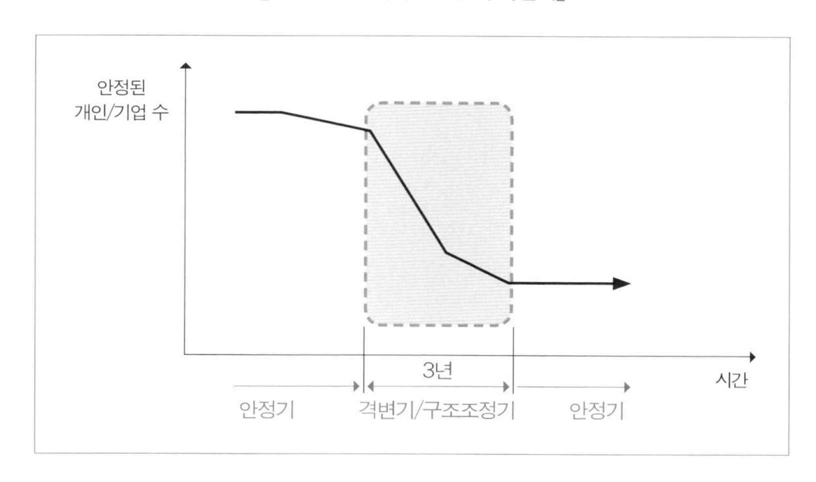

지금까지 안정화 순간이 올 때까지, 격변기를 버티는 과정이 왜 중요한지에 관해서 일상을 예로 들어 살펴봤다.

앞의 그림은 경제위기가 진행되는 과정에서 일반적으로 벌어지는 현상을 간단한 그래프의 형태로 표현한 것이다. 경제위기가 발생하기 전에는 개인과 기업의 수가 안정적인 상태를 유지하고 있다. 그러다 경제위기가 발생하면 경제적 기반이 부실한 상태로 안정을 유지하던 개인과 기업의 수가 급감하게 되는 것이다. 이 기간이 폭풍우의 '클라이맥스'이고, 사회 전반적인 구조조정이 이루어지는 '격변기'의 성격을 가진다. 이 시기만 지나면 무너지는 기업과 가계의 수가 눈에 띄게 줄어들기 시작한다. 마치 태풍의 눈을 지난 것처럼 여전히 비는 오고 바람은 불지만 새로운 큰 피해는 나타나지 않는다. 그리고 이때부터 정부의 구제금융 계획 및 제도 개혁과 같은 경제시스템 재건이 본격적으로 추진된다. 우리는 이 '경제위기의 클라이맥스 기간'을 버티고 살아남는데 집중해야 한다(이 책의 프롤로그를 다시 한번 참고하면 도움이 될 것이다).

그러나 오해해서는 안 되는 부분은 있다. 위기는 격변기 이후로도 얼마든지 더 지속될 수 있고, 일본처럼 침체가 고착화된 사회가 될 수도 있으며, 남미처럼 고물가가 일상화된 사회가 될지는 그 누구도 알 수 없다. 다만 격변기 이후 안정기가 어떤 형태가 되었건 우리는 격변기를 버텨내고 경제적으로 무너지지 않고 살아남아야만 이후에 찾아오는 변화된 시대에서 기회도 찾을 수 있을 것이다.

왜 버텨야 할 기간이 3년인가

우리는 전혀 예측 불가능한 불투명한 미래를 대비하는 것이 아니다. 이미 예정된 이 격변기를 버틸 준비를 하는 것이다. '딱! 3년만 버티자!' 여기서 말하는 3년은 다가올 위기를 인식하고, 변화하는 환경에 적응해서, 당면한 문제를 극복하는 시간이 감안된 기간이다.

이 책에서 지속적으로 강조하는 내용이 하나 있다. '다가올 경제위기를 대비해야 한다'는 것이다. 그렇다고 '경제위기를 대비하자'는 말을 먼 미래에 발생할 경제 문제까지 모두 대비하자는 의미로 이해해선 안 된다. 먼 미래의 문제는 사실 그렇게 대비할 수 있는 일이 아니다.

예측도 불가능하다. 지금 우리 주변에서 터져 나오는 선명한 위험 징후들을 봤을 때, 필연적으로 발생할 수밖에 없는 예측 가능한 구조조정기(격변기)를 현실적으로 견뎌내자는 의미다. 필연적으로 발생할 수밖에 없는 문제를 예측할 수 있다면, 현실적으로 우리가 버텨내는 것도 충분히 가능할 것이기 때문이다.

하지만 도대체 언제까지 이 위기를 대비해야 하는가? 위기의 끝은 언제인가? 이런 복잡한 생각이 들 것이다. 핵전쟁을 대비해 집 앞에 벙커를 판다고 하더라도, 거기서 언제까지 머물지에 대해서 감이라도 잡아야, 대략적인 설계라도 할 것이 아닌가?

과거에 우리가 겪었던 경제위기를 보면, 평균적으로 약 3~5년 정도의 힘겨운 구조조정 기간을 거쳤다. 하지만 근래에 들어서 그 기간은 갈수록 짧아지는 추세다. 그래서 자신 있게 말하는 것이다. 넉넉하게 잡아 3년이다. 오히려 생각보다 기간이 더 짧아질 수도 있다(기간이 짧아지는 만큼 구조조정은 더 혹독하다).

다만 여기서 3년이라는 기간을 제시하는 이유는 있다. 다가올 구조조정 격변기에 살아남을 생존자들이 견뎌낼 수 있는 한계치의 기간을 3년이라고 가정했기 때문이다. 1년으로는 부족하다. 1년이라는 기간은 빚만으로도 충분히 버틸 수 있는 기간이기 때문에 이 기간에 구조조정이 다 이루어질 수 없다. 반면에 3년이라는 기간은 긴 시간이다. 애초에 구조조정 격변기를 이겨내지 못할 사람들은 이 긴 시간 동안 아무리 빚과 여유자금을 모두 동원한다고 하더라도 버티기 힘들 것이다. 그만큼 3년이라는 시간은 길고, 구조조정 과정이 마무리되기에도 충분한 시간이다.

우리 딱 3년만 버티자! 구조조정 격변기에 살아남자!

지옥 같은 경제위기에서
살아남기

5장 핵심 포인트

고물가, 고금리, 고환율, 침체와 부채압박에 자산시장 붕괴, 무역적자 상황까지 동시에 마주하게 된 이런 위기 상황에서 경제적 어려움은 정치의 극단화, 국가 간 충돌 가능성을 키우는 특징이 있어 지정학적 위기까지 가중되어 한 치 앞도 예측하기 어려운 변수에 변수가 더해지고 있는 시국이다. 악재라고 하기엔 너무 커져버린 퍼펙트 스톰의 실체가 바로 이것이다.

이제는 다음 3가지 부분은 꼭 챙겨야 할 시기가 되었다. 먼저 지금 벌고 있는 고정소득을 앞으로도 지속적으로 반드시 유지하는 것, 그리고 다가올 경제적 충격을 대비해 돈이 완전히 마를 때까지 버틸 시간을 벌어줄 수 있는 목돈을 미리 갖추는 것(경제적 충격에 대비한 에어백 역할), 마지막으로 자신의 소득수준에 맞는 부채 규모를 유지하는 것이다.

우리가 선택할 수 있는 선택지는 2개인데, 어느 쪽을 선택하더라도 불편한 결과가 예상될 때 우리는 '딜레마에 빠졌다'라고 말한다. 일각에서는 지금의 경제 현실을 보면서 우리가 '딜레마에 빠졌다'라고 주장한다. 하지만 지금 우리가 처한 경제 현실은 전혀 딜레마에 빠진 상황이 아니다. 당장 하기 싫은 선택지이기 때문에 무시하면서 미루고만 있을 뿐, 선택지는 이미 명확하게 정해져 있다. 힘든 선택이라도 자발적으로 나서서 대비하고 준비하느냐, 아니면 나중에 상황에 떠밀려서 어쩔 수 없이 선택하느냐, 단지 그 차이만 있을 뿐이지 결국엔 우리 모두에게 똑같은 선택의 시간이 오게 될 거라는 걸 반드시 기억해야 한다.

6장

지금 당장 우리에게 필요한 처방전

긴말 필요 없이 지금 당장
우리가 해야 할 행동

점차 돈이 귀해지는 사회로 변해갈 것이다

"하나를 얻기 위해서는 다른 하나를 버려야 한다"라는 말이 있다. 하지만 우리가 앞으로 마주할 사회는 많이 달라질 것이다. 하나를 얻기 위해서 다른 하나를 포기하는 것이 아니라, 이미 가진 하나를 잃지 않고 지키기 위해서 다른 하나를 포기해야 할 가능성이 크다.

다가올 세상에서 우리가 예전처럼 '성장'과 '기회'를 추구할 수 있다면, 하나를 얻기 위해서 다른 하나를 포기하는 것이 맞다. 하지만 앞으로 우리가 마주할 세상은 사회·경제·정치적으로 '성장'과 '기회'를 제공하기보다는 '안정'과 '유지'를 더욱 강조하는 시대가 될 가능성이 높다.

그럼, 우리 사회의 대다수를 차지하는 서민 대중들(중산층을 포함해)은 앞으로 다가올 사회적·경제적 변화를 어떻게 받아들여야 할까? 우선 지난 경제 상황을 되돌아보면, 특히 2008년 글로벌 금융위기 이후로 전 세계 경제는 고착화된 초저금리에 기반해 돌아가는 경제시스템이었다.

다양한 정부 정책과 규제 제도, 생산과 투자를 위한 기업들의 사업 운영 방식, 가계의 지출과 소비 구조, 심지어 자산을 운용하기 위한 투자 활동마저 모두 저금리 패러다임에 기반해 돌아가고 있었다. 그리고 사람들은 이런 초저금리 시대가 정착되어 오래갈 것이라는 전망 아래 모든 경제 활동과 투자 활동을 이어갔다. 마치 원래부터 이런 상황이 정상인 것처럼, 그렇게 착각해서 인식하고 판단한 채 행동했던 것이다.

하지만 이제 모든 측면에서 세계적인 경제 패러다임 자체가 완전히 뒤바뀌고 있다. 과거와 같이 풍부한 유동성의 힘으로 (경제적으로) 어제보다 오늘 더 성장하고, (정치·사회적으로) 오늘보다 내일 더 나아지는, 그런 진보하는 사회를 여전히 기대할 수 있을까? 지금의 경제 여건을 보면 가계와 기업, 세계 각국의 정부 할 것 없이 부채 문제가 심각하게 누적되고 있고, 너무 많이 풀린 돈들이 물가 문제를 가중시키고 있으며, 이런 물가 문제를 견디지 못한 저개발 국가부터 연쇄적인 디폴트 사태로 쓰러져가고 있다.

과거와 같은 지속 가능한 양질의 일자리는 줄어들고 있고, 그런 일자리를 바라보는 사람들의 근로 의욕은 차갑게 식어가고 있으며, 경제 성장마저 계속해서 위협받고 있는 실정이다. 러시아-우크라이나 전쟁은 또 어떤가. 전쟁은 끝날 기미 없이 무기한 장기화 추세로 흘러가고 있지 않은가.

최근엔 에너지가격 상승을 둘러싼 주도권 경쟁을 두고, 미국과 중동 간에 지정학적 갈등까지 부각되고 있는 상태다. 이런 와중에 경기 침체를 가중시키는 미국의 강력한 금리 인상 정책과 돈줄을 말리는 공격적인 통화긴축(양적긴축)까지 지속되는 상황으로 치닫고 있다.

현재는 물론 향후 1~2년 동안은 우리나라를 포함해 전 세계가 미국처럼 통화긴축 기조로 나아갈 여지가 크다. 그러므로 앞으로 우리가 마주할 사회는 갈수록 돈이 고갈되는 사회, 즉 점차 돈이 귀해지는 사회로 변해갈 것이며 그런 변화 과정에서 시장 충격(자산가격 하락)을 동반한 형태로 벗어날 길 없는 어두운 경제 상황이 우리 눈앞에 펼쳐질 가능성이 높다.

우리는 이제 지난 20여 년간 익숙해져 있던 저금리 시대와 이별을 준비해야 한다. 거센 변화의 물결은 갈림길에서 우왕좌왕하는 우리를 더욱 큰 혼란에 빠뜨릴 것이 뻔하다. 더 이상 망설일 필요도, 주저할 여유도 없다. 지금부터는 고물가·저성장 시대를 대비한 소비와 고금리 시대에 맞춘 투자, 그리고 변화의 시대 흐름에 맞는 사업 운영 방식 등에 새롭게 적응해나갈 채비를 갖추어야 한다.

자산을 늘리기 위한 활동에 매진할 때가 아니다

그럼, 이제 다가올 경제 충격을 대비해 우리 각자 개개인이 가장 먼저 중요하게 챙겨야 할 부분은 무엇일까? 이 부분을 알기 위해서는 과거의 사례를 통해서 경제위기가 터졌을 때, 가장 못 버티고 충격받은 당사자가 누구였는지를 먼저 떠올려보면 쉽게 이해할 수 있다. 일반적으로 금융위기나 자산가격 붕괴와 같은 경제 충격이 생기면, 사람들 대부분은 크게 2가지 이유로 삶이 무너지는 과정을 겪게 된다.

먼저 첫 번째는 자신이 보유한 자산 규모에 비해서 융통하는 현금흐름이 부족한 경우(혹은 평소 불규칙한 현금흐름이 잦은 경우), 경제 충격에 쉽게 노출되는 어려움을 겪게 된다. 불규칙한 현금흐름(소득)과 자산가치 유지에 필요한 자금(대출이자, 세금 등) 부족은, 특히 경제 충격이 발생한 상황에서 그 취약성을 극명하게 드러내는 특징이 있기 때문이다.

간혹 현금흐름이 부족한 사람을 소득이 적은 사람으로 오해하는 경우가 많다. 물론 소득이 적은 사람이 경제위기에 취약한 것도 사실이다. 하지만 여기서 주목하는 포인트는 당장 가진 자산이 많다고 해서 경제 충격에 안전한 건 아니라는 것이다. 자신이 보유한 자산 규모와 평소 지출하는 소비수준에 비해 현금흐름이 부족할 때(혹은 그런 현금흐름이 끊어지게 되었을 때) 경제 충격에 더 쉽게 노출될 수 있고, 급격하게 취약해질 수 있다는 의미다.

예를 들어 20평대 아파트와 중형차를 소유한 자녀 없는 부부에게 필요한 현금흐름 규모와 50평대 아파트에 거주하면서 대형 고급차를 몰고 다니며 대학생 자녀가 있는 가정에 필요한 현금흐름 규모는 완전히 다를 수밖에 없다.

우리가 소유하고 있는 자산은 항상 그 규모에 맞게 그만큼의 유지비용이 들 수밖에 없다는 점을 기억해야 한다. 그래서 만일 본인이 보유한 자산 규모에 비해서 현재 현금흐름이 부족한 사람은 경제 충격이 다가오기 전에 일부 자산 포트폴리오를 정리할 필요가 있다. 불필요한 지출은 없애야 하고, 값비싼 부채는 줄이고, 무리한 금융 투자도 되도록 피해야 한다. 안정적인 현금흐름이 창출될 수 있는 방향으로 자산 구조를 재배치하고 바꿔야 하는 것이다.

물론 상황마다 모든 사람이 처한 현실은 제각기 다르기 때문에 현금흐름을 확보하는 방법 또한 다를 수밖에 없다. 고정적인 임금은 벌지만 일자리가 불안정한 (중소·영세기업) 직장인, 이익 규모에 비해 지출(급료, 관리비, 세금 납부 등)이 많은 자영업자, 매출은 높지만 정작 가처분 소득은 적은 사업가, 영끌족 등등 전부 경제위기가 생겼을 때 안정적인 현금흐름 확보에 문제가 발생할 가능성이 큰 사람들이다.

이런 경우 서로 대비하는 방법은 다 다르겠지만 챙겨야 할 포인트는 모두 같다. 당장 현금흐름을 최대한 안정적으로 유지할 수 있는 방향으로 집중해야 한다는 점이다. 소득도 일회성으로 많이 버는 것보다 당장은 좀 적더라도, 안정적으로 꾸준히 벌 수 있는 상황을 만들어가는 것이 중요하다.

두 번째 이유는 바로 빚(부채) 문제다. 경제위기 때 빚 문제를 감당하지 못해 쓰러지는 경우가 상당히 많다. 특히 본인의 소득수준 이상의 빚이 있는 경우, 대개 큰 문제를 겪게 된다. 이렇게 자신의 소득 규모에 비해서 무리하게 빚을 진 경우는, 소득수준을 높일 수 있는 방법을 찾는 것이 제일 좋은 대안이며 최선책이다. 하지만 현실적으로 갑자기 소득 규모를 키우기는 힘들기 때문에, 현재 자신이 누리는 삶의 혜택을 줄여서라도 위기 상황에 대비해 부채 규모를 줄여나가는 선택이 더 현실적인 대안이 될 수 있다.

또한 경제위기는 반드시 금융 축소를 동반하는 특징이 있다는 점을 상기해야 한다. 어느 시기든 경제위기가 가시화된 사회에서는 돈을 쉽게 끌어 쓰기가 그만큼 어려울 수밖에 없다. 은행의 대출 문턱은 높아지고, 같은 돈을 빌리는 데 더 많은 이자를 지급해야 하는 '금융 축소 사회'로 변해가기 때문이다. 그러면서 그 사회에 누적된 부채 문제를 부각시키게 된다. 그래서 이런 사회에서는 기존에 돈을 빌려서 하는 사업, 돈을 빌려 하는 투자, 그리고 빌려 쓰는 소비 활동까지 모두 위축받게 된다.

우리는 이미 과거 수차례의 경제위기(IMF 외환위기, 2002년 신용카드 대출 대란 사태, 2008년 글로벌 금융위기)를 통해서 '부채'가 경제 충격에 얼마나 취약할 수 있는지 확인했으며, 그것이 우리 사회는 물론이고 각 가정의 구석구석까지 깊숙이 파고들어 삶을 어떻게 파괴시키고 뒤흔들 수 있는지 충분히 경험한 바 있다. 그래서 다가올 경제 충격을 대비해 사업이 되었든, 투자가 되었든, '빚'이라는 레버리지 비용을 하루빨리 줄일 수 있는 환경을 신속히 갖춰가는 것이 중요하다.

지금은 자산을 늘리기 위한 활동에 매진할 때가 아니다. 이미 가진 자산을 지키기만 해도 성공하는 시기다. 현재 당신이 누리는 삶을 앞으로도 계속해서 유지하고 지키기 위해선 무엇보다 안정적인 현금흐름 확보와 '빚'이라는 부채를 줄여나가는 활동에 집중해야 된다. 지금 이 두 부분이 중산층을 포함한 서민 가계의 입장에서 볼 때 가장 시급한 일이기 때문이다. 지금은 낙관적인 경제 성장을 전망하기보다는, 조금이라도 더 방어적인 자세를 가지고 안정을 우선시해야 할 때임을 기억하자.

당신은 지금 저축을 잘못 이해하고 있다

투자를 경제 활동의 전부로 여기게 된 사람들

사연을 보낸 시청자의 지출 내역을 보면서 방송에 참여한 전문가와 패널들이 더욱 합리적인 소비와 절약하는 방법을 소개하는 프로그램이 예전에 꽤 큰 인기를 끌었다. 방송에서 주식이나 부동산, 가상화폐, 금 등의 직접적인 투자정보를 알려주는 프로그램은 아니었지만, 시청자의 무분별한 소비와 방만한 지출 관리에 대해 팩트 폭격을 가하면서 유용한 경제 정보를 제공하던 방송이었다.

그런데 그런 방송이 코로나19 팬데믹 이후 우리 사회에 투자 광풍이 불면서 관심 밖으로 잊혀갔다. 더 이상 대중은 이런 내용의 경제 정보에는 관심이 없고 흥미조차 잃었다. 이제는 '저축'보다 '투자'를 더욱 선호하는 사회로 변했고, 모두가 투자에 매몰된 삶을 살아가고 있을 뿐이다. 부동산, 주식, 가상화폐, 해외투자 등 여기저기에 투자 광고가 넘쳐날 정도로 아직 우리 사회 분위기는 투자 열기에 취해 전혀 헤어 나오지 못하고 있다.

사람들의 태도도 여전히 바뀐 것이 없다. 모두가 마치 지금이 마지막 기회인 것처럼 투자에 열중하고 있고, 지금 타이밍에 이 주식은 무조건 사야 할 것 같은 기분에 휩싸인 듯 보인다. 투자하지 않는 사람들은 남들보다 뒤처지는 게 아닌가 하는 그런 불안감과 강박관념에 쫓길 정도로 현재 투자가 의무처럼 퍼진 사회로 변했다.

게다가 이미 국내 경기가 위축되고 침체 상황에 빠져들다 보니, 정부 역시 저축보다는 투자를 더욱 강조하는 사회 분위기를 조성하고 있는 것도 사실이다. 물론 정부 입장에서는 침체된 경기를 살리고, 우리 사회를 지탱하고 있는 경제 기반을 지켜내기 위해서 투자를 지속적으로 유도하는 측면이 있다.

하지만 지금 사회 분위기는 모든 경제 활동이 투자에만 너무 집중된 나머지 오로지 투자만이 살길이고, 투자만이 정답이라고 하면서, 저축하는 행동 자체를 굉장히 어색한 경제 활동으로 인식하고 있고, 저축에 큰 관심을 가지는 것만으로도 경제에 무지한 사람으로 취급하는 분위기다. 사실은 굉장히 자연스럽고, 예전에는 너무나도 당연하게 해왔던 '저축'이라는 좋은 습관이 이제는 투자 광기 속에 묻혀 사라져가고 있다. 그러는 사이 다른 형태의 경제 활동(특히 근로 활동과 저축 활동) 역시 외면받은 채 취약해지고 있다.

'투자'를 경제 활동의 핵심이자 전부로 오해하고 있는 사람들이 많다. 하지만 경제 활동은 투자뿐만 아니라 다양한 활동을 포함하고 있다. 현재 자신이 소유한 부를 현재의 삶을 위해 사용하는 '소비 활동', 현재의 부를 미래의 가치로 옮기는 '투자 활동'과 '저축 활동'(참고로 '투자 활동'과 '저축 활동'의 차이는 미래에 발생할 가치를 확정적으로 보장하는지에 따라 나뉜다), 미래에 창출할 부를 이자라는 비용을 지불하고 현재로 미리 끌어와 사용하는 '대출 활동', 그리고 우리가 가장 익숙하게 돈을 버는 방법인 '소득 활동' 등이 모두 경제 활동에 속한다. 이 외에 기업이 주체가 되는 '생산 활동'도 있다.

이렇게 경제 활동은 현재와 미래를 넘나드는 각각의 다양한 활동들이 마치 톱니바퀴처럼 밀접하게 맞물려 돌아가는 구조를 가지고 있다. 그렇기 때문에 투자뿐만 아니라 소득, 소비, 저축, 대출 중 어느 하나라도 문제가 생기면 다른 경제 활동에까지 연쇄 충격을 일으키게 되고 개인의 전체 경제 활동이 타격을 받게 된다.

사람들은 투자만 성공하면 자신이 짊어지고 있는 경제적 문제가 모두 다 해결될 것으로 생각하는 경우가 많다. 하지만 실제로는 투자에 성공한다고 하더라도, 다른 경제 활동 영역에서 발생한 문제로 인해 경제적으로 큰 곤란에 처할 수 있다. 예를 들어 무절제한 지출로 인한 과도한 소비, 실업과 사업 위기로 인한 소득 활동 중단, 감당할 수 없는 대출로 인한 부실화, 불건전한 투자가 초래한 손실 확대, 평소 모아둔 저축이 없어 목돈이 필요한 상황에서 발생할 수 있는 현금흐름 문제 등 이런 것 중에 어느 하나만 문제가 생겨도 자신의 전체적인 경제 활동이 연쇄적으로 무너질 수 있다.

그래서 '투자만 성공하면 모든 것이 해결될 것'이라는 생각은 굉장히 무모한 생각이며, 투자에 성공해도 경제적으로 무너지는 상황은 언제든지 찾아올 수 있다. 그러므로 항상 이 부분을 염두에 두고, 투자 활동뿐만 아니라 다른 경제 활동에도 지속적인 관심과 학습이 필요하다는 점을 인식하고 있어야 한다.

투자가 아닌 저축에 더욱 집중해야 하는 이유

다양한 경제 활동 중에서 투자가 아닌 '저축'에 더욱 집중해야 하는 이유는 뭘까? 왜 지금 시대에 저축의 필요성을 이토록 강조하는 것일까?

이제는 기존에 우리가 저축에 대해 가지고 있던 고정관념을 바꿀 필요가 있다. 돈을 조금씩 모으고, 이렇게 모은 돈을 불려 목돈을 만드는 용도로서의 저축은 이제 잊어야 한다. 내가 가진 돈을 잃지 않고, 나의 자산을 하나라도 더 지키기 위한 관점에서 저축을 이해해야 한다. 어떠한 상황에서는 잃지 않고 지키는 것만으로도 좋은 투자 행위로 평가할 수 있기 때문이다.

사실 투자로 얻을 높은 투자수익에 비하면 상대적으로 저축으로 얻을 이자수익은 굉장히 낮은 측면이 있다. 그런데도 이자가 거의 없는 돈을 모아가는 것, 그렇게 모인 돈이 목돈이 되었는데도 쓰지 않고 여전히 보유해나가는 것, 이렇게 저축을 유지할 수 있는 행동은 굉장히 힘든 일이고 이것 또한 이제 능력이다.

그래서 평소 저축하는 습관을 유지하고 있는 사람들은 수익성이 낮은 자산이라도 꾸준히 보유할 수 있는 역량이 있어서, 투기에 눈이 먼 어리석은 거품 열기에 쉽게 빠져들지 않고 피하는 힘이 있다. 이런 의미에서 보면 저축은, 저축을 통해서 목돈을 만들어간다는 측면에서의 중요성보다는 '습관과 절제 능력'을 키워간다는 의미에서 더욱 중요한 경제 활동이라고 할 수 있다.

저축의 또 다른 장점은 우리가 직면할 수 있는 모든 경제적 곤경에 대해서 '완충 장치' 역할을 할 수 있다는 점이다. '예측할 수 없는 사건·사고로 넘쳐나는 것이 인생'이라는 말이 있다. 우리는 살아가는 동안 수많은 시련에 직면할 수밖에 없고, 때로는 지치고 모든 것을 포기하고 싶은 순간을 마주하게 되지만, 결국 이 모든 난관을 견뎌내고 이겨내며 살아가야 한다. 특히 경제적 문제에 직면하게 되었을 때, 여기서 '견뎌내고 이겨낼 수 있는 힘'을 주는 것이 바로 저축이 가진 힘이다.

저축을 통해서 갖춘 목돈은 다른 경제 활동 영역(소비, 투자, 소득

등)에 문제가 생겼을 때 충격을 완화해주는 에어백 역할을 한다. 또한 이와 동시에 저축을 통해 미리 확보한 현금은 마치 맥가이버 칼처럼 위기의 상황마다 유연하게 대처할 수 있는 수단으로도 활용할 수 있다.

예를 들면 저축은 금리가 급하게 오르는 시기에는 일정 기간 높은 이자를 감당할 수 있게 해주고, 실업으로 소득 활동이 끊긴 기간에는 기존 생활을 유지할 수 있게끔 현금흐름을 만들어주는 보험과도 같은 역할을 한다. 또한 경제위기 때 담보가치 하락이나 다른 경제 문제로 인해서 갑자기 대출금 일부를 상환해야 할 때 혹은 대출 만기 연장에 문제가 생기는 등, 이런 경우 의외로 많은 사람들이 당장 현금 얼마가 부족해 소중한 자신의 집을 처분해야 하는 상황에 내몰리기도 한다. 이때 모아둔 저축이 우리의 재산을 안전하게 지켜주는 안전망 역할을 할 수 있는 것이다.

이제 저축의 의미가 바뀌었음을 이해하고 명심해야 한다. 요즘 시대에 저축은 돈을 불린다는 의미가 아니라, 한겨울이 왔을 때 최소한의 따뜻함을 보장해줄 수 있는 보험과도 같은 것이며, 우리 삶이 경제 쓰나미로 쓸려가는 위험을 막아주는 방파제로서의 의미로 저축을 받아들여야 한다.

당신이 믿는 금융전문가는 당신을 위해 일하지 않는다!

금융전문가라는 타이틀, 그 이면의 진실들

투자가 불안하고 어려운 이유는 투자에 있어선 정해진 답이 없기 때문이다. 투자시장에서는 무엇이든 명확하게 확정할 수 없고, 그래서 불투명하며, 나중에 어떻게 될지 잘 모르기 때문에 자신할 수 없어 투자가 어려울 수밖에 없다.

그래서 많은 이들은 투자할 때 이런 선택을 하게 된다. 자기보다 조금이라도 더 나아 보이는 이른바 '금융전문가'라는 사람을 찾아 의지하게 되는 것이다. 왜냐하면 다양한 방송 매체를 통해 등장한 금융전문가들이 각종 금융 지식과 전문적인 금융 용어로 무장해 우리 눈앞에서 자신의 투자 판단에 대해서 논리적으로 설명하는 모습을 보면, 그들의 시장에 대한 통찰력과 자신감 있는 태도에 매료될 수밖에 없고, 나 혼자 스스로 결정해 투자하는 것보다 이들 전문가의 조언을 듣고 투자 결정을 내리는 게 더 괜찮을 것 같다는 생각이 들기 때문이다.

이런 이유로 인해서 사람들은 거의 맹목적이라고 할 만큼 금융전문가에 대해 큰 신뢰를 가지고 있다. 특히 투자 금액이 많을수록 전문가의 손길에 더더욱 의지해 투자 판단을 내리게 된다.

하지만 사실 여기엔 함정이 숨어 있다. 조금만 생각해보면 우리는 그동안의 투자 경험을 통해서 금융전문가들의 투자수익률이 별 특별한 것이 없다는 사실을 이미 잘 알고 있다. 예전에 원숭이와 전문 펀드투자자 간의 수익률 대결에서도 확인된 것처럼, 시장을 예상하고 미래를 전망하는 것에 있어선 금융전문가나 일반 개인들 간에 큰 차이가 없다는 사실은 이미 많이 알려진 일이다.

물론 금융전문가들이 오랫동안 자신의 금융 분야에서 전문지식을 쌓음으로써 단기적인 시장 움직임을 파악하는 이해력과 해석 역량은 분명히 더 뛰어날 수 있다. 하지만 그렇다고 해서 그들의 예측 능력과 전망, 그리고 투자 판단까지 더 정확할 것이란 보장은 없다. 그들이 다양한 금융 지식으로 무장했다고 해서, 그들의 목소리에 자신감이 있고 태도가 확실하다고 해서, 그리고 그들이 투자시장을 이해하고 분석해서 쉽게 설명하는 능력을 갖췄다고 해서, 그들이 앞으로 투자시장에서 일어날 일을 정확하게 진단할 수 있는 예측(전망) 능력까지 뛰어나다는 의미는 아니며, 또한 우리는 그렇게 착각해서도 안 된다. 참고로 연준은 세계 최고의 경제 석학들이 모여 있고 누구보다 빠르게 실물경제 데이터를 수집해 통계 분석한 후에 그 결과를 손에 쥘 수 있는 기관이다. 이 기관의 최고 수장 제롬 파월 의장조차도 2020년 3월 이후 주식, 부동산, 코인 등 모든 자산시장이 폭등하고, 식료품은 물론 금과 구리를 포함해 원유 등 온갖 원자재가격이 오르는 와중에도 "인플레이션은 일시적"이라고 진단했다. 그런 그가 2021년 11월 30일 미국 상원 청문회에 가서야 물가상승에 대한 자신의 기존 생각과 판단이 틀렸음을 인정하고 "이제 더 이상 인플레이션은 일시적이지 않다"라고 발언했다.

우리가 각종 방송과 다양한 통신 매체를 통해서 만나는 금융전문가들은 과연 누구이고, 주로 어떤 일을 하는 사람들일까? 우리는 보통 금융전문가라고 하면 투자시장에 정통한 전문적인 투자자라고 착각해서 오해하는 경우가 많다. 하지만 우리가 평소 금융전문가로 믿고 따르는 사람들 중에 대부분은 사실 투자를 업(業)으로 하는 그런 전문 투자자가 아니다.

이들 대부분은 다양한 형태의 금융기관(증권회사, 투자회사, 은행, 금융 자영업자 또는 프리랜서 등)에 소속되어 활동하는 경우가 많다. 그러다 보니 사실은 전문적인 투자 활동과 그에 따른 수익률을 통해서 얻는 투자소득이 아닌, 금융업계에 노동력을 제공하고 받는 근로소득이나 자영업 또는 프리랜서 등과 같이 사업소득의 형태로 살아가는 사람들이 대부분이다. 이들이 금융전문가라는 타이틀을 가지고 활동하고 있다. 이렇게 불안한 투자시장에서 살아남기 위해 우리가 기대하는 금융전문가의 모습과 실제 현실에 존재하는 금융전문가의 모습은 엄연히 차이가 있으며, 완전히 다르다는 사실을 빨리 눈치채야 한다.

리스크를 감당하고 투자책임을 지는 건 오직 나!

실제 현실이 이런데도 평소 전반적인 금융 상식이 부족해 금융 용어가 낯설고 어려운 평범한 개인들 같은 경우에는 금융전문가의 손길에 기댈 수밖에 없다. 또한 그들의 조언을 얻어 투자하는 것이 더 이익이 되지 않을까 하는 생각을 놓기가 쉽지 않다.

사람들이 투자시장에서 전문가를 찾아 그들이 제공하는 투자 정보 서비스를 구매하는 이유는 간단하다. 투자시장에 존재하는 불확실한 위험 부담을 피하고, 일반인 스스로는 미처 고려할 수 없는 각종 다양한 투자 리스크를 줄이기 위해서, 그리고 수수료를 부담하더라도 비용 이상의 투자수익을 얻을 수 있을 것이라는 기대감이 있기 때문이다.

하지만 여기서 분명히 짚고 넘어가야 할 사실이 하나 있다. 투자

정보 서비스를 제공하는 전문가의 입장과 이들 전문가에게 수수료를 지급하고 조언을 받아 투자 결정을 내리는 일반 개인(고객) 간의 이해관계가 일치하지 않는다는 점을 반드시 기억해야 한다. 독자 중에 특히, 유료 투자 정보를 받는 사람들은 이 점을 상기하자.

만약에 투자 서비스를 이용하는 고객이 전문가가 제공한 투자 조언을 통해서 만족스러운 이익을 얻고, 전문가들도 그들 고객이 거둔 투자수익에 따라 대가를 지불받는 구조라면 이들 둘 사이의 이해관계가 일치한다고 볼 수 있다. 왜냐하면 이런 구조에서는 고객이 얻는 수익에 따라서 전문가 자신이 가져갈 수입(수수료) 규모가 결정되기 때문에 전문가는 자신의 고객들에게 최대한 많은 수익을 안겨줄 수 있는 투자 서비스를 제공하기 위해 노력할 것이다. 그럼 당연히 전문가 자신이 가진 모든 역량을 '고객들의 투자수익 극대화'를 위해 집중하게 되고, 투자 과정에서 진행될 모든 의사결정 역시도 '고객들의 투자수익 극대화'를 위한 방향으로 끌고 가게 된다.

하지만 우리가 충분한 경험을 통해 이미 잘 알고 있는 것처럼, 일반적으로 대부분의 전문가는 지속적인 신규회원 유치와 많은 회원 확보를 통해서 돈을 버는 소득구조(수익 모델)로 되어 있다. 그러므로 전문가들이 가진 역량은 기본적으로 더 많은 신규고객 유치와 회원 유지 및 확보에 집중될 수밖에 없다. 그렇다고 전문가들이 고객들의 투자수익을 전혀 신경 쓰지 않는다는 말은 아니다. 다만 그들이 가진 소득구조 체계와 이해관계의 특징으로 봤을 때, 이들 전문가의 최우선 과제는 고객들의 투자수익을 극대화하는 것보다는 더 많은 고객 유치에 집중될 수밖에 없다는 점을 강조하는 것이다.

그래서 엄밀히 보면 우리가 투자 전문가라고 생각하는 사람들(신규고객 유치와 더 많은 고객 확보가 목적)과 그들의 조언을 듣고 투자 결정을 내리는 고객(더 높은 수익률 제고가 목적) 사이에는 일치하지 않는 입장 차이가 있으며, 그래서 이런 현실적인 측면을 고려해서 본다면 애초에 전문가들에게 고객들의 기대가 반영된 투자수익 극대화를 위한 서비스를 기대하는 것 자체가 무리라고 할 수 있다.

주요 기업들이 중요한 경영 판단(기업 인수합병, 신규 사업에 대규모 투자 결정, 제품 출시 전 마케팅 시장 동향 조사 등)을 앞두고 거액의 비용을 들여 전문가 컨설팅 집단에 의뢰한 내용이 오히려 결정적으로 시장을 오판해 잘못된 의사결정을 하게 만드는 빌미를 제공하는 경우가 많이 있다. 우리가 이런 경우를 보더라도 전문가 리스크는 분명히 존재하는 위험이다.

본질적으로 예측할 수 없는 미래에 대한 투자도, 그리고 그런 투자에 따른 선택과 결과도, 모두 자기 자신인 본인 책임이다. 그런데 예측할 수 없는 미래에 대한 투자를 전문가의 말만 듣고 투자 판단을 내린다는 것이 얼마나 위험할 수 있는 행동인지, 자신의 현재 자산을 안전하게 지키기 위해서라도 빨리 알아차릴 필요가 있다. 결국 투자시장에서 모든 리스크를 감당하고 투자책임을 지는 건 본인 자신뿐이라는 걸 명심해야 한다.

위기의 시대,
그들의 생존전략

무엇이 위기이고, 왜 지금이 위기인가?

평소 사람들이 많이 착각하고 있는 사실이 있다. 사람들은 무의식적으로 이런 생각을 많이 가지고 있는데, 자기가 살아가는 동안에는 자신들의 삶에 결코 극복하기 힘든 어떠한 위기나 시련이 닥치지 않을 것으로 생각하며 살아간다는 것이다. 그리고 이런 생각에 대해서 확신을 넘어 거의 맹신할 정도로 믿고 있는 경우가 많다.

'세상에 온갖 시련과 위기, 고난은 많지만… 결코 나랑은 관계없는 일이야' '내 삶에는 아무 영향 없어. 전혀 해당되지 않아' '우리 가족은 문제없어. 저런 일은 아마 뉴스에서만 일어나는 일일 거야' 하며 자기 삶에도 위태로운 시간이 도래할 수 있다는 사실을 크게 의식하지 못한 채 살아가고 있다. 하지만 어느새 갑자기 찾아온 위기로 고난을 마주하는 순간, 내 삶과 내 가정이 흔들려 벼랑 끝으로 내몰린 채 감당하기 버거운 불가피한 시련을 겪어야 할 수도 있다.

무엇이 위기이고, 왜 지금이 위기인가. 우리가 가진 인식의 한계가 지금 시대를 위기로 몰아가고 있다. 사람들은 현재 자신이 누리고 있는 삶과 지금 살아가고 있는 이 사회 구조(산업·경제·정치시스템 등을 포함해)가 앞으로도 별 탈 없이 계속 같은 형태로 유지될 것으로 생각하는 경향이 있다. 각자 스스로가 받아들일 수 있는 현실 인식 수준 내에서의 변화만을 생각할 뿐이다. 하지만 이런 틀에 박힌 생각과 행동 방식으로는 다가올 경제 충격을 전혀 대비할 수 없다.

대다수의 많은 이들은 지금 우리 눈앞에서 벌어지고 있는 경제 문제에 대해서 매우 둔감한 반응을 나타내고 있거나, 마치 이런 상황에 익숙해진 듯한 안일한 모습을 보여주고 있다. 마주하게 될 위기에 어떻게 대처해야 할지 위기의식 자체도 없고, 아직 현실 인식도 매우 부족하다. 위기에 대처하기 위해서 평소 절제하는 태도로 씀씀이를 줄이기보다는, 정작 주변 사람들의 시선을 의식해 무절제한 소비로 쓸 것을 다 쓰고 있고, 여행 다닐 곳을 다 다니면서 더 많은 걸 즐기고 누리려는 태도를 보여주고 있다.

하지만 우리의 이런 안일한 태도와는 다르게 사실상 경제위기는 이미 뚜껑이 열린 것이나 마찬가지다. 실제로 대다수의 서민 계층 측면에서 보면 현재 양극화는 계속 심각해지고 있고, 빈곤 역시 충분히 보편화되고 있어서 갈수록 살기 힘든 세상으로 흘러가고 있다. 여기에 부동산을 중심으로 확대된 가계 부채 문제까지 온갖 것들이 우리 가계의 목줄을 조이고 있는 현실이다.

지금 상황이 힘겹기는 정부와 기업들도 마찬가지다. 무역적자 확대 및 내수 소비 급감은 사상 유례없을 만큼 나쁜 상황으로 치닫고 있고, 급격하게 줄어들고 있는 기업 매출과 이익감소는 많은 기업의 투자 의지를 꺾어 인력 구조조정과 함께 고용 축소 계획이라는 결과로 그 여파가 전달되고 있다. 그리고 부동산시장 냉각은 그동안 건설회사들이 얼마나 방만한 태도로 경영되었는지, 자금 경색 문제와 함께 그 민낯을 드러내고 있다. 여기에 PF(프로젝트 파이낸싱 자금) 대출 등으로 건설사와 엮여 부실 위험이 커진 금융 관련 산업의 연쇄위기까지 되돌리기엔 너무 멀리 와버린 문제점들이 굉장히 많다.

사실 아직은 이런 위험 요인들이 휘발성 이슈처럼 여겨져 우리가 잘 못 느낄 뿐이지, 흘러가는 경제 상황 자체는 너무 명확한 방향성으로 길이 정해져버렸다.

당장 직면하고 있는 저성장·고물가 흐름의 장기화 현상은 평범한 우리 일반 가정에 큰 시련으로 다가오고 있으며, 이 시련은 이미 아래에 있는 저소득층부터 단계를 밟고 올라와 한계를 맞고 있다. 원래 사회적으로 위기가 생기면 경제적으로 가장 취약한 하위 저소득 계층부터 무너지게 된다. 그리고 그 위기가 지속될수록 그 위에 있는 계층, 또 그 위의 계층, 그러다 다음에는 중산층이 무너지는 식으로 사회구성원들이 연쇄적으로 하나둘 무너져가는 과정을 겪는다.

그래서 이런 상황만 보더라도 지금은 사실 우리 경제의 미래를 예측한다는 것 자체가 거의 불가능한 일이며, 굉장히 어려운 현실이라는 것을 알 수 있다. 그런데도 정부는 단지 한쪽으로 편향된 지원 정책과 단순한 보조 수단만을 동원해 위기 상황을 미루고 덮는 데만 애를 쓰고 있을 뿐이다.

통화팽창의 시대에 흠뻑 취해 살아오다

지금까지 우리는 저금리와 저물가 현상을 마치 원래 주어진 공기와 물처럼 당연한 것으로 여기며 '통화팽창의 시대'를 살아왔다. 특히 최근 몇 년간 각국 정부의 엄청난 양적완화(정부에서 발행한 채권을 중앙은행이 사들이면서 시중에 통화를 공급하는 정책)로 미친 듯이 돈이 풀린 시대를 겪으면서 '통화팽창의 시대'에 더 취해 빠져 있었던 것이 사실이다.

하지만 이제 위기가 오고, 침체의 시간이 길어지면서 점점 돈이 귀해지는 시간이 도래하고 있다. 지금까지 우리가 바보같이 여기며 꺼렸던 행동(이를테면 저축이나 가만히 돈을 놀리는 행위 등)이 앞으로는 위기를 조금이라도 버티게 해주는 힘이자, 기회의 문을 열어주는 하나의 열쇠가 될 수 있다.

기본적으로 사람들은 자신에게 도움이 되더라도 지금 당장 무언가를 해서 불편한 것보다는, 이왕이면 편한 걸 쫓고, 하고 싶은 걸 선택해 행동하는 경향이 강하다. 그런데 그렇게 해서는 우리가 앞으로의 사회에서 안정적인 삶을 담보할 수 없게 될 가능성이 매우 높다.

삶의 안정성이 담보되지 않는다는 말은, 우리가 장기적인 계획을 가지고 안정적으로 살아갈 수 있는 기반을 다질 수 없다는 의미다. 그럼 예상하지 못한 상황에 휘둘리게 되고, 전혀 계획하지 않은 변화에 이끌린 채 휘둘리는 삶을 살아갈 수밖에 없다.

그래서 우리가 다가올 사회에서 장기적으로 흔들리지 않고 나아가기 위해서는 우리 스스로가 최소한의 기본적인 일상을 영위할 수 있을 정도의 삶의 안전망을 구축하는 일에 무엇보다 집중할 필요가 있다. 그럼 이런 위기의 시대에 맞설 생존전략은 무엇일까?

직장인이라면 내 자리와 조직을 지키자

"그렇게 월급만 모아서 언제 부자 될래? 박 과장 이번에 집 샀다더라. 최 대리는 주식하고 코인에 완전히 올인했다던데. 이제 이 종목 급등해서 올라갈 일만 남았으니까 이번 기회 제대로 잡아서 빨리 은퇴 한번 해보자."

2020년 2월, 코로나19 사태가 터지고 2021년 중반까지 주식, 부동산, 코인 등 뭘 사도 돈을 버는 시대가 왔다. 이렇게 월급 빼고 모든 자산가격이 다 급등하는 일이 생기자 평소 투자에 관심이 없던 평범한 사람들조차 절제력을 잃고 한몫 챙기려는 욕심에 빠져 투자 시장으로 뛰어들게 되었다.

모두가 냉정한 판단력을 잃었고, 무시하고 지나치기엔 너무 매혹적인 '자산 거품의 시대'를 맛보았기 때문에 취하지 않고 버틸 수 없었다. 인터넷 커뮤니티에서는 매일매일 개인 투자자들끼리 수십 퍼센트에 달하는 고수익 인증과 돈 자랑을 쏟아냈고, 그렇게 투자로 큰돈을 번 30대 젊은 직장인들 사이에서는 파이어족(경제적 자립을 통해 40대 이전에 자발적인 조기 은퇴를 실현한 사람들)까지 등장했다. 이런 파이어족을 본 사람들은 부러운 시선과 함께 동요하기 시작했다.

사람들은 자신들도 파이어족이 될 수 있음을 꿈꿨고, 그 꿈을 믿으며 그동안 내면에 봉인되어 있던 미친 투기심리를 숨기지 않은 채 노골적으로 드러냈다. 사람들은 자신이 가진 투자 능력을 과신했으며, 남들과 마찬가지로 자신의 투자 감(느낌)에 의지해 잘못된 게임에 빠져들게 되었다.

그렇게 우리 사회는 병들어갔다. 사람들은 일을 해서 돈을 버는 것보다 투자로 돈을 버는 방법이 더 쉽고 돈을 버는 규모도 더 크다며 선호했고, 시간을 들여 열심히 일하는 근로활동을 통한 삶을 외면한 채 경시했다.

특히 20~30대의 젊은이들 사이에선 '그냥 적당히 돈 받는 만큼만 일하자'라는 변질된 워라밸(원래 의미는 삶의 질을 높인다는 측면에서 일과 여가의 균형을 추구한다는 의미지만, 여기서 말하는 변질된 워라밸은 일을 통해 얻을 수 있는 본질적인 가치를 무시한 채 쉽게 돈을 벌고 싶어 하는 사람들이 개인적인 유희만을 좇으면서 일을 하지 않으려는 태도를 의미함)이 성행했고, 이런 식의 사고가 세대를 넘어 우리 사회 전반적으로 광범위하게 퍼져나갔다.

그렇게 우리 사회는 점점 노동의 가치('일을 해서 돈을 번다')를 잃어가게 되었다. 투기에 만취한 이들은 명백히 '잘못된 오답'을 마치 '명쾌한 해답'인 양 착각하고 있었다.

그렇다면 이렇게 노동의 가치가 상실되고 있는 사회에서 근로활동으로 살아가고 있는 직장인들에게 가장 필수적으로 요구되는 행동은 무엇일까? 모순처럼 들릴 수 있겠지만 노동의 가치를 경시하는 사람들이 많을수록 우리는 사람들의 이런 생각을 오히려 역이용할 필요가 있다. 'Back to the basic'이란 말처럼 다시 기본으로 돌아가야 한다는 말이다.

우리가 조금만 돌이켜보면 불과 10년 전, 아니 5년 전까지만 해도, 사람들은 자기가 다니는 회사, 자신이 속한 조직 내에서 남들보다 조금이라도 더 인정받기 위해서 정말 열심히 일하며 살았다. 평일과 주말에는 없는 시간을 쪼개 자격증을 따고, 더 높은 성과를 달성하기 위해 지속적인 자기계발을 했으며, 그렇게 성장한 커리어를 활용해 자신의 노동 가치를 키우는 데 애를 썼다. 지금도 마찬가지다. 다시 이전의 기본으로 돌아가야 할 때다.

지금과 같이 남들이 근로활동의 가치를 등한시할 때, 바로 이때가 오히려 당신의 노동 가치를 더욱 돋보이게 할 수 있는 기회다. 철저한 계획을 가지고 당신이 속한 조직과 회사 내에서 필요한 사람으로 거듭나야 한다. 단순히 책상에 오래 앉아 긴 시간을 일한다고 해서, 마냥 위에서 시키는 일을 열심히만 해서는, 당신의 노동 가치를 키울 수 없다. 본인만의 분명한 지향점을 가지고 커리어를 확장하면서 성실히 일해야 당신의 노동 가치를 끌어올리고 인정받을 수 있다. 누구도 반박할 수 없도록 바로 자신에 대한 투자 가치를 압도적으로 키우라는 것이다.

다른 누구를 위해서도 아닌, 당신이 현재 차지하고 있는 그 자리, 그 조직에서 살아남기 위해서 당신의 상품 가치를 키워야 한다. 그리고 당신의 노동 가치가 이만큼 커졌다는 사실 역시 반드시 당신이 속한 조직 내에서 부각시켜야 한다는 점을 꼭 기억하자. 그래야 회사에서 인정받는 필요한 사람으로 평가되어 내 자리와 내 조직을 지켜낼 수 있는 포지션을 차지할 수 있다.

'해고되거나 회사가 무너지면 모두 무의미한 것 아닌가?' 생각할 수도 있다. 하지만 자신의 상품 가치를 키우는 동안 강화된 역량은 당신의 직업적·경제적 생존력을 강화시켜 줄 것이다.

일례로 이미 많은 직장인이 재능마켓(재능·업무역량을 사고파는 프리랜서들을 위한 플랫폼. 디자인, 프로그래밍, 세무, 마케팅, 실내공사까지 영역은 광범위하다) 등에서 활동 중이다. 자신의 역량을 활용한 부업으로 부족한 소득을 메꾸는 목적이 크겠지만 또 누군가는 이런 수단들을 통해 능력과 커리어를 늘려가며 불안정한 시대의 직업적 생존력을 강화해가고 있다는 것도 잊지 말자.

이제 좋은 대학과 대기업에 다녔다는 사실은 당신의 노동 가치를 평가할 때 별개의 문제가 되었다. 어느 대학을 졸업했고 어디 회사 출신이라는 이런 스펙들은 당신의 이력을 알리는 화려한 포장지로 쓰일 순 있겠지만, 그렇다고 해서 이 포장지 자체가 당신의 노동 가치를 올리고 상품성을 높이는 그런 시대는 이제 끝났다.

현재 회사에 다니고 있는 직장인들이 반드시 명심해야 할 한 가지는 '근로소득을 무시하지 말 것'이다. 우리가 얻을 수 있는 모든 형태의 소득 중에서 절대 손실이 발생하지 않는 유일한 소득 한 가지를 꼽으라면, 그것은 바로 근로소득이다. 당신이 지금 근로활동으로 소득을 벌고 있다면, 지금 하는 그 일이 계속 유지되는 한, 당신의 자산에 손실이 발생하는 일은 절대 일어나지 않을 것이다. 지금 하는 '근로활동'과 그런 근로활동으로 버는 '근로소득'의 힘을 결코 무시해선 안 된다. 위기의 순간이 왔을 때 그 어떤 투자 활동보다 가치를 인정받으면서 뛰어난 성과를 창출할 수 있는 수단이 근로활동이라는 점은 전혀 놀라운 사실이 아니다.

개인투자자: 돈을 놀려도 돈을 벌 수 있다

우리 모두는 현재 끝도 없이 반복되는 상승과 하락에 중독된 채 투기의 시대를 살아가고 있다. 그만큼 합리적인 투자 판단을 하기가 굉장히 힘들다. 지금도 다양한 형태의 방송 매체를 통해서 전달되고 있는 수많은 투자 프로그램은 우리의 이목을 끌고 있고, 당장에라도 우리가 곧 큰 부자가 될 수 있을 것처럼 허황된 환상을 심어주고 있다. 넘쳐나는 투자 상품들은 희망에 찬 우리를 끊임없이 맴돌며 계속 유혹하고 있다.

그러다 보니 많은 사람들은 이런 분위기에 휩쓸려 당장 뭐라도 사야 할 것 같고, 마냥 돈을 놀게 하면 안 될 것 같은 그런 압박감과 강박관념에 짓눌리게 된다. 우리가 투자하다 보면 이런 착각에 빠져들기 쉽다. 매번 지금이 기회인 것 같고, 지금 투자를 안 하면 영원히 이 기회가 날아갈 것 같은 기분이 든다.

그런데 기회가 한 번뿐인 투자 타이밍이라는 것은 없다. 그리고 투자시장에서 이번이 마지막 기회라는 그런 광고성 멘트는 모두 다 거짓말일 뿐이다. 지금이 마지막 기회일 것 같은 괜한 분위기에 휩쓸려 압박감으로 투자에 동참하는 사람들이 많지만, 우리 모두는 이미 충분한 경험을 통해서 익히 잘 알고 있다. 올해 마지막 세일은 말 그대로 올해 하는 마지막 세일일 뿐이라는 것을! 내년이 되면 그해의 마지막 세일은 또다시 되살아나 지금이 마지막 기회라고 우리에게 손짓을 할 것이다.

그래서 투자를 마치 지금 아니면 안 될 것처럼 생각할 필요가 없고, 지금 당장 투자를 안 하고 있다고 남들보다 혹시 뒤처지는 것은 아닌가 하는 그런 생각조차 절대 가질 이유가 없다. 강박관념에 쫓겨서 투자할 필요가 전혀 없다는 말이다.

투자시장은 우리가 태어나기 전에도 이미 존재했고, 그리고 현재 우리가 살아가는 동안에도 계속 존재하고 있으며, 당연한 이야기지만 우리가 죽고 난 이후에도 계속 존재할 것이다. 그리고 이렇게 투자시장이 존재하는 한에서는 투자 기회 역시도 영원히 존재할 수밖에 없다. 당장 투자 기회를 잃지 않을까 하는 걱정보다는 미처 투자 준비가 안 된 자신을 더 돌이켜봐야 할 것이다.

만약 당신이 현재 충분한 현금을 가졌다 치자 그런데 그 현금을 가지고 어디에 투자해야 할지, 그리고 지금 상황에서 무엇을 하면 좋을지 전혀 판단되지 않는다. 만약 당신이 이런 상황이라면, 지금 당신은 투자할 준비가 전혀 안 된 상황이기 때문에 그 어떤 투자도 하면 안 된다.

예를 들어 주말에 들른 백화점에서 대규모 세일을 한다고 가정해보자. 일단 백화점에는 들렀는데 특별히 필요한 물건이 없고, 딱히 사고 싶은 것도 없는 상황이다. 그러다 지나가는 매장 중의 한 곳에 들려 점원한테 물어본다. "이건 평소에 많이 팔리는 제품이냐? 어떻게 쓰면 좋냐? 장점은 뭐냐?"며 갖가지 것들을 질문하는 것이다. 이런 행동은 사실 억지로 필요한 물건을 찾아 쓸데없이 돈 쓸 곳을 찾아다니는 행동일 뿐이다. 처음부터 뭘 사야 할지 모른다는 말은 애초에 필요한 것이 없고, 돈을 쓸 준비가 안 되었다는 의미다.

그런 상황에서 정답은 아무것도 사지 않는 선택, 즉 소비와 투자를 다음으로 미루는 선택이 합리적인 경제 활동으로 돌아온다. 투자 계획을 수립하고 어떻게 대응해야 할지 본인 스스로가 판단하지 못하는 상황이라면 지금은 그 어떤 것에도 투자하면 안 되며, 이미 발을 담그고 있는 투자가 있다면 빨리 발을 빼는 선택지도 고려해야 한다.

지금은 우리가 처한 현실을 제대로 이해해야 할 때다. 사실은 지금까지 우리가 한 번도 경험해보지 못한 엄청난 위기와 고난을 앞둔 상황이고, 머지않은 시간에 이런 위기가 우리 눈앞에서 현실화될 가능성이 상당히 높다.

지금의 이 고금리 상황은 우리 기대와는 달리 명백히 더 지속될 것이고, 고물가 역시도 지금 수준 이상에서 유지될 가능성이 높다. 불안정한 경영환경으로 인한 기업들의 실적 하락은 고용시장을 위축시켜 우리 가정의 주머니 사정을 더욱 압박할 것이다. 대부분의 실물경제 지표는 후퇴하고 있고, 현실과 어긋난 경제 분석과 전망이 우리 시야를 가리고 있다.

이런 상황에서 아직도 많은 이들이 투기의 시대 속에 취해 살아가고 있다. 마치 지금 아니면 이런 투자 찬스가 없을 것처럼, 지금이 마지막 기회인 것처럼 그렇게 살아가고 있다. 그러나 지금은 자신의 소득과 월평균 지출금을 비교해 여유가 부족한 상황이라면 냉정하게 투자를 줄여야 하고, 과감하게 투자시장을 떠나는 판단도 필요한 시점이다. 이제는 '버는 것'보다 '지키는 것'이 더 중요한 시대가 다가오고 있다.

바람이 아주 심한 날 어부가 배를 띄우지 않는 이유는 굳이 궂은 날씨에 바다로 나가서 얻는 것보다 위험 부담이 더 크기 때문에 하루를 쉬는 것이다. 어부가 날씨가 나빠 하루 쉰다고 해서 어부 일을 완전히 그만두는 것은 아니다. 마찬가지로 드러나고 있는 경제 여건이 나쁘고, 투자시장이 불안하다는 이유로 지금 투자를 잠시 멈춘다고 해서 앞으로 투자를 영영 하지 않는다는 의미는 아니다.

우리는 투자를 멈추는 것 자체도 또 다른 형태의 투자 행위라는 점을 이해해야 한다. 리스크를 감당하는 것에 비해 수익이 적다면 그때는 투자를 잠시 멈추는 것이 맞다. 리스크를 부담하지 않겠다는 마음가짐과 행동 자체도 위험을 회피하기 위한 투자 선택이며 투자 판단인 것이다.

우리가 무언가를 사고 어딘가에 투자한다는 말은, 자신이 가진 현금을 다른 형태의 자산(주식, 부동산, 가상화폐, 채권, 금, 자동차 등)으로 바꾸는 행동이다. 그런데 이렇게 자산의 형태가 바뀌는 과정에서는 필수적으로 감당해야 할 비용이 발생하게 된다. 그게 수수료의 형태든 아니면 세금이든, 어떠한 형태든 불가피한 비용이 발생할 수밖에 없다. 그래서 투자를 진행하기에 경제 전망이 어둡고 불확실한 투자 지표 속에서는, 투자를 잠시 쉬는 것만으로도 리스크 부담과 함께 투자 거래에서 발생하는 비용까지 모두 줄일 수 있는 투자 선택이 된다.

어떤 시련이 와도 절대,
당신의 노력을 폄하하지 마라

나의 성실함과 노력을 폄하하지 말자

지난 2021년 3월, '역주행'의 아이콘으로 떠오른 걸그룹 브레이브걸스가 우리 사회에 돌풍을 일으켰다. 이 걸그룹의 스토리는 매우 드라마틱하다.

브레이브걸스는 2011년에 결성된 걸그룹이었다. 하지만 외로운 무명 생활은 생각보다 길어졌고, 이런 오랜 무명 기간으로 인해 멤버 교체 또한 잦을 수밖에 없었다. 급기야 2016년에는 마지막으로 남은 원년 멤버까지 탈퇴하게 되었다. 어쩔 수 없이 브레이브걸스 2기 결성으로 새로운 기회를 모색하게 되었는데, 사실상 완전히 다른 멤버로 채워진 새로운 7인조 걸그룹이라고 볼 수 있었다. 하지만 이 역시도 큰 인기를 얻지 못해 다시 멤버 탈퇴가 생겼고, 결국 남은 4명만이 활동을 꾸역꾸역 이어가다 2021년 2월에 이르러 기어이 해체를 정하고 각자 갈 길을 모색하게 된다.

당시 브레이브걸스 멤버들의 인터뷰 기사 내용을 보면 긴 무명 생활과 불안한 현실에 자격증을 따면서 취업 준비를 하고 있었다고 한다. 그런데 여기서 재미있는 사실은 이런 긴 무명 생활 동안 이어온 이 걸그룹의 활동 행적이 대단히 흥미롭다는 것이다.

당시 브레이브걸스는 백령도, 강원도 산골짜기 등 시골 도서·산간 지역을 오가며 군부대 위문 공연을 많이 했는데, 공연 행사비가 굉장히 낮은 축에 드는 군부대 행사인데도 불구하고 모든 공연에서 열정을 쏟아내며 최선을 다하는 그들의 무대 퍼포먼스는 굉장히 인상적이었다. 브레이브걸스는 그렇게 몇 년 동안에 걸쳐 많은 위문 공연을 하면서 군인들 사이에서 입지를 굳히게 되었고, 소위 '군통령'으로 불리며 명성을 크게 얻게 되었다.

대표적으로 2017년에 발매된 타이틀 곡 '롤린'이라는 노래는 군부대 내에서 고참과 신병이 대물림하며 듣는 노래가 된다. 고참이 듣던 노래를 신병이 따라 듣게 되었고, 그리고 그 신병이 고참이 되었을 땐 다시 새로 들어온 신병이 같이 듣는 식으로 마치 이 걸그룹의 노래가 부대 내에서 업무 인수인계가 되듯 대물림되어 전달된 것이다. 그렇게 입지를 다지며 부대 내에서 엄청나게 인기 있는 노래가 되었다.

당시 브레이브걸스가 위문 공연한 영상에서 관객으로 온 군인들이 단체로 떼창하는 모습을 보면, 군대에서 이 걸그룹의 인기가 어느 정도였는지 충분히 예측할 수 있을 정도였다. 하지만 군대 안에서의 이런 명성과 인기에도 불구하고 군대 밖 사회에서는 일반대중들이 딱히 이름도 잘 모르는 그저 그런 수많은 걸그룹 중의 한 무명그룹일 뿐이었다.

결국 2021년 2월 해체 수순에 들어갈 예정이었는데, 갑자기 해체를 앞둔 2021년 2월 24일에 기적 같은 일이 일어난다. 유튜브 비디터(VIDITOR) 채널에서 '브레이브걸스_롤린_댓글모음'이란 제목으로 브레이브걸스의 공연 영상에 네티즌들의 재미있는 댓글을 편집해서 올렸는데, 이것이 대박이 난 것이다.

시청자들의 반응은 정말 폭발적이었다. 특히 군 제대 후 사회로 나간 예비역들은 이 걸그룹의 노래를 잊고 살고 있었는데, 다시 영상으로 만나게 되자 반가운 마음이 컸고, 지난 고된 군 생활 당시에 엄청난 활력소가 되었던 이 노래가 잘되었으면 하는 마음에 예비역 팬들이 엄청난 관심과 사랑을 집중적으로 보내준 것이다. 게다가 오랜 무명 기간 동안 겪었던 이들의 힘겨운 역경 스토리까지 소개되면서 여기에 많은 일반 대중들이 공감하게 되었고, 이들의 열띤 응원까지 더해져 순식간에 유튜브 인기 영상 상위 대부분의 자리를 이 브레이브걸스가 차지하게 된다.

3분 19초에 불과한 이 영상 하나로 그렇다 할 성과가 없던 지난 5년여간의 무명 시기를 극복하고 인기가 급상승하는 소위 '브브걸 역주행'이 시작된 것이다. 이 영상은 업로드 이후 불과 이틀 만에 100만 조회 수가 넘었고, '롤린'이란 노래는 역주행 시작 4일 만에 벅스 실시간 차트에서 1위까지 차지하게 된다.

물론 지금 소개하는 이 스토리가 일부 미화된 부분이 있거나 과장된 측면이 있을 수도 있다. 하지만 사람들은 큰 기획사의 영향력으로 데뷔하자마자 큰 인기를 끄는 연예인들보다 앞서 소개한 브레이브걸스와 같이 긴 무명 생활에도 불구하고 묵묵히 참아가며 열심히 활동한 연예인들이 끝끝내 빛을 발휘해 인기를 얻을 때 더 크게 응원해주고 더욱 잘되기를 원한다. 아마 무명 시절이 길면 길수록 더 그런 마음이 클 것이다. 꼭 연예인뿐만이 아니더라도 어려운 상황에서 실패를 거듭하면서도 성실하고 꾸준하게 꿈을 이루려는 사람들을 보면, 우리는 이런 사람들을 시기하고 질투하기보다는 응원해주고자 하는 마음을 더 크게 갖는다.

그런데 우리는 다른 누군가가 꿈을 향해 성실함을 드러내는 모습에는 그렇게 응원하는 모습을 보이면서도, 정작 자신이 쏟아내는 성실함과 노력에 대해서는 폄하하는 모습을 보이는 경우가 많다. "성실하면 이용만 당한다. 세상은 성실하다고 해서 성공하는 게 아니다. 꿈을 향해 노력하면 언젠가는 성공한다는 말은 다 동화 같은 이야기이고 현실은 전혀 다르다"라고 말하면서 '노력'을 폄하하는 것이다. 특히 최근 들어 투자 광풍 속에서 '성실함과 노력'이라는 말이 이전보다 더 어리석은 가치로 내쳐지게 되었다.

누구나 성실하기 힘들 때 성실한 사람이 되자

현재 우리 사회는 '성실함과 노력'이라는 말에 이상한 프레임을 씌워 왜곡하는 경향이 많다. 우리가 어떤 사람을 성실하다고 하면, '그 사람은 시키는 일을 잘한다' '착하다' '융통성이 없다' '욕심이 없다' 등등 무엇인가 열심히는 하는데 수동적이고, 열심히는 하는데 손해만 보면서 결국 성공하지 못하는 그런 이미지의 사람을 떠올리게 된다.

그러다 보니 요즘 시대에는 성실하다는 말을 들으면 꼭 칭찬처럼 들리지만은 않는다. 하지만 이런 이미지는 우리가 성실함과 노력의 본질적인 의미를 이해할 때 필요한 시야를 왜곡시키는 굴절 렌즈에 불과하다.

성실하다고 해서 반드시 착한 것도 아니고, 성실하다고 융통성이 없는 것도 아니며, 성실하다고 해서 손해 볼 정도로 욕심이 없고 수동적인 사람일 것이라는 생각은 잘못된 편견이다. 오히려 우리 주변에서 성실히 살아가는 사람들을 보면 의외로 욕심도 많고 모든 분야에서 더 집요한 태도를 보이며, 자신이 하는 일에서도 강한 프라이

드로 무장해 문제 해결에 적극적으로 나서는 모습을 보인다. 오히려 성실함을 무기로 사태 수습을 미루거나 덮어놓지 않는 적극적인 성향이 더 많다.

스스로에 대한 높은 자존감은 당연한 자세다. 물론 성실한 사람이라고 해서 모두 성공하는 것은 아니다. 그렇지만 우리가 사회적으로 성공했다고 부르는 사람들 대부분은 '성실함'을 기본적인 자질로 갖추고 있다. 성실함 자체가 꾸준함을 의미하며, 이런 성실함을 꾸준히 유지하는 것이 곧 실력이다.

사실 어떤 보상이나 대가가 확실한 상황일 때, 꾸준히 노력하는 것은 누구나 할 수 있는 평균적인 수준의 성실함이다. 노력하는 만큼 돈을 벌고 노력하는 만큼의 결과가 보장된다고 한다면 누구나 성실히 노력할 수 있다.

하지만 여기서 문제는 성실함을 유지하기 힘든 환경에서도 그 성실함을 지속해서 유지할 수 있느냐는 것이다. 자신이 성실하다고 자부하는 사람들조차도 만약 노력하는 만큼 돈이 안 되고, 아무런 결과도 없으며, 갈수록 문제 해결이 미루어진다고 한다면, 그리고 이런 와중에 자신의 형편까지 점차 어려워진다면, 과연 그런 상황에서도 처음의 성실한 자세를 계속 이어갈 수 있느냐는 것이다.

이런 경우 많은 사람들은 기존의 성실한 태도를 포기하거나 다른 쉬운 편법을 찾는 등 성실함과는 거리가 먼 다른 편한 길을 모색하는 경우가 많다. 어느 순간부터 자신의 목표는 흐려지고 현실 탓과 환경 탓을 하면서 불성실해진 자기 자신을 합리화하는 모습까지 보이게 될 것이다. 불성실해진 만큼 줄어든 기회와 좁아진 선택권은 당연한 결과로 돌아온다.

그렇다고 무작정 어려운 현실을 참고 견디라는 의미는 아니다. 목표를 향해 끝까지 포기하지 말고 꾸준히 노력해야 한다는 이상적인 이야기를 하려는 것도 아니다. 우리가 열정적으로 피땀 흘리면서 묵묵히 노력한다고 하더라도 분명히 안 되는 것이 이 세상엔 너무 많다. 남들과 똑같은 조건으로 출발한다는 것 역시 기대하기 힘든 현실이다.

내가 노력한 10의 결과가 다른 사람이 노력한 1의 결과보다 못할 때도 있을 것이다. 이런 불공정한 현실에 화를 내고, 열등감도 분명히 느낄 것이다. 그러나 시기·질투와 함께 분노하는 마음은 충분히 필요한 감정이다.

평소에 열등감이나 질투 같은 감정은 우리 삶에 전혀 도움이 되지 않는 불필요한 감정 찌꺼기일 뿐이다. 하지만 이런 감정이 목표를 좇는 사람과 만나게 되었을 땐, 엄청난 에너지 연료로 쓰일 수 있다. 그렇게 버티며 나아가다 보면 어느 순간 남들은 포기한 채 자기 합리화에 빠져있을 때, 당신은 불확실한 힘든 현실 속에서도 성실함을 유지한 채 달려가고 있을 것이다.

이렇게 진정한 성실함은 뚜렷한 목표를 가지고 성실하기 힘든 여건에서도 꾸준함을 잃지 않는 태도를 보일 때 더 큰 가치를 가진다.

비록 성실함이 바로 성공으로 이어지지 않는다고 하더라도 결국 자신을 더 많은 기회에 드러낼 것이고, 또 더 나은 새로운 길을 찾게 되는 계기를 만들어줄 수 있다. '성실함'과 '노력'이 무시되는 시대에서, 누구나 성실하기 힘들 때 성실한 자세로 '성실함'을 경쟁력으로 갖추어 차별화를 도모해야 할 때다.

지옥 같은 경제위기에서
살아남기

6장 핵심 포인트

우리는 살아가는 동안 수많은 시련에 직면할 수밖에 없고, 때로는 지치고 모든 것을 포기하고 싶은 순간을 마주하게 되지만, 결국 이 모든 난관을 견뎌내고 이겨내며 살아가야 한다. 특히 경제적 문제에 직면하게 되었을 때, 여기서 '견뎌내고 이겨낼 수 있는 힘'을 주는 것이 바로 저축이 가진 힘이다.

우리가 얻을 수 있는 모든 형태의 소득 중에서 절대 손실이 발생하지 않는 유일한 소득 한 가지를 꼽으라면, 그것은 바로 근로소득이다. 당신이 지금 근로활동으로 소득을 벌고 있다면, 지금 하는 그 일이 계속 유지되는 한, 당신의 자산에 손실이 발생하는 일은 절대 일어나지 않을 것이다. 지금 하는 '근로활동'과 그런 근로활동으로 버는 '근로소득'의 힘을 결코 무시해선 안 된다.

처음에는 미미하게 진행되던 위기가 어느 순간 균형이 깨지면 급격한 변화를 맞으면서 위기가 확대되고, 모든 것이 붕괴되는 시간을 맞게 된다. 그런데 위기가 확대되는 바로 그때가 '기회의 순간'이 된다. 잘 정돈된 백화점 진열대에서 가치 있는 물건을 찾아내는 방법과 전쟁으로 초토화된 폐허 속에서 가치 있는 물건을 찾아내는 방법은 엄연히 다르다. 지금까지 우리는 말끔하게 잘 정돈된 진열대에서 가치 있는 물건을 찾아내는 방법에 익숙한 상태로 길들여져왔다. 하지만 이제는 폐허 속에서 가치 있는 물건을 찾아내는 능력을 키워야 할 시간이다. 지금부터 무너진 시장에서 가치 있는 물건을 찾을 수 있는 방법을 소개하고자 한다.

7장

시장이 무너진 후 진짜 투자가 시작된다

버블은 미래의 싹을 틔우고 무너진다

무너지는 시장 속에서 가치를 찾아내야 한다

1920년대 뉴욕 대공황, 1970년대 오일쇼크와 스태그플레이션(원자재가격 버블), 1980년대 일본의 부동산 거품과 뒤이은 몰락, 1990년대 닷컴 버블, 2008년 글로벌 금융위기(미국 주택시장 거품 침몰), 2020년 코로나19 팬데믹 충격, 그리고 직면한 자산 버블 시장과 패닉 붕괴 등, 이렇게 늘 어김없이 호황과 충격이 반복해서 일어나는 시대에 언제까지 우리는 버블붕괴의 피해만 보고 두려움에 떨며 얼어붙어 있을 것인가.

반복해서 마주할 수밖에 없는 버블붕괴의 충격을 피하고 무너지는 시장 속에서 가치를 찾아내는 방법을 조속히 알아내야 한다. 그래야 험난한 이 투자시장에서 계속 살아남아, 투자 기회를 지속해서 엿볼 수 있기 때문이다.

그렇다면 우리는 어떻게 해야 할까? 무너지는 시장 속에서 가치를 찾아낼 수 있는 무슨 좋은 방법이 없을까? 지난 파괴적인 시간을 견뎌내고 투자시장에서 현재에도 살아남은 당신이라면, 먼저 기억해야 할 한 가지 내용이 있다. '언제나 버블은 미래의 싹을 틔우고 무너진다'라는 것이다.

앞으로 설명하겠지만, 이 부분을 이해하기 위해서는 우선 버블이 가진 특징부터 살펴볼 필요가 있다. 버블이 가진 가장 큰 특징은 바로 끝도 없이 넘치는 돈과 신용(빚), 풍부한 시장성 그리고 비효율성(일반적으로 대중들은 평소라면 쉽게 납득하지 않는 시장의 비효율성에 대해서, 유독 버블 시기에는 더욱 관대한 태도로 대응하고 받아들이는 특징이 있다)이라고 할 수 있다. 풍부한 시장성과 돈, 비효율성이 합쳐져 투자시장을 달구는 마법과도 같은 힘을 발휘하게 된다. 이렇게 시장에서 버블이 만들어지게 되는 것이다.

달아오른 투자시장에 뛰어든 사람들은 자신들의 투기 본심을 전혀 숨길 생각이 없다. 그저 남들이 관심을 가지는 곳을 좇아 관심을 가지고, 또 남들이 투자하는 곳을 따라 투자하는 방식으로 '모방 투자'를 통해서 이미 거품이 낀 시장을 더욱더 비효율적인 시장으로 왜곡시킨다.

그런데 여기서 재미있는 사실은 넘치는 돈과 신용, 그리고 풍부한 시장성이 만든 이 비효율적인 시장이 바로 미래의 싹을 틔우는 토대로 작용하게 된다는 사실이다. 이 과정은 사실 굉장히 간단하다.

버블이 붕괴된 산업에 주목해야 하는 이유

먼저, 거품이 쌓여가고 거대한 유동성(돈과 신용)이 몰려드는 과정에서, 투자자들을 유혹하는 매혹적인 산업(업종)이 등장하게 된다. 여기서 매혹적인 산업은 그 당시 사람들의 이목을 집중시킬 만한 신기술이나 혁신적인 비전을 제시할 수 있는 업종인 경우가 많다. 사실 여부와 관계없이 사람들의 관심을 끌 만한 그럴듯해 보이는 기술이나 비전을 보유한 산업이면 된다.

그럼 이제 이때부터 매혹적인 산업을 향해 시장이 보유한 대규모의 거대 투자자금(물론 투기자금을 포함해서, 사실 자금 대부분은 투기자금 성격이 더 크다고 볼 수 있다)이 몰려들게 되고, 그 산업이 가진 능력, 기술과 혁신, 그리고 미래의 비전에 대한 사람들의 기대가 커짐에 따라 또 다른 더 많은 사람이 투기 열풍에 동참하게 된다. 그렇게 버블을 향한 사회적인 공감대가 확산되면서 거품은 커져만 가고, 더 많은 유동성(돈과 신용)을 다시 끌어들이게 만드는 것이다. 하지만 머지않아 버블의 정점은 곧 지나가게 되고, 시간이 흘러감에 따라 사람들이 가졌던 기대는 금세 실망으로 변하게 된다. 시장에 참여한 투자자들이 미처 낌새를 알아채기도 전에 순식간에 시장의 흐름이 돌변하게 되는 것이다.

버블 시장에 힘입어 거대한 투자자금을 품었던 산업에서는 기대에 못 미치는 기술력과 역량 부족의 한계를 드러내게 되면서, 이때까지만 해도 시장을 지배하고 있던 과도한 확신은 점차 불투명한 의문으로 바뀌게 된다. 미래에 대한 비전 역시 현실적인 장벽에 부딪혀 투자자들의 희망을 주저앉게 만든다. 그렇게 실망과 의심, 투자시장을 지배한 상실감과 함께 버블붕괴가 시작되는 것이다.

하지만 그렇게 자산시장의 거품이 꺼지고 투자자들이 투자한 자금 대부분을 잃게 된다고 해서, 그 산업에 투입된 모든 돈이 모두 무의미하게 낭비되는 것은 아니다. 굉장히 모순적으로 들릴 수 있겠지만, 버블이 가진 비효율성이라는 그 특징 덕분에(?) 더 많은 스타트업과 중소기업들이 기업공개(IPO)에 성공하게 되고, 자금 공급 또한 원활하게 받을 수 있게 된다.

만약 자본시장이 효율적으로 돌아가는 시스템이었다면, 산업생태계 내에 있는 대부분의 수많은 작은 기업들은 자금 유치에 애를 먹었을 것이다. 하지만 버블은 이를 간단하게 해결하는 기회를 제공한다. 그리고 이렇게 투입된 '모험 자금'을 통해 미래의 기술 혁신을 위한 씨앗을 뿌리내릴 수 있게 만드는 것이다.

예를 들어 1990년대 당시의 투자시장을 보면, 인터넷과 연관된 사업이 대중들의 집중적인 관심을 받으면서 대규모의 거대자본이 인터넷과 IT(정보통신기술) 관련 기업들로 몰리게 되었고, 무분별한 과잉 투자로 인해 우리가 잘 아는 '닷컴 버블 사태'를 초래하게 되었다. 버블붕괴 당시에는 사회적인 부를 감소시키는 부작용이 크게 나타났지만 일단 자산가격 붕괴가 일단락되고, 혹독한 구조조정 과정을 거친 이후인 2000년대 중반부터는 과거 버블이 남기고 간 싹이 드러난다.

버블은 인터넷과 정보통신 관련 산업의 기반을 넓혀갈 수 있는 토대 역할을 했을 뿐만 아니라, 기업들의 투자 확대(R&D 연구개발 및 기술이전·취득, 관련 기업 M&A 등)를 유도할 수 있어 새로운 기술 혁신을 위한 기폭제가 된 것 또한 사실이다.

이렇게 버블은 과도한 유동성과 풍부한 시장성, 비효율성으로 인해 산업을 왜곡시키는 측면도 있지만, 다른 한편으로 거대자본이라는 돈의 힘으로 미래의 산업경쟁력을 확보하고 기술 발전을 위해 경쟁을 부추기며, 혁신적인 비전을 꾀하는 씨앗 역할도 같이 한다. 이것이 바로 우리가 버블이 붕괴된 산업에 주목해야 하는 이유다. 버블 기간에는 가치를 측정하기 어려운 신기술이라 투기의 대상이 되었지만, 버블 이후에 산업발전 방향이 설정되고 규제가 정비되면 가치투자의 대상이 된다는 것을 기억할 필요가 있다.

'잃은 자'가 '번 자'를 이기는 법은 '기록'

당신의 투자를 일기처럼 기록하고 복기하자

투자시장에서 투자로 수익을 얻은 사람도 많지만 실제로는 주식, 코인 등의 투자 실패로 인해 큰 손실을 입은 사람이 생각보다 더 많다. 이들의 계좌 잔고는 손실 상태이지만, 지금까지도 손실을 확정하지 못해 투자 결과만 드러나지 않았을 뿐 소위 '마이너스 계좌에 물려 있다'는 사람들이 대부분이다.

그런데도 사람들의 태도에는 아무런 변함이 보이지 않는다. 아직도 '성공 투자'에 대한 기대를 꺾지 못해서 이미 실패로 드러난 자신의 투자를 멈추지 못하고 있고, 여전히 살아 있는 투자 분위기에 취한 나머지 아무런 대비도 하지 않은 상태에서 자신의 소중한 돈을 계속해서 쏟아 넣을 준비를 하고 있다.

그럼, 지금과 같이 투자에 대한 기대, 욕심, 의욕, 열기만 가득 들어차 있을 뿐, 실제 눈앞으로 다가오는 현실은 손실과 실패가 만연한 투자시장에서 우리가 살아남기 위해 필수적으로 갖추어야 할 자질은 무엇일까?

예전에 했던 방송 중에 〈백종원의 골목식당〉이라는 프로그램이 있었다. 방송 내용은 백종원 대표가 장사가 안돼 운영이 힘든 식당을 찾아가, 그 식당의 문제점을 찾아내고 해결 방안을 제시하는 프로그램이었다.

그런데 우리가 이 프로그램을 보다 보면 재미있는 사실을 하나 발견할 수 있었다. 누가 보더라도 뻔히 보이는 문제 때문에 지금 장사가 안되는 것인데, 이상한 점은 유독 그 식당 주인만 자신의 가게가 가진 문제점에 대해서 전혀 눈치채지 못한다는 사실이다. 방송 중에 나오는 대부분의 다른 식당 주인들 역시 대개 비슷한 모습을 보였다.

방송을 보는 모든 시청자들이 단번에 파악해 다 알고 있는 문제를 매번 식당 주인들만 몰라서 장사에 애를 먹고 있었다. 흔히 장사가 안 되는 집은 다 이유가 있다고 하는데, 정작 그 이유를 식당 주인만 모른 채 장사를 이어가는 모습을 보면서, 혹시 지금 우리가 운영하는 '투자식당'도 비슷한 모습을 보이는 건 아닌지 되돌아볼 필요가 있다.

여기 '당신의 투자식당'이라는 방송 프로그램이 있다고 한번 상상해보자. 당신은 현재 그 방송에 출연한 개인투자자이고, 자신의 투자식당을 운영하고 있다. 3년째 운영 중인 식당은 현재 손실 중이며, 매번 들어간 투자금은 원금조차 회수하지 못하고 있다.

이른 시일 내에 손실을 회복하고 식당을 살릴 만한 뚜렷한 방법은 없지만, 그렇다고 손실 난 계좌를 다 정리할 자신도 없다. 나의 투자식당이 왜 이렇게 되었는지, 명확한 이유조차 떠오르지 않는 상황이다. 앞선 '골목식당'의 가게 주인과 같은 처지인 것이다. 식당 주인이 자신의 가게가 가진 문제점을 눈치채지 못한 것처럼, 당신의 투자 활동에 끼어 있는 잘못된 습관에 대해서 정작 당신 자신도 모르고 있다. 투자의 특징상 아무도 알려주는 사람이 없기 때문이다.

그렇다면 당신의 투자식당이 가진 문제점을 파악해서 개선할 방법은 없을까? 대답은 의외로 간단하다. 당신의 투자식당을 번성하게 해줄 명쾌한 '답'과 분명한 '길'은 있다.

그 길은 생각보다 쉽고, 가까이에 있으며, 당신이 이미 충분히 걸어본 경험이 있는 길이다. 지금 당장 마음만 먹으면 즉시 출발도 가능하다. 그 길은 바로 일기처럼 '기록'하고, 그 기록을 바탕으로 '복기'를 하는 것이다. 흔히 투자에 성공하기 위해서는 습관이 정말 중요하다는 말을 많이 한다.

여기서 가장 중요한 습관이 바로 기록하고, 그 기록한 내용을 보면서 복기하는 습관이다. 이 습관이 당신이 운영하는 투자식당의 수익을 되살려줄 비장의 레시피가 될 수 있다. 지금 하고 있는 당신의 투자가 잘한 투자인지 아니면 못한 투자인지는 전혀 중요하지 않다. 투자 결과와 관계없이 당신의 거래 일지를 매 순간(주식을 사거나 팔 때) 감정을 배제한 상태에서 매우 드라이하고 치밀하게 기록을 남기는 것이 중요하다.

손실이 난 투자의 반복적 패턴을 찾아내자

당신이 그 주식을 왜 샀는지, 왜 팔았는지를 거래할 당시 시장 분위기, 상황, 사고파는 데 영향을 준 모든 정보와 출처까지 전부 꼼꼼히 기록하고 체계화해야 한다. 그래야 나중에 다음 투자를 하기 전에, '복기'를 통해 앞서 기록한 내용을 다시 들여다보면서 '어! 뭐야, 지난번에 손실 났을 때랑 똑같이 생각하고 같은 행동을 또 하고 있네'라며 반복된 실수를 깨달을 수 있다.

이렇게 당신의 투자 활동을 기록하고, 그 기록을 들여다보면서 복기하다 보면 당신이 하는 모든 투자에 있어 손실이 난 투자에는 반복적으로 보이는 일정한 패턴이 있음을 깨달을 수 있을 것이다. 손실을 내기 직전에는 어떤 상황이었는지, 그 상황에서 자주 내리는 판단은 뭔지, 그래서 보통 어떤 결과로 이어지는지 등 그동안 자신도 몰랐던 나쁜 습관을 알아챌 수 있다. 이것이 일기처럼 기록하고,

그 기록을 통해서 복기를 해야 하는 이유이자 목적이다.

기록한 내용을 보면서 당신의 투자 활동에 끼어 있는 나쁜 습관을 찾아내고, 그렇게 찾은 나쁜 습관은 복기를 통해서 하나하나 제거해 나간다. 그럼으로써 투자시장에 계속 살아남아 수익을 쌓아가는 평생 투자를 하는 것이다. 같은 실수를 반복하지 않기 위해서, 다음 투자에서 나올 위험을 줄이기 위해서, 그동안 당신의 투자 활동을 기록한 내용을 반복해서 복기하자.

사실 누구나 처음부터 실패(손실)를 경험하고자 하는 사람은 없다. 하지만 투자시장에 들어온 이상, 반드시 지나야만 하고 피할 수 없는 길이 실패(손실)다. 우리가 투자시장에서 살아남기 위해서 반드시 거쳐야 할 것이 실패 경험이고, 또 반드시 겪어야 할 경험이 시행착오다.

그래서 이왕 겪어야 할 '실패'와 '손실'이라고 한다면, 그런 손실 사례를 통해서 쌓은 경험들을 데이터화하고 기록해서 평소 내 돈을 갉아먹는 체화된 나쁜 투자 습관을 찾아내고, 이것을 단계적으로 제거해나가야 한다. 그 과정에서 하나둘 수익은 쌓이게 되고, 그렇게 쌓인 수익이 나만의 수익 모델이 되면서 성공적인 투자자의 대열에 들어설 수 있게 된다.

예전에 어느 대기업 회장이 이런 이야기를 남긴 적이 있다. "기업을 경영하는 과정에서 위험 요소(나쁜 습관)를 하나하나 제거하다 보니 어느새 성공적인 기업이 되어 있더라"라는 이야기를 했는데, 일종의 같은 맥락에서 이해할 수 있는 내용이다.

우리가 투자를 시작하기 전에 어떤 투자마인드를 가지고 어떻게 구축하느냐에 따라서 앞으로 우리가 거둘 투자수익률은 물론이고, 손실 규모까지 모두 크게 달라질 수 있다. 실제로 여기서 소개하고 있는 일기처럼 '기록'하고 '복기'하는 습관 하나만으로도 나중에 투자시장에서 끝까지 살아남아 성공적인 투자자 대열에 올라설 수 있는 큰 힘이 될 것이라고 자신한다.

투자는 무리하게 무엇을 해야 하는 것에 집착하는 것이 아니라, 자신이 반복해서 하는 실수(나쁜 습관)를 안 하는 것만으로도 큰 리스크를 제거할 수 있으며, 사실은 이것만으로도 평생 이익을 쌓아갈 수 있는 안정적인 투자가 가능해질 수 있다는 점을 기억해야 한다.

무너진 시장에서 당신을 구해줄 '묘수'

소극적인 자세로 사서 적극적인 태도로 팔자

당신이 주식을 사자마자 손실로 출발한 계좌가 마이너스 상태로 지속되다 나중에 주식을 파는 그 순간까지 손실로 끝나는 경우는 흔하지 않다. 차이는 있겠지만 대부분의 개인투자자들은 주식을 매수한 뒤 수익률이 플러스로 표시되는 기간을 맛보기 마련이다.

그런데도 개인투자자 대부분의 계좌 실체는 결국 투자 손실로 결말이 나는 경우가 상당히 많다. 그 이유는 투자 도중에 수익 기간이 있는데도 불구하고 과감한 수익 실현을 결정하지 못해 이런 결과를 맞게 되는 것이다.

비슷한 모습은 지난 코로나19 버블장세 때도 있었다. 2020년 3월 코로나19 충격으로 주식시장이 폭락하고 주가지수가 1,400p대까지 빠졌다. 이후 위축된 경제를 살리겠다고 푼 유동성이 주식시장으로 몰리면서 시장은 급반등했다. 주가는 완전한 회복을 넘어 2021년 6월에 이르러서는 주가지수가 3,300p대를 뛰어넘는 일까지 생겼다. 한국 주식시장의 개인투자자들이 유례없이 막대한 투자자금을 투입했기 때문이다.

당시 투자시장 분위기는 정말 축제와도 같았다. 단기간의 주가 급등으로 투자에 성공한 듯이 보이는 사람들도 많았고, 운이 좋게 이번 기회에 큰돈을 벌게 된 직장인은 회사를 그만두기까지 했다. 누가 보더라도 가장 좋은 시기를 보내고 있던 투자시장이었기 때문에 모두가 돈을 벌 수 있다고 믿었고, 실제로도 주식시장에 참가하는 것만으로도 많은 사람들은 돈을 벌었다.

하지만 시간이 조금 지나고 시장이 흔들리기 시작하면서 주식시장에 대한 여론, 분위기, 전망, 사람들의 태도 등 모든 것이 변하기 시작했다. 그리고 그런 변화는 개인투자자들의 투자 실적까지 변화시켰는데, 손실이 쌓이고 누적된 계좌가 망가지기 시작한 것이다. 모두가 돈을 벌었다고 믿었던 순간, 정작 손에 돈을 쥔 사람은 없었다.

우리가 하는 투자 활동에서 이런 일들이 반복적으로 일어나는 이유는 뭘까? 평소 우리가 하는 투자 패턴을 다시 한번 냉정하게 뒤돌아봐야 한다.

사실 우리는 주식을 살 때 그 어떤 때보다 열정적이고 적극적인 태도로 시장에 뛰어드는 모습을 보인다. 하지만 정작 주식을 팔아야 할 타이밍이 되면 그 누구보다도 소극적인 자세를 취하며 미온적인 태도를 보인다. 살 때는 마치 지금이 아니면 기회가 없을 것처럼 달려들었다가, 팔 때는 더 오르지 않을까 하는 자세로 망설인다는 의미다. 이런 모습을 통해 그동안 우리가 얼마나 불완전한 투자를 하고 있었는지, 그리고 그것이 당신의 투자 성적을 얼마나 망가뜨렸는지, 눈앞에 보이는 당신의 실제 계좌를 보면서 이해해야 한다.

그럼, 우리가 이렇게 일상적으로 반복하는 불완전한 투자를 극복할 수 있는 방법은 없을까? 그동안 열정적으로 사서 소극적인 태도로 팔았다면, 이제부터는 소극적인 자세로 사서 적극적인 태도로 팔 수 있도록 투자 행태를 바꿔야 한다. "살 때는 차갑고 무겁게, 팔 때는 뜨겁고 가볍게"라는 문장을 반드시 기억하자.

현금 보유 홀딩 전략과 일단 매도 후 커피 타임

필자가 추천하는 방법 중에 주식을 '차갑고 무겁게' 매수하는 방법이 하나 있다. 의외로 간단한 방법인데, 필자는 이것을 '현금 보유 홀딩 전략'이라고 부른다. 우선 당신의 증권 계좌에 투자하고 싶은 만큼의 예수금(현금)을 미리 넣어둔다. 그럼, 이제 당신이 해야 할 일은 계좌에 있는 그 현금을 가지고 아무것도 하지 않는 것이다. 현금을 계속 보유만 한 채 '홀딩'하는 전략이다.

여기서 현금 보유기간은 기약이 없으며 무한대라고 생각하면 좋다. 굳이 성급하게 무리해서 매수 기회(사야 할 종목이나 매수 타이밍)를 억지로 찾을 필요가 없다는 의미다. 우리가 기다리는 매수 시점은 생각보다 손쉽게 찾을 수 있다. 현금을 보유하고 있는 도중에 갑자기 글로벌 악재성 이슈(국가 간 교역 단절, 질병, 전쟁 등)나 주식시장에 안 좋은 영향을 끼치는 경제 문제(금리 인상, 무역분쟁, 과도한 물가상승, 고용 및 성장 둔화에 대한 이슈)가 '처음 부각되기 시작할 때'(여기서 '처음'이라는 단어가 특히 중요하다), 바로 그때가 분할 매수로 주식을 사야 하는 시점이다.

'현금 보유 홀딩 전략'의 장점은 명확하다. 현금을 보유하고 있는 동안에는 리스크 관리가 전혀 필요 없다는 장점이 있다. 그리고 '현금 보유 홀딩 전략'은 실제 주식시장에서 리스크가 현실화되었을 때만, 분할해서 주식을 사들어가기 때문에 내재가치가 좋은 기업을 악재성 이슈로 가장 저평가된 타이밍에 낮은 가격으로 매수할 수 있는 장점을 가지게 된다.

간혹 필자가 '현금 보유 홀딩 전략'을 소개하면 이런 의문을 제기하는 경우가 있다. "좋은 방법이긴 한데, 그렇게 하면 1년 내내 주식을 살 수 있는 기회가 몇 번 없지 않느냐?"는 것이다.

그런데 여기서 우리가 명심해야 할 점은 주식시장에서 거래 횟수가 많다고 해서 결코 수익률이 높은 것은 아니라는 것이다. 거래 횟수와 수익률은 비례 관계가 아니며, 오히려 잦은 거래는 불필요한 수수료만 낭비하게 만들어서 우리의 계좌 잔고를 망가뜨리는 원인이 된다. 그리고 '현금 보유 홀딩 전략'을 활용해 투자한다고 하더라도, 최소 1년에 두세 번 이상의 매수 기회는 충분히 가질 수 있을 뿐만 아니라, 오히려 누구보다 안전한 시점에 합리적인 가격 거래를 통해서 수익을 충분히 극대화할 수 있다.

다음은 당신이 팔고자 하는 주식을 망설임 없이 적극적으로 팔 수 있는 매도 전략에 관해서 이야기해보자. 주식을 팔아야 할 타이밍에 나오는 당신의 소극적인 태도를 변화시키는 방법이다. 다음 전략은 필자가 정한 '일단 매도 후 커피 타임'이라는 매도 전략이다. 흡연자들 같은 경우 '일단 매도 후 흡연 타임'으로 기억해도 무방할 것 같다.

방법은 생각보다 정말 쉽다. 당신이 현재 보유하고 있는 주식이 있고 그 주식을 팔아야 할 타이밍이 되었는데 혹시 팔고 나서 더 오르는 게 두려워 망설이고 있다면, 일단 그 주식은 '에이 모르겠다!'라는 심정으로 먼저 팔고, 이제 커피를 한잔 마시러 간다. 여기서 중요한 점은 매도하기 전에 먼저 생각하거나 고민해선 안 된다는 것이다. 미리 생각하고 머리로 고민하기 전에 이미 손이 먼저 움직여 매도 버튼을 누르는 것이 중요하다. 생각이나 고민은 나중에 커피를 마시면서 하더라도 충분하다.

다음이 가장 중요한 핵심이다. 그러고 나서 이제 커피를 한잔 마실 동안, 내가 과연 주식을 판 행동이 잘한 것인지 생각해보면 된다. 그래서 만약 내가 주식을 매도한 행동이 후회된다면, 커피를 마신 이후 그 주식을 다시 되사더라도 전혀 문제가 될 것이 없다. 왜냐하면 대부분 특별히 큰 이슈가 발생하지 않는 이상에는 커피를 마시는 시간을 고려한다고 하더라도 앞서 내가 판 주식의 가격변화폭 자체가 그렇게 크지 않을 것이기 때문에, 수수료 비용 정도만 감수하면 내가 처음 매도한 가격과 큰 가격 차이 없이 그 주식을 다시 되살 수 있다.

그런데 여기서 '커피 타임' 전략에 숨겨진 진짜 비밀은 따로 있다. 어떠한 경우든 일단 자신의 주식을 매도한 사람이 커피 타임을 가진 이후에는 자신이 이미 한 선택(일단 주식을 매도한 선택)을 다시 되돌리려 하지 않는다는 점이다. 심지어 자신이 주식을 매도한 가격보다 더 낮은 가격에 살 수 있는 기회가 주어진 상황인데도 주식을 다시 되사는 행동을 굉장히 꺼리는 모습을 보인다.

실제로 그 선택(일단 주식을 판 선택)이 투자시장에서 옳은 결정으로 드러나는 경우가 훨씬 많다. 사람들은 이렇게 자신이 이미 판 종목은 웬만해서는 다시 사는 걸 굉장히 꺼리기 때문에, 우리는 사람들의 이런 기본적인 심리를 이용해 성공적인 투자전략에 활용해야 한다. 그렇게 선택되고 만들어진 방법이 바로 '일단 매도 후 커피 타임'이라는 전략이다.

뚜렷하게 경제가 무너지고 있음에도 지난 2년간 이어진 투기장세 동안, 대부분의 사람들은 투자금을 가지고 있을 때는 빨리 무엇이라도 사야 할 것 같은 조급함에 허둥지둥했고, 팔아야 할 때는 미련 때문에 요지부동했다. 그 결과는 암담하게 나타났다. 살 때는 냉정하게, 팔 때는 적극적으로 임하는 이 방법은 한 번에 큰 수익을 얻기에 적합한 방법은 아닐 수 있으나 '안전한 투자' '잃지 않는 투자'를 위해서는 좋은 방법이다.

100년을 사는 거북이를 하루살이가 이기는 시장

투자환경의 변화 흐름에 민감하게 반응하자

스포츠 경기에는 흔히 '홈 어드밴티지'라는 오래된 정설이 있다. 보통 상대팀의 경기장에서 게임을 해야 하는 원정팀 같은 경우 기온, 습도, 바람, 지리, 음식, 문화적인 요인 등 낯선 환경으로 인해 피로감을 크게 느끼고, 최상의 컨디션을 유지하기 어려워 만족스러운 경기력을 펼치는 데 애를 먹게 된다. 반대로 자신의 경기장에서 게임을 치르는 홈팀 같은 경우 모든 여건에서 익숙한 환경을 갖추고 있어 경기장에 최적화된 전략을 펼칠 수 있고, 그로 인해 만족스러운 수준의 경기력과 함께 높은 승률을 거둘 수 있다.

이렇게 스포츠 경기만 보더라도 게임을 치르는 환경이 선수들의 경기력에 얼마만큼이나 큰 영향력을 미치는지 알 수 있다. 선수가 가진 기본적인 체력과 정신력 등 선수 본연의 기본적인 능력과 자질 만큼이나 게임을 치르는 환경이 중요한 요소이며, 경기 결과를 가르는 결정적인 요인으로 작용한다.

지금 우리가 하는 투자 활동 역시 마찬가지다. 어떠한 경제 여건과 투자환경 속에서 투자하느냐에 따라 돌아올 투자 결과는 물론 투자 방식까지 달라질 수 있다는 측면을 보면, 투자 활동도 앞선 운동 경기와 같은 맥락에서 이해할 수 있다.

그래서 우리가 투자시장에 이미 발을 들인 이상, 투자환경의 변화 흐름에 대해 민감하게 반응하면서 끊임없이 관찰해야 하는 것은 당연하다. 빠르게 급변하고 있는 거시 경제환경, 시장 분위기 변화, 그리고 새로운 투자 패러다임 전환 등 모든 투자환경 변화를 캐치해서 따라가야 하며, 이에 대응해 적응할 수 있도록 투자전략도 바꿔가야 한다.

'성장'이 아닌 '생존'에 포커스를 맞춰 투자하자

기존에 투자시장을 지배하고 있던 키워드는 한마디로 '성장'이었다. 1990년대 냉전체제 이후로, 사회주의·공산진영에 갇혀 있던 시장이 열리면서 세계경제는 '(고)성장'을 내달릴 수 있었다. 그리고 그 동안은 당시 중국 같은 저임금 국가들이 '세계의 공장' 역할로서 중요한 공급망 역할을 했기에 각 국가가 짊어질 비용 상승 압박도 막아왔다. 그렇게 세계경제는 지속적으로 성장하는 와중에도 대체로 안정적인 물가 상태를 유지할 수 있었다.

2000년대에 들면서 세계경제가 경제 성장 동력을 점차 잃어가긴 했지만, 이때까지도 사람들은 여전히 경제·기업·금융 등 모든 측면에서 발생할 '성장'에 대해 의심하지 않았고, 경제·투자 활동에 따른 마땅히 뒤따라야 할 경제적 과실이자 보상의 결과로 '성장'을 당연한 것으로 여겼다. 이런 사회에서의 투자전략은 매우 간단했다. 흔히 '우량주'라고 부르는 괜찮은 회사의 주식을 매수해서 오랜 기간 동안 장기 보유하면 높은 투자수익을 거둘 수 있었던 것이다.

하지만 이제 시장환경이 완전히 변했다. 과거에 우리가 당연히 기대하고 누릴 수 있었던 '성장'이 이제 더는 당연한 것이 아니게 되었다. 오히려 마이너스 성장이 걱정될 정도로 낮아진 경제 성장으로 인해 지금 투자환경이 급속하게 체질 변화를 겪고 있다.

게다가 국제사회, 세계 정치, 대내외 경제 및 금융환경, 복합적인 사회현상 등 이 모든 것들이 과거에는 겪어보지 못한 형태로 동시다발적으로 급변하는 모습을 보이다 보니, 그동안에 우리가 배우고 쌓아온 지식과 경험을 동원해서 아무리 고도화된 금융 통계 기술과 경제 지표 등을 활용해 분석하고 해석하려고 노력해도, 도무지 이해하기 힘든 투자시장으로 변했다. 더 이상 '성장'을 담보할 수 없는 것은 물론 시장 전망까지 불확실한 투자환경 속에서 투자에 뛰어들어 성과를 만들어내야 하는 현실이 된 것이다.

앞으로 우리가 나아가야 할 방향은 '성장'에 포커스를 둔 투자가 아닌, 이제는 '생존'에 중점을 둔 새로운 투자전략을 세워야 할 때다. 성장이 사라지고, 언제 무슨 일이 벌어질지 예측할 수 없는 위험요인들이 산재한 지금의 투자시장에서는 '기업이 성과를 잘 내느냐, 못 내느냐'에 대한 문제는 나중 문제다. 더 중요한 문제는 '우리가 투자한 기업이 살아남느냐, 아니면 사라지느냐'의 관점에서 꾸준히 살아남아 지속적인 경영을 이어나갈 수 있는 기업을 찾아 투자하는 것이 중요하다.

새로운 비즈니스의 등장과 신규 산업 패러다임 변화에 대응하는 과정에서, 기존에 우리가 괜찮은 회사라고 여겼던 수많은 기업이 급격한 변화의 흐름에 적응하지 못해 도태될 수 있다. 지금까지는 안정적으로 좋은 실적을 보이며 잘 성장하던 기업이 어느 순간 도태되어 하루아침에 사라지는 일을 겪는다고 해도 전혀 이상하지 않은 투자시장이 되었다는 의미다.

지금까지는 주식도 부동산처럼 한번 투자할 때 수년간 묻어두는 식으로 장기 투자하면 훨씬 좋은 성과를 거둘 수 있다는 말이 통했다. 그래서 보통 투자할 때 장기적으로 크게 성장할 회사를 찾아 투자하는 식이었다. 오래 투자할수록 투자 위험은 줄어들고 수익은 높아진다는 통계 자료도 있었기 때문에 어느 정도는 입증된 투자 방식이었다.

하지만 지금은 투자시장 전망이 불확실하고 사실상 예측이 무의미한 상황이 전개되고 있어서 제대로 된 기업 가치평가가 힘들 뿐만 아니라, 이런 시장환경에서는 투자를 길게 끌고 가는 것만으로도 리스크를 키울 수 있는 투자 선택이 된다.

이제는 투자전략을 좀 바꾸어야 할 때다. 이전에는 '장기적인' 관점에서 '성장'할 회사에 투자했다고 한다면, 지금은 '성장성'은 좀 떨어진다고 하더라도 당장 돈을 잘 버는 회사, 향후 경제 충격을 맞더라도 버티고 살아남을 수 있는 회사에 '짧은 기간' 투자해야 할 상황이다.

지금의 투자환경에서는 주식을 보유하고 있는 것 자체가 위험 요인이 될 수 있다. 이유는 언제 어떤 이유로 돌발적인 악재가 출몰할지 예측할 수 없는 상황임은 물론, 심지어 예측된 악재에 대해서도 선제적이고 신속한 대응이 불가능한 현실이기 때문이다. 그래서 투자 기간을 오래 끌고 가는 것에 따른 리스크 부담을 최소화할 필요가 있고, 그 방법으로 주식을 보유하는 기간을 되도록 짧게 가져가는 것이 최선이다.

예전의 투자 방식이 투자수익률 제고를 극대화하기 위해 주식 보유 기간을 길게 끌고 가면서 투자 기간에 발생할 리스크를 감수하고 흡수하는 전략이었다고 한다면, 이제는 주식 보유 기간에 발생할 위험 요인을 배제하는 전략으로 적은 수익이라도 빨리 취할 수 있는 투자전략이 유효해 보인다. 이제는 하루살이(짧은 기간 투자)가 100년을 사는 거북이(장기간 투자)를 이기는 시장이 되었다.

규제가 새롭게 생겨날 산업에 투자하자

해당 기업의 적정한 가치평가가 가능해진다

투자 격언 중에 '불안에 사서 환호에 팔아라' '차가울 때 사서 뜨거울 때 팔아라'라는 말이 있다. 여기서 '불안'하고 '차가울 때' 주식을 산다는 의미는 뭘까? 시장의 모든 기대가 사라지고 거품이 싹 빠진 가장 합리적인 가격에 주식을 매수한다는 의미다. 앞으로 규제가 새롭게 생겨날 산업에 투자하는 행동이 바로 '불안'하고 '차가울 때', 즉 주식을 가장 합리적인 가격으로 싸게 매수하는 방법이다.

어떤 특정 산업에 아직 아무런 규제가 없다는 의미는 그 산업에 대한 제도, 관련 법규, 관리 체계 등이 아직 정립되지 않았다는 뜻이다. 그렇다면 각종 규제가 아직 정립되지 않은 산업은 그 이유가 뭘까?

일반적으로 아직 규제가 없는 산업 같은 경우 새로 등장하는 신기술을 동반해 갑자기 부상하는 비즈니스인 경우가 많다. 정부 입장에서는 아직 시중에 실현되지 않은 이 신기술을 어디에서부터 어디까지 제도화해야 하는지 가늠할 수 없을 뿐만 아니라, 이 산업이 초래할 부작용을 예측할 수 없어 규제를 선제적으로 정립할 수 없다.

또한 이런 산업의 특징상 앞으로 어떤 식으로 발전하고, 어느 방향으로 나아가게 될지 아직 방향성과 지향점이 정해지지 않은 상태이고, 그 산업이 어디까지 성장할지에 대한 예측이나 분석, 전망을 할 수 없는 상태이기 때문에 관련 규제와 제도를 만들기가 어렵다.

그래서 이렇게 아직 규제가 생겨나지 않은 산업에 속한 기업 같은 경우 일반적으로 적정한 시장가치 측정이 불가능하게 된다. 납득할 만한 시장가치 평가기준 자체가 존재하지 않기 때문에 쉽게 버블이 생기고 붕괴한다. 그런 이유로 아직 규제가 없는 산업에는 가치투자가 불가능하다.

그럼, 이제 어떤 특정 산업에 새롭게 규제가 생긴다는 의미는 뭘까? 앞으로 그 산업이 나아갈 방향성이 명확해졌다는 의미이고, 산업이 발전하는 과정에서 나타날 수 있는 수많은 모순과 부작용, 문제점들을 어느 정도 예상하고 가늠할 수 있게 되었다는 의미다. 그렇기에 그런 다양한 문제점들을 방지하기 위한 관련 제도와 법규,

관리 체계가 만들어질 수 있는 것이다. 그리고 제도와 관련 법규의 정립은 그 산업을 평가할 수 있는 적절한 가치 평가기준을 만들고 자리 잡게 해서 해당 기업의 적정한 가치평가를 가능하게 한다. 이것이 우리가 앞으로 규제가 새롭게 생겨날 산업(신기술)에 투자해야 하는 또 하나의 이유가 된다.

투기심리가 포화된 시장에 투자할 위험을 피한다

사실 앞으로 규제가 생겨날 산업에 투자해야 하는 이유는 충분히 더 있다. 규제가 새롭게 생겨날 산업에 투자하게 되면 투기심리가 포화된 시장에 투자할 위험을 피할 수 있다.

어떤 특정 산업이 규제, 제도, 관리 체계가 새롭게 들어서는 과정을 겪게 되면, 투자자들은 규제가 늘어난다는 이유로 그 산업에 대한 기대 심리를 꺾게 된다. 그리고 이렇게 차갑게 식은 투기심리는 금세 확산되어 그 산업에 대한 낙관적인 전망마저도 사라지게 만든다. 언론에서 나오는 그 산업에 대한 평가와 분석내용은 그 어느 때보다도 냉정하고 비판적인 태도를 보이며, 새롭게 생겨날 규제로 인해 앞으로 산업이 볼 피해를 구체적으로 지적하는 등 온갖 부정적인 전망이 넘쳐나게 된다. 심지어 이런 상황에서는 그동안 좋게 평가되던, 그 산업의 긍정적인 부분마저 의심의 눈초리로 비판받게 된다.

그렇게 기존에 없던 규제가 새롭게 생겨난다는 이유 하나만으로 그 산업에 대한 모든 투기심리를 완전히 사라지게 만드는 것이다. 하지만 이것이 알려주는 숨겨진 진짜 의미는 따로 있다. 새로 생겨날 규제로 인해 차갑게 식은 시장에서 모든 투기심리와 기대치가 다 빠진, 그 어느 때보다도 합리적인 가격으로 가장 싸게 살 수 있는 기회가 만들어졌다는 의미다.

또한 특정 산업에 새롭게 규제가 생겨나게 되면 그 산업에 속한 관련 기업들은 필연적으로 구조조정 과정을 겪게 된다. 새롭게 생겨난 관련 제도와 규제로 인해 기업 간에 차별화가 진행되고, 상대적으로 경쟁 기업에 비해 안정성이 떨어지고 기술력도 부족하며 재무적으로 불안정한 위치에 있는 회사들은 도태되어 사라질 수밖에 없다. 따라서 투자자 입장에서 보면 규제가 새롭게 생겨나는 산업에 투자함으로써 이미 일차적인 기업 필터링(필연적인 구조조정을 통해 부실기업 솎아내기)이 끝난 안정적인 투자가 가능할 수 있다는 의미다.

앞으로 규제가 새롭게 생겨날 산업에 투자한다는 의미는 가장 합리적인 가격으로 정부에서 공식적으로 인정하는 미래가 가장 유망한 산업(정부에서 그 산업만을 위한 별도의 규제와 관련 법규를 만든다는 의미는 적법한 절차에 따라 산업을 성장시킬 만한 가치가 있는 미래 산업임을 공식적으로 인정한다는 뜻이다)에 투자한다는 뜻이다. 그래서 지금은 규제가 없지만, 앞으로는 반드시 규제가 생겨날 산업에 투자해야 한다는 것이다.

7장 핵심 포인트

가장 중요한 습관이 바로 기록하고, 그 기록한 내용을 보면서 복기하는 습관이다. 이 습관이 당신이 운영하는 투자식당의 수익을 되살려줄 비장의 레시피가 될 수 있다. 지금 하고 있는 당신의 투자가 잘한 투자인지 아니면 못한 투자인지는 전혀 중요하지 않다. 투자 결과와 관계없이 당신의 거래 일지를 매 순간(주식을 사거나 팔 때) 감정을 배제한 상태에서 매우 드라이하고 치밀하게 기록을 남기는 것이 중요하다.

그동안 열정적으로 사서 소극적인 태도로 팔았다면, 이제부터는 소극적인 자세로 사서 적극적인 태도로 팔 수 있도록 투자 행태를 바꿔야 한다. "살 때는 차갑고 무겁게, 팔 때는 뜨겁고 가볍게"라는 문장을 반드시 기억하자.

에필로그

다가올 지옥의 3년 동안 반드시 해야 할 일!

지켜야 할 것과 포기해야 할 것을 정하라

이 책에서는 다가올 3년, 앞으로 우리가 마주할 3년을 지옥에 비유하고 있다. 도대체 다가올 3년이 어떻기에, 무슨 문제가 그렇게 크기에 지옥이라 부르는 것일까?

확실한 건 앞으로 마주할 위기는 과거에 반복적으로 겪어왔던 일반적인 경제위기와 본질적으로 다를 것이라는 점이다. 그 이유와 근거는 충분히 설명되었을 것으로 본다. 위기는 전보다 더 빠르게 진행될 것이고, 더 멀리 퍼질 것이고, 현재 우리가 생활하고 있는 일상의 구석구석까지 깊숙이 파고들 것이 분명하다.

'성장'을 기대하기보다는 '정체'만으로도 안심해야 하는 사회, 당장 지금 일하고 있으면서도 일자리가 불안한 경제, 투자하면서 투자가 의심스러운 현실, 이런 환경이 고착화된 사회가 앞으로 우리가 견뎌야 할 시기이고, 다가올 3년의 미래다. 일부 경제적 곤경에 빠진 개인의 문제가 아니라 상호 간에 부담이 서로 전가될 수 있는 모두의 문제다.

그렇다면 다가올 지옥의 3년 동안 반드시 지켜야 할 것과 포기해야 할 것은 무엇인가? 지금부터는 지켜야 할 것 한 가지와 포기해야 할 것 3가지에 관해서 소개해보겠다.

일반적으로 경제위기에 빠지면 소득이 적고 많고에 관계없이, 현금흐름이 부족한 사람이 가장 취약해지기 쉽다. 평균적인 소득이 높더라도 불안정한 현금흐름을 갖추었다면 그만큼 위험에 쉽게, 그리고 빈번하게 노출될 수 있기 때문이다.

그래서 현재 당신이 누리는 삶을 앞으로도 계속 유지하기 위해서 가장 필요한 한 가지를 말하라면, 무엇보다 '안정적인 고정수입을 만들어두는 것'이라고 강조할 수 있다. 소득이 높지 않더라도 안정적인 고정수입을 통한 지속적인 현금흐름이 확보되었을 때, 위기를 버텨낼 힘과 변화에 대처할 적응 능력도 같이 생기는 것이다.

그럼 이제 포기해야 할 3가지에 관해서 이야기해보자.

포기해야 할 첫 번째는 '편익'이다. 현재 당신이 할부 혹은 빚이라는 레버리지를 활용해서 누리는 편익이 있다면, 그 편익을 다가올 3년을 견뎌내기 위해서 과감하게 줄이고 포기해야 한다는 것이다. 여기서 지적하는 편익은 생활 필수적인 요소와는 관련 없는 것들로, 단순히 나의 삶을 풍요롭게 해주는 데만 쓰이는 혜택들을 말한다.

이제부터는 나의 삶을 안정적으로 유지하는 것에 더욱 집중하고, 레버리지로 만든 사치스러운 편익은 걷어내도록 노력하자. 지금은 '누리는 것'보다 '버텨내는 것'이 보다 중요한 시기라는 점을 기억해야 한다.

포기해야 할 두 번째는 '하고 싶은 것과 해야 하는 것'이다. 즉 하고 싶은 것이 있고 해야 하는 것이 있다고 해서 이 모든 걸 지금 꼭 당장 시작할 필요는 없다는 것이다. 여기에는 투자 활동이 해당될 수도 있고, 취미나 소비 활동, 사업 확장 등도 적용될 수 있다. 특히 지금처럼 위기감이 고조된 상황일수록 현재 진행하는 활동 중에 시간적인 중요성이 떨어져서 3년 뒤에 하더라도 무방한 일들은 잠시 뒤로 미루어두어도 괜찮다.

서두르지 말자. 영원히 포기하는 것이 아닌, 3년 뒤로 잠깐 늦추는 것일 뿐이다. 일을 도모하기에 더 유리한 환경을 기다렸다가 좋은 여건이 조성되었을 때, 그때 시작해도 결코 늦지 않다.

포기해야 할 세 번째는 '미련'이다. 개인 각자가 가슴속에 품고 있는 그 마음, '지금은 포기하기 싫다' '아직도 너무 아쉽다'라는 그 미련을 당장 버려야 한다.

이번에 다가올 위기를 극복해야 할 대상으로만 보고 과거의 실패와 손실을 성급하게 회복하겠다고 나서면 더 큰 위험에 노출될 우려가 있다. 이번 위기는 극복해야 할 대상이 아닌, 적응하고 살아남을 시기라는 관점에서 조심스럽게 접근하자.

그리고 그 무엇보다 중요한 포인트가 있다. 지금 언급하고 있는 이 3가지를 다 포기할 수 있을 때, 앞서 말한 반드시 지켜야 할 한 가지도 지킬 수 있게 된다는 사실이다.

그동안 사람들은 자산을 늘리는 데만 고심했지, 정작 자신이 이미 획득한 자산을 지키기 위한 대책 마련에는 소홀했던 것이 사실이다. 지금 시점은 반드시 지켜야 할 것을 정하고 포기해야 할 것을 구분해서, 피해를 최소화하는 방안을 먼저 모색해야 할 시점임을 명심해야 한다.

자녀에게 '불편한 진실'을 학습시키자

또 하나 우리가 놓쳐서는 안 되는 것이 있다. 당신은 다가올 위기의 3년 동안 무엇을 지키기 위해서 포기하고 버티는 것인가? 아마 그중에 '자녀'라는 존재는 빼놓을 수 없을 것이다.

우리에게는 3년이 괴로운 시간이겠지만, 그들에게는 다시 못 올

소중한 배움의 기회라는 것을 잊어서는 안 된다. 도대체 경제위기가 자녀들에게 무슨 기회가 된다는 말인가?

조금만 생각해보면 이유는 간단하다. 우리는 스스로가 정해놓은 부모의 역할이라는 틀에 갇혀 어떻게든 자녀에게 경제위기의 참담함을 보여주지 않으려고 노력할 것이다. 비록 우리 자신은 힘들지라도 경제위기로부터 자녀들을 보호해주는 방파제 역할에 충실해지려고 할 것이다. 그게 부모의 역할이라고 믿으면서 "넌 아무 걱정 하지 말고 공부나 열심히 해"라고 말할지도 모른다. 하지만 우리의 그런 태도는 틀렸다.

부모의 이런 행동이 당장은 자녀를 보호해줄 수 있을지 모른다. 그러나 우리의 자녀도 언젠가 어떤 형태로든 경제위기 상황에 부닥칠 것이다. 그때는 그들의 곁에 우리가 없을지도 모르며 도와줄 수도 없다. 바로 이 부분에 집중해야 하는 것이다.

이제 자녀들도 경제위기를 둘러싼 불편한 진실을 알아야 한다. 경제위기가 그동안 쌓아왔던 부를 어떻게 파괴하는지, 그 기간 동안 자신의 부를 지키기 위해서 어떤 노력과 절제가 필요한지 생생하게 보여주고 알려줄 필요가 있다.

그들에게 이런 불편한 진실을 학습시키는 것이 왜 중요한지는 주변을 둘러보면 쉽게 알 수 있다. 산업현장에 투입되는 근로자에게 가장 우선적으로 실시하는 교육은 업무교육이 아니다. 가장 먼저 안전교육이 실시된다. 아무리 뛰어난 업무능력과 재능을 가지고 있다고 하더라도, 산업재해를 입는다면 그들의 근로는 지속될 수 없다. 그들의 꾸준하고 안정된 근로를 위해 안전교육이 필수인 것이다.

비슷한 사례는 또 있다. 사소한 제품 사용설명서에서조차 첫 페이지에 등장하는 내용은 사용법이 아닌 주의사항이다. 이 역시도 제품을 고장 없이 오랫동안 사용하기 위함이다. 마찬가지로 경제위기의 불편한 진실을 아는 것 또한 지속해서 부를 쌓아가며 지키는 경제활동을 위한 중요한 안전교육이 되는 것이다.

그런데 '하필이면 이 불편한 진실을 굳이 지금처럼 위기를 겪는 동안 알려줄 필요가 있을까? 상황이 정리된 이후에 더 체계적으로 알려주는 것이 좋지 않을까?' 하는 생각이 들지도 모른다. 하지만 책 속에서 구조화된 안전교육을 접한 사람보다 실제 재해현장을 목격한 사람의 안전에 대한 인식이 월등히 높은 건 부정할 수 없다. 자녀에게 경제위기를 알려준다는 것의 본질은 '지식'이 아니라 '경험'을 공유하는 것이다.

그리고 무엇보다도 가르친다는 생각보다 공유한다는 태도로 접근해야 한다. 우리도 겪어보지 못한 위기를 어떻게 가르쳐준다는 말인가. 같이 경험하고 공유해서 낱낱이 알려줘야 하는 것이다. 솔직하게 우리 집의 소득과 지출, 부채비용부터 처한 현실, 당신의 감정까지 솔직하게 알려주고 공유하자. 이를 통해 그들도 그들 나름대로 경제위기 속에서 스스로의 역할을 찾을 수 있게 도와줘야 한다.

어쩌면 그 과정이 부모의 입장에서는 치부를 드러내는 것처럼 불쾌할지도 모른다. 하지만 그 과정을 거치면 우리의 자녀는 더 이상 짊어져야 할 인생의 무게가 아닌 위기를 함께 헤쳐 나가는 동반자가 되어 있을 것이다.

앞으로 다가올 위기는 우리가 가진 많은 것을 빼앗고 포기하게 만들 수 있다. 하지만 버텨낸 사람들에겐 소중한 것을 다시 한번 일깨우는 계기가 되고, 새로운 기회의 장이 펼쳐질 것임을 믿어 의심치 않는다.

우리 딱 3년만 잘 버티자!

지옥 같은 경제위기에서
살아남기

독자 여러분의 소중한 원고를 기다립니다

메이트북스는 독자 여러분의 소중한 원고를 기다리고 있습니다. 집필을 끝냈거나 집필중인 원고가 있으신 분은 khg0109@hanmail.net으로 원고의 간단한 기획의도와 개요, 연락처 등과 함께 보내주시면 최대한 빨리 검토한 후에 연락드리겠습니다. 머뭇거리지 마시고 언제라도 메이트북스의 문을 두드리시면 반갑게 맞이하겠습니다.

메이트북스 SNS는 보물창고입니다

메이트북스 홈페이지 matebooks.co.kr

홈페이지에 회원가입을 하시면 신속한 도서정보 및 출간도서에는 없는 미공개 원고를 보실 수 있습니다.

메이트북스 유튜브 bit.ly/2qXrcUb

활발하게 업로드되는 저자의 인터뷰, 책 소개 동영상을 통해 책에서는 접할 수 없었던 입체적인 정보들을 경험하실 수 있습니다.

메이트북스 블로그 blog.naver.com/1n1media

1분 전문가 칼럼, 화제의 책, 화제의 동영상 등 독자 여러분을 위해 다양한 콘텐츠를 매일 올리고 있습니다.

메이트북스 네이버 포스트 post.naver.com/1n1media

도서 내용을 재구성해 만든 블로그형, 카드뉴스형 포스트를 통해 유익하고 통찰력 있는 정보들을 경험하실 수 있습니다.

STEP 1. 네이버 검색창 옆의 카메라 모양 아이콘을 누르세요. STEP 2. 스마트렌즈를 통해 각 QR코드를 스캔하시면 됩니다.
STEP 3. 팝업창을 누르시면 메이트북스의 SNS가 나옵니다.